一橋法学・国際関係学レクチャーシリーズ ❷

法と社会

基礎法学の歩き方

一橋法学・国際関係学レクチャーシリーズ刊行委員会

国際書院

Hitotsubashi Lecture Series on Law and International Relations 2

Law and Society

Gateway to Basic Science of Law

by

Hitotsubashi Lecture Series on Law and International Relations

Editorial Comittee

Copyright © 2025

ISBN978-4-87791-333-5 C3032 Printed in Japan

一橋法学・国際関係レクチャーシリーズ発刊にあたって

　本シリーズは、法学および国際関係学に関心のある人に、その全体像を手軽に把握してもらうことを目的として発刊する。ここで扱われるトピックは、多様化する国際紛争、人工知能の発達、ダイバーシティなど現代世界の諸課題から、法学および国際関係学分野の古典的な諸問題に至るまでさまざまである。本シリーズを通じて、読者は法学および国際関係学を大学で本格的に学ぶための基礎を固め、また現代社会を生き抜くうえで必要な法学および国際関係学の基本的な教養を身につけることができるだろう。

　本シリーズでは読みやすく分かりやすい記述を重視するが、その内容は各分野の第一線で活躍する研究者の学識によって裏打ちされたものである。それゆえ本シリーズは、いわば見本市のように、一橋大学大学院法学研究科・法学部の研究力を社会に示すものであり、またその研究成果を社会に還元するものでもある。

　本書が多くの読者にとって法学および国際関係学に親しむきっかけとなれば幸いである。

2023 年 11 月 11 日
　　　　一橋法学・国際関係学レクチャーシリーズ刊行委員会

［一橋法学・国際関係学レクチャーシリーズ］
第2巻　法と社会——基礎法学の歩き方

目　次

プロローグ

◆　基礎法学の歩き方 ……………………………… 屋敷二郎　15
基礎法学とは何か
法学は科学たりうるか
法学はいまでも科学なのか
基礎法学をいつ学ぶべきか
相対化の視点？
うんと肩の力を抜こう
基礎法学の諸分野について

　パート1　法学のアプローチとしての比較

1　比較法学 ……………………………………………… 吉田聡宗　33
　◆　法を比較するということ
　日本において法を比較する必要性
　比較がもたらす楽しさ
　比較の難しさ
　比較対象——リンゴとオレンジは比較できない？
　比較における価値判断

2 比較法文化論 ……………………………………… 吉田聡宗　49
　　◆　動物の法的な位置づけ
　　用語の整理
　　ドイツ法における「動物」
　　フランス法における「動物」
　　日本法における「動物」
　　統計値から見る日本法とドイツ法

3 英米法 ……………………………………… ジョン・ミドルトン　67
　　◆　名誉毀損・報道被害をめぐるコモンロー圏と日本法の
　　　比較
　　コモンローにおける名誉毀損訴訟の要件
　　名誉毀損に関する単純な日本法の長所——名誉毀損訴訟の
　　　増加と報道被害者の勝訴率
　　「ロス疑惑」事件と訴訟制度の柔軟性
　　名誉毀損に関する複雑なコモンローの長所・短所——日本
　　　法との対比
　　名誉毀損に関する単純な日本法の短所——日本における再
　　　公表の責任意識の問題性
　　イギリスの1996年名誉毀損法による公表責任
　　裁判管轄権に関する問題
　　日本法の救済方法の検討——救済方法と損害賠償の高額化
　　コモンロー上の救済方法の検討——救済方法とそれをめぐ
　　　る論議
　　損害賠償
　　差止命令
　　誤報・虚報と日本の訂正・取消放送

目　次　　7

　　　　報道被害と裁判外の救済方法 ── メディア・アカウンタビ
　　　　リティ制度

　　　　イギリスの独立プレス基準機構（IPSO）の設立と活動

　　　　IPSO の倫理綱領

　　　　IPSO への苦情の申し立て方

　　　　IPSO の苦情処理手続

　　　　IPSO の救済方法

　　　　IPSO の構成員と財源

　　　　イギリスのオフコム（通信放送庁）

　　　　コモンロー的アプローチから見た日本の現状

4　中国法 ……………………………………………………… 但見亮　109

　　　◆　人格権から考える

　　　「人格権（編）」の形成と概要

　　　検討──「人格」とは？

　　　「総則」の諸原則と「人」

　　　「物権」の構造と「人」

　　　「合同」の姿と「人」

　　　小括──「人」への問い

　　　「憲法」と「人」

　　　「党」と「人」

　　　「人格権（編）」のインパクト

　　　　パート2　法学のアプローチとしての史学・哲学

1　日本法史（前近代）……………………………… 松園潤一朗　131

　　　◆　日本近世における法観念

近世法の特徴

法の内容

慣習の諸形式と法

政治思想と法

法観念の近代的転換

2　日本法史（近代）……………………………………… 松園潤一朗　149

◆　民事訴訟法の成立と展開

西洋における民事訴訟法

法典成立以前——民事訴訟の形成

テヒョー草案の作成

民事訴訟法（明治民事訴訟法）の制定

大正改正法の成立

戦後の法改正へ

3　西洋法史（ローマ）……………………………………… 渡辺理仁　167

◆　現代法の統一的基盤

王政時代（紀元前8 – 6世紀）

共和政時代（紀元前6 – 1世紀）と十二表法

政務官による法創造（名誉法）

元首政時代（紀元前1 – 紀元3世紀）

専制君主制と「市民法大全」の編纂（3 – 6世紀）

ローマ法の特徴——法学者の支配

ローマの法思想——平等、法と道徳の分離、個人主義

ローマ法の体系——人・物・訴権

目 次　9

4　西洋法史（ビザンツ）………………………………… 渡辺理仁　185
　　◆　もうひとつのローマ法
　　ユスティニアヌス以降（6-8世紀）の国家法と教会法
　　マケドニア朝期（9-10世紀）の国家法と教会法
　　マケドニア朝期以降（11-12世紀）の国家法と教会法
　　ビザンツ法の特徴――「市民法大全」の影響力、手引の重視
　　ビザンツ法の影響

5　西洋法史（ゲルマン）………………………………… 勝又崇　203
　　◆　「ゲルマン法」を考える
　　現代ドイツの判例に見る「ゲルマン法」
　　裁判官の承認なき後見人による自由剥奪の合憲性
　　遺留分の合憲性
　　刑罰による近親相姦の禁止の合憲性
　　国内法人の登記
　　妨害排除への賃借人の忍容義務
　　「ゲルマン人」の登場
　　古代から中世へ
　　法継受からドイツ私法まで
　　歴史法学派のゲルマニステンによる「ゲルマン法」の構築
　　ナチスと戦後の「ゲルマン法」概念への批判
　　「ゲルマン法」概念は今でも有用か

6　法哲学 …………………………………………………… 安藤馨　227
　　◆　法概念論の一歩手前まで
　　「開かれた問い」論証
　　道徳的判断のテトラレンマ

法的判断のテトラレンマ？

テトラレンマの解決とハートの法理論

ドゥウォーキンの法実証主義批判：理論的不同意問題

規範性の問題：理性的行為者性と理由

ヒューム主義的な理性の理解

法の規範性

パート3　法と社会と言語

1　英語を学ぶ ……………………………………………… 早坂静　251

　　◆　民主主義を支える教養として

　　キング牧師の手紙から英文の構成の基本を学ぶ

　　人文学的教養のために読む

2　英語について考える ……………………………… 前田眞理子　263

　　◆　覇権言語への道

　　世界史の中の英語

　　英語圏の拡大：イギリスの役割

　　英語圏の拡大：アメリカの役割

　　英語の現在と未来

3　中国語を学ぶ、中国語について考える ……………… 吉田真悟　279

　　◆　日本（語）を見つめ直す方法として

　　「中国語」とは何か

　　中国語と日本語の距離

　　中国語と台湾語の間で

　　多様性に気づく──外国語を学ぶ意義

4 フランス語を学ぶ、フランス語について考える … 小関武史 295

◆ 法とは正しさであると考える言語

英語とフランス語の近さと遠さ

正しさとしての法

さまざまな法、さまざまな正しさ

正当性と合法性

文法と法律

訳読の効能

国際言語としてのフランス語

「おフランス」という言い方

5 ドイツ語を学ぶ、ドイツ語について考える

……………尾方一郎・小岩信治・八幡さくら・武村知子 311

◆ 「ドイツ語は裏切らない」

ドイツ語の学びかた、教えかたをめぐって

外国語学習は翻訳コンニャクにとってかわられるのか

ドイツ語のおもしろさ──「ドイツ語は裏切らない」

法学とドイツ語

エピローグ

◆ 基礎法学への旅の扉 ……………………… 屋敷二郎 331

執筆者紹介 335

索引 339

プロローグ

◆　基礎法学の歩き方

　本書のメインタイトルである「法と社会」は、一橋大学法学部において新入生の履修が推奨されている科目の名称である。この科目では、他の大学において「法学入門」といった名称で開講されている科目と同じく、法学部に入学した１年生に法学の基礎を学んでもらうことになっている。ただ、おそらく多くの大学と異なるのは、一橋大学法学部では憲法や民法など現代日本の実定法の全体像を把握してもらうための「実定法と社会」という科目が別に開講されている関係で、「法と社会」には実質的に基礎法学の諸分野への導入という役割が期待されている点である。

　ということで、手に取っていただく方の誤解を避けるため（何なら誤解したままご購入いただいて一向に差支えないが）本書には「基礎法学の歩き方」というサブタイトルを付けることにした。「入門」ではなく、あくまでも「歩き方」である。大学院に進学して基礎法学者を目指そう、という相当な変わり者でもないかぎり、基礎法学の道場に「入門」して立派な師の門下生となり、日々厳しい鍛錬に励み系統的に修行を積み重ねていく、そんな必要などまったくないからである。

　基礎法学は自由でいい。せっかくどこにも国境線のないフィールドがあるのだから、心の赴くままに歩いていけばいい。いや、無理に歩くこともない。もしどこか気に入った場所を見つけられたら、その花が咲き誇りポカポカと陽の当たる草原で、あるいはジメジメと湿った暗い洞窟の方が好みならそこで、満足するまでのんびり過ごしてほしい。

もちろん、本書の執筆者であるプロの基礎法学研究者は（プロを
めざしている大学院生も）別である。楽しむのは勝手だが給料分ち
ゃんと働け、である。しかし、学生に、まして一般の読者に、そん
な義理はない。読者の皆さんには、もしかすると何かの間違いで本
書をうっかり手に取ってしまっただけかもしれないが、たぶん生涯
でもう二度と訪れることがない機会となるだろうから、ぜひ基礎法
学の世界を楽しんでいっていただけたらと願う。

□　基礎法学とは何か

　さて、ここまで定義もせずに「基礎法学」というタームを使って
きたが、基礎法学とは何か、という定義は実のところ難しい。基礎
法学に分類される学問分野を列挙することはそれほど難しくない
が、では基礎法学とは何かと正面から問われると、答えに詰まるの
である。
　かつて法哲学者の長尾龍一は、

　　　法解釈学以外の法学の諸分野の総称。法哲学・法社会学・法
　　　史学・比較法学・外国法研究など。「その他大勢」に立派そ
　　　うな名前をつけたもので、学問としての統一性はない[1]。

と述べたが、開き直るにもほどがある。日本を代表する法哲学者の
一人にして、軽妙かつシニカルな筆致で知られた人物だから許され
たのであって、もし同じことを実定法学者が述べたなら、多くの基
礎法学者が猛反発しただろう。
　それはともかく、科学が基礎科学（Basic Sciences）と応用科学
（Applied Sciences）に大別されることは、よく知られている。なら
ば、基礎法学は法学における基礎科学であり、民法学や刑法学な

どの実定法学（法解釈学）が法学における応用科学である、と考えてみてはどうだろうか。基礎科学とは、いますぐ世の役に立つわけではないが、この世界のさまざまな法則を解き明かすことを目的とし、数十年後あるいはそれより先に社会に成果が還元されるような、科学の領域である。基礎法学もまた、眼前の法律問題を解決する役に立つわけではないが、法のさまざまな普遍的諸法則を解き明かすことを目的とし、数十年後あるいはそれより先に判例や立法へと成果が還元されるような、法学の領域と位置づけられないだろうか。

　しかし、そうなると今度は、そもそも法学は科学なのかが気になる。

□　法学は科学たりうるか

　法学は科学たりうるか。これはドイツで200年ほど前に熱心に論じられたテーマである。前近代ヨーロッパでは、そもそも科学がそんなに偉いと考えられていなかったので、法学は「法の叡智（Prudentia iuris = Jurisprudence）」などと誇らしげに称していた。しかし、19世紀が幕を開けると、科学でない学問は劣った学問、というイメージが持たれるようになった。そこで、ドイツの法学者サヴィニーは、科学の時代にふさわしい新しい法学の呼称として「法の科学（Rechtswissenschaft = Legal Science）」という造語を提案したのである。このサヴィニーに始まる19世紀ドイツ法学の潮流は西洋法継受を経て近代日本の法学のモデルとなったので、日本においても、法学は科学たりうるか、という議論が引き継がれた。

　ちなみに第二次世界大戦後の日本では、科学的社会主義を標榜するマルクス主義の影響で、この「科学」がマルクス主義の意味を持

つようになり、何を言っているのかよく分からない謎な論争へと発展していったのだが、現代の読者に今は亡きマルクス主義法学について一から説明するのも面倒くさいし、また誰もそんなもの読みたくないだろうから、ここではスルーさせていただく。

　ということで話を19世紀ドイツに戻すと、サヴィニーが考えた「法の科学」とは、概ね次のようなものだった。前近代の法学は古代ローマの「市民法大全」に基づいており、それ自体は（皇帝だの諸侯だのが恣意的に制定した法律に依拠するよりも）良いが、その使い方が権威主義的、伝統主義的、かつ場当たり的だった。つまり、昔の高名な学者の唱えた説を絶対視したり、誰の説かはわからないが昔からなされてきた理解に安住したり、あるいは目の前にある事件の解決に役立ちそうな法文を脈絡なく抜き出したり、という非科学的な使い方が横行していた。これを改めて、「市民法大全」のうち、全盛期ローマの法学者たちが個別具体的な法律問題に対して示した法的解決をまとめた「学説彙纂」をいわば実験データ集と位置づけ、そこから一般的な準則を導き出し、その準則を三段論法によって論理的に適用すれば、法学は立法者や解釈者の恣意が入る余地のない科学になれる。全50巻という膨大な分量も、また制定から1300年を経て19世紀の政治力学とは無縁であることも、「学説彙纂」は「法の科学」のための客観的な実験データとしてふさわしく思われた。

　サヴィニーの提唱した「法の科学」をもとにドイツでは「パンデクテン法学」が発展し、日本をはじめ多くの国において近代法学のモデルとなった。なお、「パンデクテン」とは「学説彙纂」のギリシア語名称をドイツ語化したもの（をカタカナ表記したもの）である。前近代法学のイメージが染みついたラテン語名称の「ディゲスタ」を避け、またラテン語での講義や論文執筆に固執した保守的な

前近代法学と違って自国語（ドイツ語）を使用した点に、ここで注目すべきだろう。

　さてこのようにみてくると、少なくともドイツ近代法学は、実験データから一般的準則を導き出し、その準則の演繹で個別事象を評価するというのだから、「科学」としての要件を満たしていたと言えそうである。なるほど、実験データがすべて古代のものばかりで、新たな実験を行えないという点では、普通の自然科学諸分野に劣るかもしれない。しかし、自然科学においても、ビッグバンや生物進化などを想起すれば分かるように、事の性質から人間の管理下での実験が行えず、観測データからの計算や推論だけで成り立っている分野もある。少なくとも、これらの分野と比較したときに、サヴィニーの「法の科学」を科学ではないと断ずる理由は、白衣を着ていないこと、理学部や工学部に属していないこと、予算が少ないこと等々しか思いつかない。

□　法学はいまでも科学なのか

　とはいえ、これはドイツ近代法学が科学だった、というだけのお話である。法学がかつて科学であったという証拠を挙げたとしても、それは法学が科学でありうることの証明にすぎず、法学がいまでも科学であることを示すわけではない。

　19世紀が終わりに差しかかるにつれて、パンデクテン法学は現実社会を見ていないと厳しく批判され、法社会学や比較法学の台頭を促すことになった。法社会学は、現実社会における法律問題の生起と解決を実証的に探究する新しい「法の科学」を模索するなかで登場した。また比較法学は、前近代の自然法学が抽象的・哲学的考察に基づいて探求してきた普遍的法原理を、法の比較という新しい手法で発見しようとする試みから誕生した。これらは、いずれも同

時代の観察データを活用した新たな法学分野の構築という意味では成功したが、現実の法律問題の解決、特にパンデクテン法学の独壇場だった民事法の領域において、これに代わる存在とはならなかった。

　パンデクテン法学が力を失った後、日本でもドイツでも、制定法の解釈適用が実定法学の中心的な役割となった。しかし、君主が定めたものであれ、民主的に選ばれた議会で決定されたものであれ、制定法は科学の基礎となりうる実験データや観察データとはいえない。制定法の究極的な拠り所は、現実に生起する事象ではなく、主権者の命令だからである。これをどれだけ精密に、主観を排して解釈適用したところで、それは命題からの客観的推論、つまり数学的な何かではありえても、科学ではない。

　しかし、時代はすでに21世紀である。科学でないから実定法学（法解釈学）の価値が低いなどと卑下することはない。前近代の法学者たちのように、自分たちは「法の叡智」の担い手だと胸を張っていれば良いのである。他方、基礎法学については、普遍的な法原理を探求する比較法学や法哲学、過去ないし現在のデータを実証的に分析する法史学や法社会学のように、いまも（少なくとも部分的には）科学であり続けていると言えるだろう。

　□　**基礎法学をいつ学ぶべきか**
　基礎法学と実定法学（法解釈学）では、科学性という点でどうも違いがあるらしい、ということが見えてきたところで、基礎法学をいつ学ぶべきか、という問題を考えてみたい。

　高校数学の問題集などを懐かしく、あるいは苦々しく、思い出してもらいたいのだが、そこでは単元ごとに問題が分類され、さらに各単元のなかで基礎・応用・発展とレベル分けがなされていたので

はないだろうか。基礎法学の「基礎」が、その意味での「基礎」であったなら、これを最初に学ばないと「応用」法学・「発展」法学には進めない、ということになるだろう。しかし、すでに述べたように、基礎法学の「基礎」は、基礎科学の「基礎」に近い意味合いである。科学において、基礎科学を学ばなければ応用科学を学べないなどということがないのと同様に、法学においても、基礎法学を学ばなければ実定法学を学べないなどということはない。まして実定法学は科学ではないのだから、なおのことである。

　むしろ実定法学、より正確には、法実務を突き詰めていった先に基礎法学がある、と考えた方が良いだろう。「社会あるところ法あり（Ubi societas, ibi ius）」という法格言があるが、これは、どんな社会にも紛争を予防し解決するためのルールがあり、またそのようなルールなしに社会は存立しえない、という意味である。とある空き地に「俺のものは俺のもの、お前のものも俺のもの」というルールが存在したことは、よく知られている。この法は、しばしば新たな紛争の種になるという意味で好ましくない（他の意味でも好ましくないだろうが、ここでは問題にしない）。それはともかく、何らかのルールにのっとった紛争解決を、法実務という。したがって、法実務は、それが人間の社会である限りどんな社会にも存在し、その社会を存立させるインフラなのである。

　これに対して、人類の歴史を振り返ると、法学のない社会などいくらでもある。というよりも、政治権力から独立した法学者たちが対等に議論を交わし合い、そのようにして形成された学説が立法や裁判にも影響を及ぼす、という意味での「法学」は、元首政時代の古代ローマと、12世紀以降の西ヨーロッパを例外として、19世紀に至るまでどの社会にも存在しなかった。法実務のない社会は存立しえないが、法学のない社会は人類史的にみるとむしろ普通なので

ある。

とはいえ、先の空き地のルールが、不十分な紛争予防・解決能力しか持たない以前に、内容的に不公平で不適切だ、と感じる読者も多いだろう。法実務は第一義的には紛争を予防し解決するために行われるが、解決するにしても、社会の構成員が正義ないし政治の観点から望ましいと考える形で解決することが理想的である。望ましい解決は新たな紛争の発生を抑止し、社会の安定に貢献するからである。こうして古代中国や古代ギリシアでは哲学的に「法のあるべき姿」が模索された。この模索は法哲学の源流となったので、基礎法学の源流もここにあると考えてよい。

これに対して、実定法学の源流は古代ローマにある。哲学的に考察された「法のあるべき姿」は、現実社会に移されるために政治権力の協力をどうしても必要とする。古代ローマ人が「法の天才」と称されるのは、優れた法律を作ったからではなく、政治権力に依存しない、法学によって発展していく法、というユニークな法のあり方を創出したからである（実のところローマ人は立法の才能に特段恵まれていたわけではなく、たいした法律を作っていない）。このローマ法学の成果が19世紀から20世紀にかけてヨーロッパ大陸諸国やその影響を受けた国々で法典にまとめられ、以後の法実務はこの法典をもとに行われることとなり、これを支えるための実定法学が発達した。

このように考えると、実定法学を系統的に学ぶことを目的とする現代日本の法学部において、基礎法学を学ぶべきことを前提とした「いつ」という問いは不適切である。そもそも問われるべきは、いまなお基礎法学を学ぶべきか、なのである。

□ 相対化の視点？

　基礎法学を学ぶ意義として、相対化の視点を挙げる基礎法学者は多い。現在の法体系が完璧だと考える人はいない。誰もが自分の「法のあるべき姿」を漠然とであれイメージしながら、メディアやSNSなどで接した法律や判決の妥当性を判断している。このような判断をもう少し学問的に、直観や偏見に振り回されないかたちで行おうとする際、現在の法体系を相対化する視点を身につけているか否かで大きな違いがでてくる。そして、この相対化の視点を身につけるうえで、基礎法学は役に立つ、というのである。

　しかし、それだけのことで、基礎法学を学ぶべきだ、と主張するのは言い過ぎではないだろうか。そもそも相対化の視点が大事だと言われれば、それだけで通じる人には通じる。というか、言われる前から分かっている。なのに、人生の貴重な時間の一部を費やして基礎法学を学べというのは傲慢だと思う。逆に、現状を相対化できない人ほど、いくら言ったところで理解してもらえない。そんな人に基礎法学の講義を１コマや２コマ受講させたところで、何も変わりはしないだろう。

　つまり、基礎法学はわざわざ学ばなくても構わない学問なのである。もし基礎法学者が教室で相対比の視点云々と力説していたら、「そんなわけあるかい」と冷ややかな眼を向けてやろう。

□ うんと肩の力を抜こう

　あなたが基礎法学を学ばなくても、誰も死なない。学ぶにしても、体系的・網羅的に学ばなかったとて、何のデメリットもない。むしろ、真面目に憲法や会社法を勉強する際の気分転換もかねて、しかし（多くの）動画配信よりは法学の理解を（おそらく）より深めてくれるものとして、楽しみながら、楽しめる範囲で、楽しめる

部分だけ、学んでほしい。どのみち、嫌々学ばされたことなど、期末試験が済んだら秒で忘れるのだから。

　もちろん、九九や学習漢字のように、嫌々学んだのに年をとっても覚えていることは、確かに存在する。ただそれらは、その人のその後の人生において繰り返し使用され、役に立ってきたから忘れないでいられるのである。これに対して、基礎法学で学んだことを人生において繰り返し使用し、役立てることができるのは、基礎法学者になった者だけである。だから、人生の無駄遣いをやめて、楽しめる部分だけをつまみ食いする。これがほとんどの学生や一般の読者にとって、基礎法学との正しい接し方だと思う。

　YouTube を観るとき、AI にリコメンドされたり、SNS で話題になるなりして興味をひかれた動画をタップし、面白ければ最後まで見るが、そうでなければ途中でやめて別の動画を探すのが普通ではないだろうか。またお気に入りのアーティストや配信者がいるなら、通知をオンにして新しい動画を見逃さないようにしているはずだ。基礎法学の講義もこれと同じで感覚で良い。シラバスの内容や先輩からのリコメンドで選び、面白ければ続けて出席すればいいが、つまらなければさっさと別の講義を探すといい。そんなことはまず間違いなくないだろうが、もし万が一にも気に入った教員を見つけることがあったならば、その教員が担当する他の講義を履修したり、その教員のゼミナールに参加したりすることを考えるのも良いだろう。

　一橋大学の「法と社会」のように、基礎法学者がオムニバス方式で担当する法学の入門講義がもしあなたの大学でも提供されているなら、チャンスである。オムニバスなら、学問の内容が面白くなかったり、講義の形式が合わなかったり、あるいは顔とか話し方とか身振りとかがキモくても、2、3回の我慢で別の教員にチェンジし

てもらえるのだから。

□　基礎法学の諸分野について

　最後に、基礎法学の諸分野について概観しておくことにしよう。基礎法学を分類すると、比較法学と、学際的法学の諸分野に大別される。

　比較法学は、法の比較によって自国法の理解を深め、自国法を改善するヒントを模索する分野である。分野の特性から国際共同研究にも向いており、他国の法学者と法を比較し合うことを通じて、法制度の共通する部分・相違する要素を明確にし、法の相違を出発点とする誤解や紛争をあらかじめ回避し、また共通する要素を発見する努力を続けることで相互の理解を深めることに貢献している。グローバル社会で求められる素養、とまでいうと言い過ぎであろうが。

　これに対して比較法文化論は、比較法学から派生的に生まれた下位領域であり、その専門家は多くない。しかし、法の比較は単なる条文の比較にとどまるものではない。その条文が当該社会において実際にどのように機能しているのか、そのように機能できる条件は何かを明らかにして、はじめて法の比較は意味をなす。比較法文化論は、法を機能させる諸条件のうち、特に社会的・文化的背景に着目して、法を比較する学問である。素材として動物やアンパンなど本人の趣味としか思えない身近な例を取り上げる研究者が多いので、ガチガチの比較法学よりも入りやすいかもしれない。

　同じく比較法学の下位領域と位置づけうるのが、外国法学である。といっても、外国法学という固有の学問分野が存在するわけではなく、英米法、中国法、ドイツ法、フランス法、等々の総称である。なかにはベトナム法やフィリピン法など、レア度の高い国を専

門とする研究者もいる。これらの分野では、アメリカと日本の報道
規制の比較、中国と日本の環境法制の比較、ドイツと日本の地方自
治法制の比較、フランスと日本の家族法制の比較といった風に、比
較法学として研究が行われることが多い。比較法学の下位分野と位
置づけうるというのは、そういう意味である。

とはいえ、英米法にしても、中国法にしても、アメリカや中国に
生きる人たちにとっては、それが現行法制の全体を意味する。なら
ば、こちらも本気で正面から向き合い、その法体系の全体を、いっ
そその国の弁護士になるくらいの心づもりで学ぶほかない。外国法
学を専門とする研究者の多くが、個々のパーツではなく、自分が専
門とする国の法体系全体を視野に入れているのは、そのためであ
る。

ところで、比較法学は、学問分野としては比較的新しい。新しい
といっても 100 年以上は経っているので、学生からすると十分に古
いのだが。しかし、学際的法学である基礎法学の諸分野で、同じく
らいの時期に生まれたのは法社会学だけである[2]。

これに対して、現代的な意味での法史学が誕生したのは、その
倍、およそ 200 年前のことである。ちなみに、法史学者にとって都
合の良い歴史的事実を見つけることなどお手のものなので、すでに
17 世紀にはあった[3]（つまり、さらに倍の 400 年前）、いやすでに
古代ローマにその原型がみられる[4]（つまり、そのさらに 5 倍の
2000 年近く前）といった言い分も耳にすることがあるかもしれな
い。そんなときはどうか欠伸をせず、真面目にノートを取るふりを
してあげてほしい。

フツーに古代から存在するのは、法哲学である。法史学者がどう
あがこうと、法哲学は古代ローマよりも古い古代ギリシアに始まる
からだ[5]。また 17 世紀についても、たった一冊の著作の存在を必死

でアピールする法史学に対して、当時の一大潮流となった自然法学の多くの著作において、法の概念や正義といった法哲学の内容が論じられていた[6]。ただ、現代的な意味での法哲学が大学の講義科目として登場したのは、法史学と同じおよそ200年前のことであり、しかも当初は哲学部（日本でいう文学部に近い）に置かれて後から法学部に移されたので、大学法学部の講義科目としては、法史学の方が先である…と法史学の担当教員が必死で説明しているのをもし見かけたら、どうか生温かい眼で見てあげてほしい。

ともあれ、学際的法学の諸分野には、法哲学、法史学、法社会学、法と経済学、ジェンダーと法などがあるが、これらは分野名からすぐ分かるように、法学×哲学、法学×史学、法学×社会学、法学×経済学、法学×ジェンダー論といった複数の学問分野のカップリングによって成り立っている。そのため法を研究テーマとする哲学者や経済学者などと、学際的法学の諸分野の研究者は、一見すると区別がつかなかったりする。ただ、全く同じというわけではない。むしろ根本的なところで、両者は決定的に異なる。すなわち、法史学者や法社会学者は、歴史学者や社会学者とは違って、歴史的事実や社会的事実の解明それ自体を自己目的とするのではなく、あくまでも実定法学や法実務に貢献するために研究に従事しているにすぎないからである。

基礎法学の研究者たちは（それを目指す大学院生たちも）どちらがより古いかなどというこの上なくどうでもいいマウントにもついこだわってしまうほど、真摯に基礎法学の研究に従事してきた。それはこれからも決して変わることがないだろう（少なくとも給料が支払われている間は）。他のすべての学問分野と同じく、基礎法学の学問的成果もまた、無数の基礎法学者たちの多年の努力の積み重

ねの上に成り立っているのである。

しかし、である。これまでにないテイストのポテチを出すために研究員たちが顔に吹き出物がでるほど試食を繰り返し、発売日に向けて営業が何足も靴を履きつぶし、広報が消費者に刺さるコピーを練りだそうと幾晩も徹夜したとして、そんなことはメーカー側の事情にすぎない。こちらは口寂しい時につまみながら好きな配信でも観ようと思って買ったわけで、そんな重い話を押し付けられても迷惑千万である。

基礎法学はいらない。でも面白い。基礎法学は多岐にわたるので、その全部を面白いという人は激レアかもしれない。しかし、多岐にわたるからこそ、きっとあなた好みのカウチやガゼボが、湿原や物置小屋の隅が、どこかにあるはずだ。いらないからこそ、きちんと学ばなければという余計なプレッシャーに煩わされることなく、顔を上げ、視野を広くして、軽やかに一歩を踏み出してみてほしい。

【屋敷　二郎】

注

1　佐藤幸二ほか編『コンサイス法律学用語辞典』（三省堂、2003 年）、274 頁。

2　学際的法学分野でも「法と経済学」や「ジェンダーと法」などは比較法学や法社会学よりもずっと新しいのだが、古さを競うときはなぜか存在しないことにされがちである。

3　コンリングが『ゲルマン法の起源について』（1643 年）で法の歴史を扱ったことを指す。

4　古代ローマの皇帝ユスティニアヌスによる「市民法大全」に収められた学説彙纂の法文（D. 1, 2, 2 Ponponius libro singulari enchiridii）

で、紀元後2世紀の法学者ポンポニウスがローマ法の歴史を描写して
いることを指す。

5　　ソクラテスやプラトンは紀元前5世紀から紀元前4世紀にかけて活
動した。

6　　グロティウス『戦争と平和の法』（1625年）、ホッブズ『リヴァイ
アサン』（1651年）、プーフェンドルフ『人と市民の義務』（1673年）、
ロック『統治二論』（1689年）など。

パート　1　　法学のアプローチとしての比較

1 比較法学
◆ 法を比較するということ

　本節は、比較法学の導入編として、法を比較するときに念頭にお
くべき前提を検討する。すなわち、「法を比較するとはどういうこ
とか」について考える。というのも、法学部に入って講義を受け始
めた時期を思い返すと、「日本法について、日本語で書かれた教科
書」は難解で予習もできないし、「日本法を日本語で解説する講義」
に出席しても内容を理解していないためにノートを取ることもでき
なかったからだ。私は日本に生まれ育ち、日本語で教育を受け、日
本語で思考しているにもかかわらず、何がわからないのかもわから
なくて困惑していた。なんとも情けない気持ちで教室を後にしたも
のだった。このような状況にいるかもしれない読者に、比較法学の
学説の展開について多くを語るのは本書の意図にそぐわないだろ
う。しかしながら、初学者のときの思い出はこれだけに尽きるわけ
ではない。外国法や日本のかつての法に関する教科書のコラムと先
生方の解説から、「法のダイナミズム」や「時代と場所が変われば、
当たり前が違うこと」を知り、法学に対する視野が広がり、理解が
深まっているように感じ、前向きに法学と向き合えたこともあっ
た。現代の日本法についてはよくわからなくとも、「外国の法制度
についても知りたい」「今の日本法に至るまでにどんなことがあっ
たのだろうか」「日本法と外国法はどのような関係にあるのだろう
か」という知的好奇心が湧き上がってきた。ところが、ゼミナール
の発表の準備や卒業論文の執筆で法を比較しようとしても、なかな
かうまくいかない。比較対象となる法制度について調査することも

難しいのだが、それ以前の問題として「比較とはなんぞや」という問いが立ち上がってきたのだ。

□ 日本において法を比較する必要性

まず初めに考えておきたいのは「なぜ法を比較する必要があるのか」である。法を比較する理由のひとつとして時間を巻き戻せないこと、すなわち、法という社会規範とそれを研究する法学という学問分野は実験による検証に不向きな点が挙げられる。コンピュータゲームのように、一定程度まで進めてデータを保存し、失敗したら保存しておいた時点に戻るということはできない。生命権など人権を扱う法制度については「結果がわからないから、とりあえず一回実験する」ことは許されない。また、もうひとつの理由は、自然科学の実験のように前提条件を厳密にそろえてから効果を検証することも、法学にはできないという点だ。万有引力の法則のような自然法則は普遍的に作用する（自然法則は国境に左右されない）。万有引力の法則とは対照的に、法は地域や時代により異なる。このような法の性質を理解すると、差異を慎重に吟味すれば、他国の経験を自国の参考にできることがわかるだろう。だが、この取組みは「言うは易し行うは難し」である。以下で、現代の日本で法を比較する必要性に関して2つの論点をとりあげる。

第1に、外国法と日本法を比較する必要性を述べる。古来より、日本は海外の文明から法を継受してきた。古代では中国大陸の律令を、明治期以降は西洋法を学び、日本の状況に合わせて法を変化させてきた[1]。大学の法学部で学ぶ法制度の骨格は明治期以降に西洋法をモデルに作られてきた[2]。西洋法制史研究者の屋敷二郎が、ドイツやフランスの法制史は日本の法制史でもある、と評しているくらいである[3]。日本法を学ぶことは海外との交流を学ぶことでもあ

る。

　第2に、現代社会において法を比較する必要性について述べる[4]。日本国内で生活していたとしても、外国法や国際条約の影響を受ける。外国との貿易なしには日常生活は成り立たないが、その背後では日本及び海外の輸出入に関する法制度がかかわっている。また、人権保障については様々な国際的な枠組みがあるため、それらを日本において機能させる際にも比較が必要となる。

□　比較がもたらす楽しさ

　ここまで法を比較する必要性について述べたが、「必要だからやる」というだけでは何とも味気ない。法を比較することは、楽しく、知的好奇心を刺激する学問的営為である。

　法を比較する楽しさに触れる前に一度、比較するとはどういうことであるのかを検討してみよう。これは、私が3年生で比較法文化論のゼミナールに入り最初に発表したテーマである。拙い発表資料を見返せば、複数の辞書を引いて、「比較」や"comparison"の意味を調べていたようである。どちらの言葉も「くらべる」という内容を示していることがわかっただけで、手ごたえはなかった。比較という言葉それ自体の内容については各自で調べていただくとして、比較の楽しさについて考えたい。

　法を比較するとは、複数の法について調べ、それらの相似点や相違点を浮かび上がらせ、なぜそれらが生じているのか、優劣を評価するとしたらいかなる基準をどのように設定するのか、といったことについて考える知的営みである。法を比較することで身に付くスキルは、立法過程だけではなく企業や地域コミュニティ内でも有用であり、まさしく「パンのための学問」たる法学の面目躍如である[5]。これらのスキルはゼミナールや大学院にて試行錯誤しながら

時間をかけて身につけていくことになる。

法を比較する楽しさにはいくつもの種類があるが、「視野が広がる楽しさ」と「思考が深まる楽しさ」について述べたい。「視野が広がる楽しさ」は「当たり前が違うことが明らかになる楽しさ」である。「思考が深まる楽しさ」とは、「なぜ、このようになっているのだろうか」と考えることで、法の機能やその社会的な背景についての理解が深まる楽しさである。たとえば、「同じような問題に対して、国によってそれぞれの法的解決策が用意されている」のはなぜなのかを検討することだ。初学者のときに不思議に思ったことのひとつに、麻薬の所持など、犯罪として処罰対象となる行為類型が国によって異なること、また、同様の行為が処罰対象となっていたとしても刑罰の内容が異なることであった[6]。同様の行為をしても、国境をまたぐと処罰されたり、されなかったりする。これは、刑罰とは何かという根本的な問題と密接に連関している。

しかし、知的好奇心を刺激する「比較」であるが、実際に行うのは難しいのである。

□　比較の難しさ

法を比較する出発点は「なんでこんなことになっているのだろう」という疑問である。調査を進めると「当たり前とすることが時代・地域によって違う」のに気がつく。その理由が明らかになるにつれて、比較という作業の面白さを体得していくことだろう。しかし、そのためには比較対象となる法制度についての精緻な分析が必要となる。これがいかんせん難しいのだけれども、この難しさを乗り越えていく過程は楽しいものでもある。無数にあるものの中から、次の4種類の難しさを紹介したい。

第1は、そもそも日本法を学ぶだけでも大変なのに、外国法につ

いても学ばねばならないという難しさだ。2ヶ国間比較であれば日本法に加えて外国法についても調査するので作業量は単純に2倍になるが、ことはそう簡単にはいかない。これは、次の難しさにつながる。

第2は、法はそれぞれの法域の公用語で運用されているため、外国法を学ぶには外国語で書かれた専門文献と格闘しなければならないという難しさだ。もちろん、英米独仏という主要な比較対象国の法制度について日本語でアクセスできる研究は長きにわたり蓄積されており、その量に圧倒されるほどである[7]。だが、それらの文献があなたの疑問を解決してくれるとは限らない。そうなると、外国語の文献に自ら取り組まざるを得ない。比較に入る前の「したごしらえ」で相当な時間が経ってしまう。この点については、語学学修についてまとめている本書パート3「法と社会と言語」が役に立つ。だが、たとえ外国語に通暁したとしても、専門文献を読むには別の訓練が必要になる[8]。これは、日本語を母語としていたとしても、日本法を学ぶのには一定の訓練が必要なのと同じである。

第3は、日本法の知見と外国法の知見を「比較」するために、言語体系も思考様式も違う外国法を理解しなければならないという難しさだ。本レクチャーシリーズ①『教養としての法学・国際関係学—学問への旅のはじまり』パート4「法と社会」でも解説があるように、「法」の概念そのものが多義的なのである。日本語の「法」とドイツ語の »Recht«、フランス語の «droit»、英語の "law" の関係は法学の重要なテーマだ[9]。日本法を英語に翻訳するときの訳語の選択を例に考えてみよう。大日本帝国憲法と日本国憲法の英語訳の前文で "we" という言葉が使われている[10]。しかし、前者の "we" の原語は「朕」であり、後者の場合は「我々」である。訳文だけを見ていると、主権原理の変更を見逃してしまう可能性がある。

38   1　比較法学

　第4は、問題意識や観点を明確にするという難しさだ。調査を進めて知識を得る過程で、法を比較する出発点となる問題意識が変化していくことは珍しくない。たとえば、犯罪被害者支援について調べていく過程で、犯罪予防や加害者の更生支援という論点についても考えていくようになることもあるだろう[11]。様々な文献を調査していくなかで、論者によって焦点の当て方が違うことにも気が付くはずである。学術文献の冒頭では問題意識や観点が提示されることが多い。それらを整理すると、自分自身の問題意識や観点も明確になっていくことだろう。

□　比較対象─リンゴとオレンジは比較できない？[12]

　これまで法を当然に比較できるものとしていたけれども、そもそも法を比較できるのかを考えておく必要がある。専門的には「比較可能性」（comparability）の確保と表現される。

　日本語圏で育った読者には信じられないかもしれないが、欧米では性質が違いすぎて比較できないものの例としてリンゴとオレンジが挙げられることがある。性質が違いすぎて比較が成り立っていないことを示す慣用句として、英語とドイツ語には「リンゴとオレンジの比較」（英語では "comparison between apple and orange"、ドイツ語では »Äpfel mit Orangen vergleichen«[13]）があり、フランス語には「リンゴとオレンジは比較できない」《On ne compare pas des pommes avec des oranges》[14] がある。しかし、それぞれの言語で「リンゴとオレンジの比較」とインターネット上で検索をすると、栄養価や価格など様々な観点で比較がなされていることがわかる。大切なのは何のために何を比較するのかということである。慣用句と人々の実際の行動の間にはギャップがあるのだ（石の上に3年間もいる人が実際にいるだろうか）。この構図は法にも当てはま

る。

　法を比較するときに意識してほしいのは、「紙の上の法」(law in books) と「法の現実の作動」(law in action) の関係である[15]。「紙の上の法」は法律や条令に書かれている法であり、「法の現実の作動」は人々が実際に従っている法を指す。法を比較するときには何を比較しているのかを明確にする必要がある。

　比較をする際に注意してほしいのは、外国の「紙の上の法」と日本における「法の現実の作動」を比較しても精度が落ちるし、「紙の上の法」同士を比較したとしてもどちらかの「紙の上の法」を理想化しかねない、ということだ。外国でも日本でも、「紙の上の法」と「法の現実の作動」の間にはギャップがある。このギャップを無視・軽視して優劣を判断すると、比較の精度が下がるだろう。むしろ、「紙の上の法」と「法の現実の作動」の間にあるギャップを縮めるために両国がとっている対応策を比較する方が有意義である。これを示したのが、図1である。

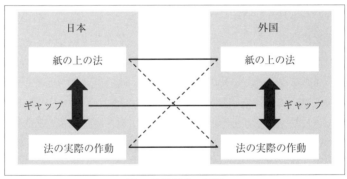

図1　比較対象の選択

　図1の実線が示すのが本節の推奨する比較であり、点線で示した

のが避けるべき（又は、より慎重な分析が求められる）比較である。点線で示した比較をすると、どちらかの法の礼賛（又は蔑視）につながる可能性が高まる。

□　**比較における価値判断**[16]

　比較をする際には、相似／相違、優／劣のどちらの評価軸を用いているのかを意識することが必要である。特に、後者を用いた比較をする場合には慎重になった方がいい。法を比較する文献では「日本法はA国の法とは違って、Bという制度がないので劣っている。A国法を参考にしてBの制度を導入するべきだ」という表現が用いられることがある。こういった表現に接したときに、以下の3点を検討するとよいだろう。

　第1に、日本及び比較対象国の法が本当にその説明通りの内容をもつのか、という点である。日本法に関する説明が不正確かもしれない。また、外国法の理解も誤っていて、実際にはそのような制度がない場合や、ほとんど機能していない場合もある。完全無欠の法制度がないために世界中で日々工夫が重ねられているし、各国内でも様々な立場がある。自らの主張に有利な部分だけしか検討していない可能性もある。比較の前提となる各国法の記述が正確か否かを自ら検証することが必要となる。

　第2に、比較対象国にあるような法制度が日本になかったとして、それだけで優劣を判断できるのかを丁寧に検討する必要があるという点だ。当該法制度が必要となった特別の理由や、悲惨な事件が起きる社会構造上の問題があるのかもしれない。それぞれの法域には固有の事情があるために、法が異なることだけをもってどちらかの法が優れているという評価を導くことには慎重になるべきだ。法が異なることによって何かしらの問題が発生しているのであれ

ば、背景事情を含めてその問題を具体的に指摘しなければならない。

　第3に、人間同士のトラブルは必ずしも裁判を通して解決されるわけではないという点だ。法制度は社会慣習等と連動している。貸した物が返ってこないなど、なにかしらのトラブルが発生したとしても、それが裁判所で取り扱われるまでには一定のプロセスを経るのが通常である。まずは「貸した物を返してほしい」と相手方に伝え、次いで弁護士などの専門家に相談するだろう。それでもトラブルを解決できない場合に、裁判所を利用する。裁判所の利用の多寡と、権利の救済・回復は分けて考えねばならない。比較法学・比較法文化論の第一人者である青木人志は、以下の告白をしている[17]。

　　　わたくしは比較法学（Comparative Law）の専攻で、日本法を外国法との比較の相において理解する研究をし、教育面では比較法文化論という科目を担当している。そしてもうひとつ重要なことは、法学部に入学してからはや20年以上過ぎ、法学部教師になってからも10年以上経つというのに、わたくし自身、いまだに裁判所が身近な存在には思えないという実感をもっているという点である。

　私にとっても裁判所は縁遠いものであり、青木のこの記述に賛同せざるを得ない。日本における裁判所利用件数を低調だと評価し、この原因として日本人の権利意識の低さを挙げる議論もある[18]。

　ここで、法的トラブルに関する私の体験談を紹介したい。学部生の頃、父の自動車を運転していた際に交差点の前で信号が赤になったので停車したところ、後続車両に追突されたことがある。自動車の一部が破損するだけで、幸いなことに傷害を負った者はいなかっ

たし、相手方も自らの過失を認めた。ここで、権利を侵害された場合の損害賠償の請求について定めた民法第709条についての講義が脳裏をかすめた。相手方の行為が同条の要件を充たすことは明白だ。しかし、その効果を発動させて損害賠償を得るためには、裁判を起こさねばならない。だが、父と私がしたことといえば、事故現場での実況見分への立会い、相手方との連絡先の交換、そして、保険会社との数度の電話のやり取り程度である。ほとんどすべての作業を保険会社が担当し、すんなりと修理費用等が父に支払われた。つまり、裁判を経ずとも父と私の権利は救済されたのである。むしろ、裁判をするよりも迅速で負担も少なかったとすらいえる[19]。もちろん、私の体験を直ちに日本における自動車関連の交通事故についての法的紛争解決の典型例とすることはできない。とはいえ、裁判所を利用せずとも権利が救済される事例があることを考慮すると、裁判件数の多寡が権利救済の度合いの評価基準には必ずしもならない性質の事件の類型もあるといえる。事件の性質に応じた分析が求められる。

　本節を締めくくるにあたり、マックス・ヴェーバー（Max Weber）の言葉を引用する（強調原文）[20]。

　　　　なんといっても文化に飽和している地域のただなかに生活し、その文化の技術にまきこまれている人間は、ちょうど例えば毎日電車に乗って行くことになれっこになっている子供が、いったいどうして電車が走りはじめることができるのか、というような問いにみずから思いつくことがほとんどないであろうように、周囲の世界に対してかような問いを提出することはほとんどないのである。この世界の進行について

驚嘆する能力こそは、この世界の意味を問うことを可能にする前提条件である。

　法学の入口に立ち、「どうしてこうなっているのか」と、いろんなことに驚き、疑問を抱いている読者もいることだろう。現段階では信じられないかもしれないが、その驚きや疑問は学修が進むにつれて薄まっていってしまう。それどころか、なかったものとして扱われてしまうことさえある。法学独特の思考様式や専門用語に慣れていくうちに、それらに気が付くことができなくなってしまうのだ。しかし、この驚きと疑問こそが学修の出発点になる。今抱いている驚きと疑問を記録し、時間が経ってから見直してほしい。自らの成長を確認すると共に、学修過程で乗り越えられていった、または、こぼれ落ちていった「驚きと疑問」との再会を楽しむこともできる。その際に、思考様式や専門用語を再考するきっかけになるのが、比較という作業だ。比較をすることによって、「当たり前」を共有していない人々と時空をまたいで遭遇し、新たな驚きと疑問を覚えるだろう。

　法学の入口に立った読者にもうひとつ薦めたいことがある。驚きと疑問を記録しておくだけではなく、学友や教員にも共有してほしい。あなたは他者とは異なる問題意識と評価軸を持っている。それらは他者にとっては新鮮なものかもしれない。勇気をもって、驚きと疑問を抱いたことを認めて他者と共有していこう。それらは、法学の発展や、よりよい立法・司法・行政の起点となる可能性を秘めている[21]。

　法は社会のインフラである。大学で法学を学修していない人にも法が適用されること、そして、誰もが法を変えていく力を持つことを考えると、これらの驚きや疑問に対して法学を学んだ者は応じ

る、または寄り添うことができるようにしておきたい。大学の教員は学生の驚きや疑問を歓迎している。というのも、大学教員は、このような驚きと疑問を抱いている（取り憑かれている）うちに、教壇の向こう側に立つことになった可能性が高いからだ。あなたの驚きや疑問を待っている人が教室には少なくともひとり存在している、ということを覚えておいてほしい。

■　読書案内

　日本の大学の法学部で日本法について学び法を比較するのであれば、比較を通して日本に真剣に向き合った先達が残した書物に目を通しておきたいものである。

①福沢諭吉（松沢弘陽校注）『文明論之概略』（岩波文庫、1995）

　この本に収められた比較の方法論、日本と西洋の比較、そして、文体の読みやすさに至るまで、福沢諭吉からは今なお学べることが多い。第1章「議論の本位を定る事」の冒頭部分だけでも読んでみてほしい。

②阿部謹也『自分のなかに歴史を読む』（ちくま文庫、2007）

　ヨーロッパ中世史研究の大家であり、日本社会についても様々な論考を発表した阿部謹也の学問と半生を辿るこの本は、読む度に発見がある名著である。西洋法制史研究者の山内進が手がけた解説にも感銘を受け、小樽を訪れて汗だくになりながら地獄坂を登ったことがある。本節に私の体験談を分不相応にも盛り込んだのは、この本の影響を受けたからである。

【吉田　聡宗】

※本研究は JSPS 科研費（JP23KJ1879）の助成を受けたものである。

注

1 比較法学の定評ある入門書である滝沢正『比較法』（三省堂、2009）の第2編第4章「比較法的にみた日本法」がコンパクトにこの過程をまとめている。この本を読むと、大学入学までに習う日本史と世界史の知識を大学の学びにつなげることができる。

2 青木人志『「大岡裁き」の法意識─西洋法と日本人』（光文社新書、2005）。この本を読むと、法は人間が苦悩しながら作り改善してきたこと、そして、誰もがその過程に参画できることが伝わってくるだろう。

3 屋敷二郎「西洋法制史のススメ─ドイツやフランスの法制史は日本の法制史です！」『法学教室』460号4-7頁（2019）。この論文を読むと、法学部の講義でドイツやフランスの法制度が言及される理由がよくわかる。

4 「比較対象は何か」を意識しながら一橋法学・国際関係学レクチャーシリーズ刊行委員会編『教養としての法学・国際関係学─学問への旅のはじまり』（国際書院、2024）を読んでみると、日本法を解説するために外国法に言及している記述を多数発見するだろう。

5 ラートブルフ（碧海純一訳）『法学入門』（東京大学出版会、1961）295-296頁。これは定評ある法学入門の古典である。題名に「入門」とあるが、ドイツ法の入門書であるし、「訳者あとがき」にもある通り高度な記述も多いため、理解できずとも気落ちしなくてよい。引用箇所の前後では法学学修に絶望していた著名人が紹介されているので、その部分だけでも目を通してほしい。法学を難しく感じることに時代や地域は関係がないことがわかり、孤独感が薄れるだろう。

6 王雲海『日本の刑罰は重いか軽いか』（集英社新書、2008）は日中米の刑事法の比較をしている。王が用いる社会特質論はその語り口もあって魅力的であるけれども、これは名人のなせる業であり、初学者が容易に使いこなせるものではない。

7 外国法文献の調べ方については、北村一郎編『アクセスガイド外国法』（東京大学出版会、2004）参照。各国法について調べる際の入門書

46   1　比較法学

として、岩田太、会沢恒、髙橋脩一、板持研吾『基礎から学べるアメリカ法』（弘文堂、2020）、戒能通弘、竹村和也『イギリス法入門—歴史、社会、法思想から見る』（法律文化社、2018）、村上淳一、守矢健一、ハンス・ペーター・マルチュケ『ドイツ法入門』〔改訂第9版〕（有斐閣、2018）、滝沢正『フランス法』〔第5版〕（三省堂、2018）が有用。

8　外国法について調べるときには、専門の外国法辞典や辞書が欠かせない。大学図書館の辞典・辞書コーナーに用意されている田中英夫編集代表『英米法辞典』（東京大学出版会、1991）、山田晟『ドイツ法律用語辞典』〔改訂増補版〕（大学書林、1993）、Termes juridiques 研究会訳（中村紘一、新倉修、今関源成監訳）『フランス法律用語辞典』〔第3版〕（三省堂、2012）が有用。

9　明治期に行われた西洋語の翻訳については柳父章『翻訳語成立事情』（岩波新書、1982）を、同時期の中国における翻訳について鈴木修次『日本漢語と中国—漢字文化圏の近代化』（中公新書、1981）を参照。

10　大日本帝国憲法と日本国憲法の英訳は国立国会図書館のウェブサイト「日本国憲法の誕生」の英語版 "Birth of the Constitution of Japan" の "Text of the Constitution and Other Important Documents"（https://www.ndl.go.jp/constitution/e/etc/constitution.html）（最終閲覧日 2024 年 11 月 10 日）で閲覧可能。「朕」を "we" と訳するのは、国王や皇帝が自らのことを指すときに一人称複数形を使うこと（英語では "royal we" という）に倣ったからである。

11　武内謙治、本庄武『刑事政策学』（日本評論社、2019）は、これらの論点について外国の事例も参照しながら丁寧に解説している。

12　Mathias Siems, *Comparative Law*, 3rd edn. (Cambridge University Press, 2022) の表紙から着想を得た。同書は定評のある比較法学の入門書であり、初版から一貫してリンゴとオレンジの写真を表紙にしている。シンプルな英文で書かれている本なので、比較法学に関心のある人だけではなく、留学を志す人にも推薦したい。

13　ドイツからの留学生に確認したところ、リンゴではなくセイヨウナ

パート1　法学のアプローチとしての比較　　47

シ（Birnen）ということもあるという。

14　フランス（パリ）からの留学生に確認したところ、本文に示した表現はやや古い文語であり、《comparer des pommes et des poires》（リンゴとセイヨウナシを比較する）や《comparer des choux et des carottes》（キャベツとニンジンを比較する）という表現の方が使われるという。口語では、《(ne pas) mélanger les torchons et les serviettes》（雑巾とナプキンを混ぜる（な））という表現が一般的とのことであった。なお、当該学生からは、フランス語は様々な国や地域で使われているので、正確を期すためにはそれぞれの地域での使用法を確認する必要があるとのコメントも寄せられた。

15　本節における "law in books" と "law in action" の訳はダニエル・フット（溜箭将之訳）『裁判と社会─司法の「常識」再考』（NTT出版、2006）に従った。大学4年生のときにゼミナールの課題図書として指定されて以来、折に触れてこの本に目を通している。「法とは何か」「法が社会のなかで機能するとはどういうことか」という問題を、比較を通して丁寧に考察する名著である。

16　この記述は、マックス・ヴェーバー（富永祐治、立野保男訳、折原浩補訳）『社会科学と社会政策にかかわる認識の「客観性」』（岩波文庫、1998）から着想を得た。これは、社会科学を学ぶうえで、一度は挑戦する価値のある古典である。私は何度も挫折し、文字を何とか追っているにすぎない。それでも、挑戦するたびに、ほんの少しでも理解が深まっていくような気がしている。本文で相似／相違と優／劣という評価軸について述べたが、好き／嫌いという評価軸を加えることもできるだろう。

17　青木前掲注2）14頁。この「青木前掲注2）14頁」とは、注2に示した青木が執筆した文献の14頁に、本文で引用した文章が掲載されているという意味である。前掲注という書き方をすることで重複を避けている。

18　この議論の古典といえるのが、川島武宜『日本人の法意識』（岩波新書、1967）である。この本が出版されてから50年以上が経った。川

48 1 比較法学

島理論が現代の日本社会に妥当するのか、川島が提示する論拠からその結論が導き出せるかを検証してみるのもよいだろう。

19 交通事故を原因とする裁判所の利用などに関して日米比較をした著名な書籍が、マーク・ラムザイヤー『法と経済学―日本法の経済分析』（弘文堂、1990）である。この本は経済学の方法を用いて鮮やかに法制度を分析している。

20 マックス・ヴェーバー（内田芳明訳）『古代ユダヤ教 中』（岩波文庫、1996）508-509頁。これは、訳書で上中下巻からなる難解な大著である。本文に示した有名なフレーズを引用するべく悪戦苦闘していたときに、学部以来の先輩である坂井大輔さんに相談したところ、マックス・ウェーバー（海老原明夫、中野敏男訳）『理解社会学のカテゴリー』（未來社、1990）と中野敏男『ヴェーバー入門―理解社会学の射程』（ちくま新書、2020）に先に目を通すとよい、という助言を得た。難解な書物を前にして呆然と立ち尽くすしかないときに相談できる方と知遇を得ることができる、というのは大学の良さのひとつである。先輩の助言通り、たしかに見通しは良くなった。だが、私にとってこの本は依然として大変難解である。

21 この点については一橋法学・国際関係学レクチャーシリーズ刊行委員会前掲注4）所収の青木人志「法学を学ぶために―忍耐から喜びへ」を参照。

さて、文中に唐突に現れる小さな数字に気が付いたであろうか。これは「注」と呼ばれるれっきとした文章の構成要素である。誤植ではない。このレクチャーシリーズは文末に注記を掲載する「文末注」という形式を採用している。「注は注意して読め」というのはよく言われることである。①文章を読む際に注を確認できる、②文章を書く際に注を付けられる、というのは地味だけれども重要な技術である。どちらも一朝一夕で身につくものではないので、大学生のうちに時間をかけて身に付けていただきたい。①と②は連関した技術である。普段のレポート執筆や報告準備から注と向き合うことを推奨する。卒業論文はその集大成である。

2　比較法文化論
◆　動物の法的な位置づけ

　本節は、比較法文化論の導入編として、「国が異なると法も異なる」「日本法が唯一の法のあり方ではない」「法を比較するのは一筋縄ではいかない」ということを伝えるべく、日本・ドイツ・フランスの法律の条文を比較する。具体的には動物に関する法律を取り上げる。日常的な感覚と動物に関する法制度の間にはギャップがあり、興味深い研究対象だからだ。講義名に文化という言葉を掲げるので、本節の検討対象には文学作品や絵画なども含まれると思われた読者もいるかもしれない。だが、本書の主要な読者が法学初学者であることと、本節に割り当てられた紙幅を考えると、対象を条文に限定せざるをえない。簡単に見えるかもしれないけれども、法を比較するのには準備が必要であり、これだけでもそれなりに大変なのである。
　「無味無臭の文字列である条文」を検討対象とした比較とはなんともつまらない印象を与えるかもしれないが、ここで大風呂敷を広げると、比較法文化論とは「時空を超えた法の世界旅行」を試みる学問なのである。いきなり世界を一周することはできない。旅行をするには、それなりの準備と道具が欠かせない。本節は、日本・ドイツ・フランスでは動物に関する条文をどこに、どのように書くのかを調査する。これだけでも見えてくるものがある。もっとも、本節には初学者には理解しにくい記述も多々あるはずだ。しかし、トラブル（とその解決）も旅の醍醐味ではなかろうか。難しい部分は飛ばしてもらってかまわない。「こんなトピックがあるのか」と思

ってもらえるだけでも十分である。読みたいときに自分のペースで読めるのが本の良さだ。本節から何かひとつでも読者が得るものがあれば、ましてや中断を挟みつつでも最後まで読み進めた読者がいたら、私はうれしい。さて、まずは旅支度をしよう。

□　用語の整理

本節のキーワードは「法律」と「動物」である。これらは日常生活でも使われるが、法を学ぶときにはその意味を確認しなければならない専門用語である。どの学問であれ専門的に学ぶためには、概念を確認するという作業が求められる。その際に有用なのが専門の辞典である。

まず、法律という言葉の意味を確認していく。定評ある辞典（『有斐閣　法律用語辞典』）は、法律を「…国会の議決を経て制定される国法の形式（以下略）」と説明する[1]。これは、日本の法制度だけではなく、他国の法制度を概観するときにも必要な知識となる。細かく感じることだろうけれども、このように基本的な概念を把握しておくことは重要である。

次いで、「動物」について述べる。法的な議論では、人間を動物に含まない。もちろん、法律家は日常生活で「人間も動物だ」と言うこともあるし、生物学的に人間が動物の一種であることも理解している。だが、法について語るときは人間と他の生物を法律家は厳密に区別する。日本法を例に挙げよう。民法第718条が定める動物占有者責任について、「占有される対象としての人間」は考えられない。人間が他の人間を占有することは、現在の法制度の下では許されない[2]。

日本語で動物に関する法について語る際には、者・物・ものという専門用語が同音異義語であることに注意しよう。権利主体性を認

められているのが「者」であり、代表例が人間（自然人）[3]である。権利主体性を認められていないのが「物」である。物には、ペンや本などの動産、土地や建物などの不動産、そして、特許などの知的財産が含まれる。「もの」については説明がやや難しいので文末の注記にて説明する[4]。これらの違いを念頭に置いてほしい。

　これから考察するドイツ法はドイツ語で、フランス法はフランス語で運用されているが、これらの言語において権利主体性が認められる「者」と認められない「物」は音としては間違えようがない。ドイツ語で者・人は »Person« で、物は »Sache« である。フランス語では者・人は «personne» で、物は «chose» である。

　旅支度は済んだ。法の世界旅行を始めよう。最初の旅先はドイツ法である。

□　ドイツ法における「動物」

　ドイツにおいては憲法に動物保護の規定があり、民法は動物を物ではないと定める。しかし、動物を所有することは適法な行為として認められている。「物ではない動物を適法に所有できる」ということが先述した用語の説明と矛盾している、と読者は混乱しているかもしれない。このような疑問を抱くのは当然である。順に条文を見ていこう。

　日本でいう憲法にあたるのが、ドイツの場合は「ドイツ連邦共和国基本法」（Grundgesetz für die Bundesrepublik Deutschland）[5]であり、その第20a条が動物保護について定める。ドイツ語原文と、『新解説世界憲法集』に掲載された初宿正典の日本語訳を見てみよう（引用中の〔〕内は訳者が補ったもの。以下同じ）[6]。

52   2　比較法文化論

Art 20a

Der Staat schützt auch in Verantwortung für die künftigen Generationen die natürlichen Lebensgrundlagen und die Tiere im Rahmen der verfassungsmäßigen Ordnung durch die Gesetzgebung und nach Maßgabe von Gesetz und Recht durch die vollziehende Gewalt und die Rechtsprechung.

第 20a 条〔自然的生活基盤の保護義務〕

国は、来たるべき世代に対する責任を果たすためにも、憲法的秩序の枠内において立法を通じて、また、法律および法の基準にしたがって執行権および裁判を通じて、自然的生存〔生命〕基盤および動物を保護する。

　このように、ドイツでは憲法レベルで動物保護を規定している。20 の後ろに a を付けた第 20a 条という、第 20 条からは独立した条文が存在するのには理由がある。これは枝番号と呼ばれる。もともと第 20 条・第 21 条・第 22 条というように続いていたのが、第 20 条と第 21 条の間に新しい条文を入れる際に、第 21 条以降の条文番号を動かさないようにするために第 20a 条を挿入したということである。日本法だと「第 20 条の 2」となるところだが、ドイツ法では枝番号の書き方が異なる。

　ドイツの「民法典」（Bürgerliches Gesetzbuch）[7] は、第 90a 条「動物」（Tiere）で動物の法的地位を定めている。ドイツ語原文と青木人志による日本語訳を眺めてみよう[8]。

　§ 90a Tiere

　Tiere sind keine Sachen. Sie werden durch besondere Gesetze geschützt. Auf sie sind die für Sachen geltenden

パート1 法学のアプローチとしての比較　53

Vorschriften entsprechend anzuwenden, soweit nicht etwas anderes bestimmt ist.

第90a条　動物

動物は物ではない。動物は特別の法律によって保護される。動物については、物についての規定を、ほかに規定がないかぎり準用する。

　まず形式を確認すると、3文で構成されていることがわかる。原文第1文が4語と短いのに対して、第2文が6語、第3文が16語と長い。第1文に比して第2文と第3文が複雑な内容を規定していると推測できる。

　動物を「物」ではないと規定しているのは第1文である。第2文と第3文にも目を通してほしい。この条文は、動物は物ではないけれども、基本的には物の規定を適用する、と定める。そうであればこそ、動物を適法に所有することができる。日本法的な思考様式に従えば、動物は物ではないので者（人）となる。ドイツ法と日本法で基礎的な世界観が異なることがこの条文からわかる。

　さらに、動物虐待を処罰する根拠となる規定を定めた「動物保護法」（Tierschutzgesetz）のドイツ語原文と浦川道太郎による日本語訳を確認する[9]。

　§1

Zweck dieses Gesetzes ist es, aus der Verantwortung des Menschen für das Tier als Mitgeschöpf dessen Leben und Wohlbefinden zu schützen. Niemand darf einem Tier ohne vernünftigen Grund Schmerzen, Leiden oder Schäden zufügen.

54　　2　比較法文化論

第1条〔法律の目的〕

この法律は、同じ被造物としての動物に対する人の責任に基づいて、動物の生命及び健在を保護することを目的とする。何人も、合理的な理由なしに、動物に対して痛み、苦痛又は傷害を与えてはならない。

「同じ被造物」（Mitgeschöpf）という書きぶりが興味深い。キリスト教・ユダヤ教の聖書にある創世期の記述が念頭におかれていることが読み取れる[10]。

　動物の殺傷・虐待に対する処罰について定めている条文のドイツ語原文と日本語訳も確認しておく[11]。

　§17

Mit Freiheitsstrafe bis zu drei Jahren oder mit Geldstrafe wird bestraft, wer

1. ein Wirbeltier ohne vernünftigen Grund tötet oder

2. einem Wirbeltier

　a）aus Rohheit erhebliche Schmerzen oder Leiden oder

　b）länger anhaltende oder sich wiederholende erhebliche Schmerzen oder Leiden zufügt.

第17条〔刑罰行為〕

次の各号に定める行為のひとつを行った者は、3年以下の自由刑又は罰金に処する。

　1　合理的な理由なしに脊椎動物を殺害すること。

　2　脊椎動物に対し、次のいずれかの行為を行うこと。

　　a　粗暴な行為により著しい痛み又は苦痛を与えること

　　b　比較的長期間持続し、又は反復する著しい痛み又は

パート1　法学のアプローチとしての比較　　55

苦痛を与えること

　動物全般について定める第1条とは異なり、脊椎動物に対する殺傷・虐待を第17条が処罰対象としていることに注意を促したい。このことは日本の法律との比較の際に重要となる。

　ドイツ法の次は、フランス法へと旅立とう。

□　フランス法における「動物」

　フランスの憲法典には動物保護についての規定はないが、「民法典」（Code civil）の第515-14条が動物の法的な性質を定める（これも枝番号である）。原文と日本語訳の双方を掲載する[12]。

　　Article 515-14

　　Les animaux sont des êtres vivants doués de sensibilité. Sous réserve des lois qui les protègent, les animaux sont soumis au régime des biens.

　　第515-14条

　　動物は感覚をもつ生物である。動物を保護する法律がある場合を除き、動物は財産に関する制度に従う。

　第1文は、ドイツ民法典第90a条第1文のように動物が物であるか否か、を定めない。他方で、第2文の規定はドイツ民法典第90a条の第2文と第3文に類似している。この条文に従って、動物を保護する法律がある場合を除いて、動物は「財産」（bien）についての制度の規律を受けるのである。では、動物虐待に関する規定はどのようなものだろうか。

　フランスでは「刑法典」（Code pénal）第521-1条から第522-2条

が動物殺傷・虐待罪等について定める[13]。長いため条文は割愛するが、本節にとって重要なのは刑法典におけるこれらの条文の位置づけである。動物殺傷・虐待に対する刑法典の規定は「財産に対する重罪及び軽罪」（Crimes et délits contre les propriétés）という章に定められていたが、1994年の法改正に伴って「その他の重罪及び軽罪」（Des auteres crimes et délits）という編へと移動された。その後も法改正がなされているが、位置づけは変わっていない[14]。フランス刑法典において、動物・殺傷虐待罪は財産に対する罪ではないのだ。

　ドイツ法とフランス法をめぐったところで、帰路につこう。

□　日本法における「動物」

　日本法は、ドイツ法と異なり憲法に動物に関する規定をもたないし、かといってフランス法に近いわけでもない。フランス民法典とは異なり、日本の民法は動物の法的性質を抽象的に定めている。まずは、民法第1編「総則」の第4章「物」にある条文を見てみよう。

　　（定義）
　　第85条　この法律において「物」とは、有体物をいう。
　　（不動産及び動産）
　　第86条　土地及びその定着物は、不動産とする。
　　2　不動産以外の物は、すべて動産とする。

　条文は短くとも、一見しただけでは動物について規定しているかはわからないだろう。専門用語が使われているからである。こういうときには、法律学の専門辞典を参照しよう。第85条のいう「有

体物」は「無体物」と対になる概念である。有体物は「空間の一部を占める有形的存在」を指し、液体や気体も含む[15]。無体物とは「有体物以外のもの」であり、エネルギーが具体例とされる[16]。この説明に従えば、動物は有体物であるというしかない。第86条のいう土地の定着物の具体例としては建物や樹木などが挙げられる[17]。土地でもその定着物でもないので、動物は不動産ではない。よって、第85条及び第86条の解釈から動物は動産となる。

　日本で動物について語るうえで重要な法律に、動物の愛護及び管理に関する法律（以下、動物愛護管理法）がある。基本原則を定める第2条第1項を見てみよう[18]。

　（基本原則）
　第2条　動物が命あるものであることにかんがみ、何人も、
　動物をみだりに殺し、傷つけ、又は苦しめることのないよう
　にするのみでなく、人と動物の共生に配慮しつつ、その習性
　を考慮して適正に取り扱うようにしなければならない。

「動物が命あるものである」という部分が重要だ。動物が物であるからこそ、ペットや畜産動物の所有は合法である。しかしながら、何をしてよいわけでもない。その性質に応じた取扱いが要求されるのである。

　「一部の動物」に殺傷「等」をした者に対する処罰について定めるのが、動物愛護管理法第44条である。「」を付けたのには理由がある。この条文は動物虐待ではなく、「愛護動物」に対する「殺傷・虐待・遺棄」について定めるからである。この条文は全4項からなり、やや複雑な構造をしている。第1項から順に読むよりも、第4項の「愛護動物」の定義を先に確認してから処罰対象行為と刑罰を

定める第1項から第3項を順に読む方が、見通しがよいだろう。虐待について定める第2項は複雑なので省略する。条文を見てみよう[19]。

> 第44条　愛護動物をみだりに殺し、又は傷つけた者は、5年以下の懲役又は500円以下の罰金に処する。
>
> 2（略）
>
> 3 愛護動物を遺棄した者は、1年以下の懲役又は100万円以下の罰金に処する。
>
> 4 前3項において「愛護動物」とは、次の各号に掲げる動物をいう。
>
> 　一 牛、馬、豚、めん羊、山羊、犬、猫、いえうさぎ、鶏、いえばと及びあひる
>
> 　二 前号に掲げるものを除くほか、人が占有している動物で哺乳類、鳥類又は爬虫類に属するもの

　このように、「愛護動物」に対する殺傷・虐待・遺棄が違法行為とされている。また、愛護動物として第4項第1号には動物種のみが、第2号には人間と特定の関係にある動物の種類が掲げられている点が興味深い。

　次に、日本の動物愛護管理法第44条とドイツの動物保護法第17条の運用を統計値から見ていきたい。フランス法については事情が複雑であるため紙幅の関係で割愛するので、各自で調べて欲しい。

□　統計値から見る日本法とドイツ法

　まず、日本における動物愛護管理法第44条違反に対する検挙事件数と検挙人員数を確認する[20]。警察庁が公表している資料によれ

ば、検挙事件数は2014年で48件だったのが、2015年は56件、2016年は62件、2017年は68件、2018年は84件、2019年は105件、2020年は102件、2021年は170件、2022年は166件、そして、2023年は181件と上昇傾向にある。検挙人員数は2022年が187人、2023年が206人である。検挙とは「捜査機関が犯罪の行為者を特定し、これを被疑者とすること」を指す言葉で、具体例としては警察官による逮捕がある[21]。検挙・起訴・有罪判決の違いには注意を要する。検挙された者が裁判にかけられ、有罪判決を下されるとは限らない。検察官による起訴があって刑事裁判が始まり、起訴された者が被告人となる。裁判官は検察官と被告人双方の主張と証拠を検討してから無罪か有罪の判決を下すのである[22]。

　次いで、ドイツの動物保護法第17条に関する有罪者数を見ていく[23]。ドイツ連邦政府統計によれば、2012年から2016年までは年間700〜800人程度が有罪判決を下されている。

　上述した統計値について、単純には比較できない。まず、一部が重なるけれども、調査期間が違う。また、日本法は検挙事件数・人員数、ドイツ法は有罪者数と対象としている事項が異なる。検挙された者全員が起訴されるわけでも、被告人全員が有罪になるわけでもないからだ。もし仮に、重なっている期間において、日本で動物愛護管理第44条違反を理由とした検挙事件数と検挙人員数が同じであり、検挙された者が全員訴追され、かつ、有罪判決を下されたとする。そうすると、ドイツの人口が日本の人口の約3分の2であるので、人口比にすればドイツでの有罪者数は日本の倍以上であると推測できる。

　ここで疑問を覚えた読者もいるはずだ。ドイツでは憲法レベルで動物保護を定め、かつ、民法典が動物を「物ではない」と定めている。にもかかわらず、憲法で動物保護について定めることもなく、

かつ、民法でも明文で動物の位置づけを定めない日本よりもドイツの「動物虐待」の件数が多いと推測されるのはなぜだろうか。この原因の解明には相当な研究が必要となるので、仮説を挙げるに留める。

仮説①は条文の違いに注目する。たとえば、保護される動物の範囲の違い（ドイツ法は脊椎動物、日本法は愛護動物）の影響を分析する。

仮説②は取締りをする側に注目する。ドイツでは日本よりも、動物保護の考えが警察や検察に浸透しているために動物虐待への法的な対応が熱心に行われている、と仮定する。

仮説③は取締りの対象となる側に注目する。取締りの対象となる動物虐待の件数が日本よりもドイツの方が多いために処罰件数も多い、と仮定する。そもそも事件数が多いので、それに応じるために法律も厳格に整備されているということだ。仮説②とは視点を逆転させている。

仮説①②③が連関している可能性もあるし、別の仮説を立てることもできる。仮説を立てたら次は検証だ。検証方法も含めて、各自で考えてみてほしい。

本節は、動物の法的地位・性質に関する条文を検討対象として、日本法・ドイツ法・フランス法を比較した。ドイツは憲法レベルで動物保護を定め、民法典は動物を物ではないがほかに規定がない限り物の規定を準用するとし、動物保護法は動物を（人間と）「同じ被造物」という。フランスは憲法で動物保護を定めず、民法典は動物を保護する法律がない限り動物は物の規定に服するとし、刑法典は動物と物を区別する。日本は憲法で動物保護について定めず、民法の文言は抽象的であり、動物愛護管理法が動物の法的性質を定め

る。日本では愛護動物殺傷・虐待・遺棄罪の検挙事件数は上昇傾向にあるものの合計で年間200件に届かないが、ドイツでは動物保護法第17条の有罪者数は年間700〜800人程度であった。本節が行った比較を通して各国法の特質のようなもの、無味無臭な条文や統計値から漂ってくる薫りの違いのようなものを読者が感じられたら幸いである。「特質のようなもの」「薫りの違いのようなもの」という、ぼかした表現を採用したのには理由がある。本節を締めくくるにあたり、このように述べた理由を2点にまとめる。

　第1点は、限られた条文及びその運用の考察から、日本法・ドイツ法・フランス法の性質を一般化することには慎重になるべきである、ということだ。たったひとつの都市への短期の滞在で見聞したことからその国全体の性質を導くような過度な一般化を避けるべきなのと同じである。本節で行った作業は本格的な比較のための準備の一部にすぎない。法学の勉強が進んでくると、本節の記述の粗雑さが目に付くようになるはずだ。たとえば、立法の経緯、他の条文及び法律との関係、そして、裁判例を本節では検討していない。また、より深く理解をするためには、訴訟法と連関させながら統計値を分析することも必要だ。これらの論点については、文末注に示した文献を参考にしながら読者自ら考察してほしい。

　第2点は、日本法・ドイツ法・フランス法の優劣について本節は価値評価を一切していない、ということだ。というのも、相似／相違という評価軸と、優／劣という評価軸は連関しても異なる評価軸だからだ。法を比較する文献を読む際にはこのことを意識してほしい。「法（文化）に優劣をつけられるか」というのは難問である。

　法を比較するための素材は無数にある。興味があるトピックを探しだし、時空を超えた法の世界旅行を読者自らが楽しんでほしい。

　よき旅を。Bon voyage! Gute Reise!

62   2 比較法文化論

■ 読書案内

①青木人志『グラフィック法学入門』〔第 2 版〕（新世社、2021）

　左側に説明文、右側に図表・コラムという構成で読みやすい入門書。この本は、法学学修という大航海をするための羅針盤になる。

②森征一、岩谷十郎編『法と正義のイコノロジー』（慶應義塾大学出版会、1997）

　古来より法と正義は絵画や彫刻、さらには建築など多様な形式で表現されてきた。法と正義という概念を、「図像解釈学（イコノロジー）」によって把握しようとするのがこの本である。掲載されている図像を眺めているだけでも楽しい一冊。

【吉田　聡宗】

※本研究は JSPS 科研費（JP23KJ1879）の助成を受けたものである。

注

1　法令用語研究会編『有斐閣　法律用語辞典』〔第 5 版〕（有斐閣、2020）1066 頁。端的な説明がなされているのがこの辞典の特徴。他に定評のある辞典として、高橋和之、伊藤眞、小早川光郎、能見善久、山口厚編集代表『法律学小辞典』〔第 5 版〕（有斐閣、2016）がある。こちらには用語の由来、関連学説、そして外国法についての記述もあるので、ゼミナールの発表準備やレポート執筆をするために参照するとよいだろう。

2　世界史の授業などで奴隷制度について習ったことだろう。ウルリッヒ・マンテ（田中実、瀧澤栄治訳）『ローマ法の歴史』（ミネルヴァ書房、2008）39-41 頁にはローマ帝国における奴隷の所有及びその解放についての法制度の説明がある。

3　法的には人間のことを「自然人」という。これは、会社や大学など、人間ではないけれども法的な権利義務の主体となる「法人」と対になる概念である。

4 法制執務・法令用語研究会『条文の読み方』〔第2版〕(有斐閣、2021) 101-105頁によれば、「『者』にも『物』にも当たらない抽象的なものを指す場合、あるいは、これらのものと『物』とを併せて指す場合」、「人格のない社団・財団を指す場合、あるいは、これらと法律上の人格を有するものとを併せて指す場合」、「あるものにさらに要件を加えて限定する場合」に用いられる。条文を読むときにはこのような本を参照するとよい。

5 基本法は第二次世界大戦後の1949年5月23日にドイツ連邦共和国(西ドイツ)において制定された。東西分裂状態の暫定的な統治のルールを定めるという意図から「制定者は『憲法』(Verfassung) という用語の使用を意識的に避けた」(村上淳一、守矢健一、ハンス・ペーター・マルチュケ『ドイツ法入門』〔改訂第9版〕(有斐閣、2018) 38-40頁)。だが、再統一後も基本法という名称が用いられている。基本法原文は、ドイツ連邦司法省のウェブサイトで閲覧できる (Bundesministerium der Justiz, "Grundgesetz für die Bundesrepublik Deutschland" (https://www.gesetze-im-internet.de/gg/BJNR000010949.html) (最終閲覧日2024年11月10日、以下同じ))。

6 初宿正典(解説・条文)、毛利透(解説)「ドイツ連邦共和国」初宿正典、辻村みよ子編『新解説世界憲法集』〔第5版〕(三省堂、2020) 145-207頁、162頁。この本は欧米諸国とアジア諸国の憲法を掲載している。解説もついているので、手始めに興味がある国の憲法の章を読んでみるのがよいだろう。

7 民法ではなく民法「典」としたのには理由がある。»bürgerlich« が「市民の」、»Gesetzbuch« が「法典」という意味の言葉なので、»Bürgerliches Gesetzbuch« は「民法典」ということになるからである。»bürgerlich« の後ろに »es« がついている理由についてはドイツ語の講義で習う。

8 ドイツ民法典原文はドイツ連邦司法省のウェブサイトで閲覧できる (Bundesministerium der Justiz, "Bürgerliches Gesetzbuch" (https://www.gesetze-im-internet.de/bgb/))。日本語訳は青木人志『日本の動

64   2　比較法文化論

物法』〔第 2 版〕（東京大学出版会、2016）215 頁に従った。これは動
物法に興味がある読者が最初に読むべき本である。

9　　動物保護法原文はドイツ連邦司法省のウェブサイトで閲覧できる
（Bundesministerium der Justiz, "Tierschutzgesetz"（https://www.
gesetze-im-internet.de/tierschg/BJNR012770972.html））。日本語訳は、
浦川道太郎「ドイツにおける動物保護法の生成と展開 ― 付・ドイツ動
物保護法（翻訳）」『早稲田法學』78 巻 4 号 195-236 頁、205 頁（2003）
に従った。ドイツの動物法の歴史的展開に興味がある読者には一読を
勧める。

10　　青木人志『動物の比較法文化 ― 動物保護法の日欧比較』（有斐閣、
2002）161-163、235-248 頁を参照。この本の第 1 章「本研究の目的と
方法」は、第一人者による「動物をめぐる比較法文化論」の設立宣言
である。

11　　浦川前掲注 9）232 頁及び青木前掲注 10）162 頁を参考にした。

12　　フランス民法典原文は、フランス政府が運営するウェブサイトにて
閲覧できる（Légifrance, Le service public de la diffusion du droit,
"Code civil"（https://www.legifrance.gouv.fr/codes/texte_lc/
LEGITEXT000006070721））。日本語訳は近時の法改正をまとめた奈良
詩織「フランスにおける動物保護に関する法律の改正」『外国の立法』
293 号 17-54 頁、28 頁（2022）を参考にしながら作成した。

13　　フランス刑法典原文は、フランス政府が運営するウェブサイトにて
閲覧できる（Légifrance, Le service public de la diffusion du droit,
"Code pénal"（https://www.legifrance.gouv.fr/codes/texte_lc/
LEGITEXT000006070719/））。

14　　この条文の位置の変更の意義を含めたフランスの動物保護に関する
法制度の展開については青木前掲注 10）49-148 頁参照。

15　　法令用語研究会前掲注 1）1142 頁。

16　　法令用語研究会前掲注 1）1117 頁。なお、刑法の講義にて、電気を
刑法上財物として扱う刑法第 245 条について学ぶことだろう。

17　　法令用語研究会前掲注 1）829 頁。

18　本文で省略した部分（第2条第2項）も含めて法律全体はe-GOV
　　法令検索「動物の愛護及び管理に関する法律」（https://laws.e-gov.
　　go.jp/law/348AC1000000105）を参照。

19　第44条第1項から第3項が罰則として定める「懲役」は、2025年
　　6月から「拘禁刑」に変更される予定である。

20　警察庁生活安全局生活経済対策管理官「令和5年における生活経済
　　事犯の検挙状況等について」25、38頁（https://www.npa.go.jp/
　　publications/statistics/safetylife/seikeikan/R05_nenpou.pdf）。

21　法令用語研究会前掲注1）305頁。

22　司法制度を概観するには市川正人、酒巻匡、山本和彦『現代の裁
　　判』〔第8版〕（有斐閣、2022）を推奨する。図表も豊富で読みやすい。

23　2012年から2016年までの動物保護法17条の有罪者数については、
　　ドイツ連邦議会のウェブサイトに掲載されている（Deutcher
　　Bundestag, Wissenshaftliche Dienste, "Statistiken zur Bestrafung der
　　Tierquälerei in Deutschland"（https://www.bundestag.de/resource/
　　blob/575188/2641614ef4299c10ba2343ad42424b56/wd-7-114-18-pdf-
　　data.pdf））。

3　英米法

◆　名誉毀損・報道被害をめぐるコモンロー圏と日本法の比較

　名誉毀損（defamation）に関する法は、イングランド[1]で数百年にわたって無数の判決を通して発達し、さらに必要に応じて議会によって多少修正されてきたものが基礎になっているために、不法行為法（law of torts）の中でも最も専門的かつ複雑な分野のひとつになっている。記者が名誉毀損法を知り、正しく理解することは、非常に困難である。また、原告にとっては、訴訟の結果を予測することは、決して容易ではない。訴訟を提起するとなると、長時間を要するばかりでなく、相当な費用がかかる可能性が高い。

　これに対して、日本の名誉毀損法は、歴史が浅く、民法[2]および刑法[3]に規定されている名誉毀損に関する法理は、コモンローと比べると、未発達で、極めて単純である[4]。しかし、以下に示すように、この単純な法は、報道被害者の立場から見ると、利用しやすいという長所もある。一方、そのような法は、短所ともなっていることに注意する必要がある。

□　コモンローにおける名誉毀損訴訟の要件

　名誉毀損法は、イングランドやオーストラリアにおける報道被害者が利用できる主要な救済方法である。また、ほとんどの場合に被害者が利用できるのはそれだけである。しかし、報道の内容が名誉毀損に当たらないことが少なくないので、多くの被害者にとっては、法的救済が存在しないことになる。

原告は、名誉毀損の訴訟で勝訴判決を得るためには、①原告に関する、②名誉毀損的表現が、③被告によって、④1名以上の第三者へ公表されたことを立証しなければならない。

コモンロー上、「名誉毀損」の完璧な定義は存在しないが、英連邦の国々の裁判所は、「他人について正当な判断を下す一般の人々の評価を低下させる傾向がある」表現の公表（the publication of a statement "which tends to lower a person in the estimation of right-thinking members of society generally"）という、シム対ストレッチ事件[5]でアトキン裁判官が提案した定義を適用することが多い。

これは、パーク裁判官がパーミター対クープランド事件[6]で判示した、原告を「嫌悪、侮辱または嘲笑」に至らしめる表現の公表（the publication of a statement which exposes the plaintiff to "hatred, contempt or ridicule"）という定義よりも広い。

また、ユースーポフ対 MGM ピクチャーズ社事件[7]では、スレッサー裁判官は、原告を「遠ざけさせまたは避けさせる」傾向がある表現の公表（the publication of a statement tending to make the plaintiff be "shunned or avoided"）が名誉毀損に当たると考えた。

ちなみに、日本では、「名誉毀損」とは、「他人の社会的評価を低下させる行為」をいう。

コモンロー諸国では、原告は、名誉毀損に当たる表現の公表を受けた者が原告に関する評価を実際に下げたことを立証しなくてもよいことになっている[8]。その受け手にはそれが真実でないことが分かっていても、名誉毀損に当たり得るのである。

また、死者に対する名誉毀損は認められていない。その結果、有名人（特に芸能人）についての暴露本がその死の直後に刊行される傾向がある。

コモンローにおける名誉毀損の刑事責任については、名誉毀損的表現の公表は、秩序の破壊を惹起する意図を持って行われるものとして、罰金または懲役を科される犯罪を構成し得る。しかし、その起訴は、非常に稀である。

コモンローでは、民事訴権は、刑事手続により喪失されず、民事上および刑事上の救済は同時に求め得る。

□ 名誉毀損に関する単純な日本法の長所
──名誉毀損訴訟の増加と報道被害者の勝訴率

日本における名誉毀損訴訟は、従来、コモンロー諸国に比べて、数が少なく、勝訴した場合に認められる損害賠償額も低かった。そのため、メディアは、訴訟を提起されることをあまりおそれずに報道することができたと見ることができる。

ところが、1990年代前半から、名誉毀損関係訴訟の数は、急に増加してきた。その要因は、「ロス疑惑」事件の故三浦和義氏が1984年1月以降提起した476件以上[9]の本人訴訟に求めることができる。その訴訟数および原告の高い勝訴率は、メディアに大きなインパクトを与えたといえる。当時のメディア関係者は、これに大きな関心を示し、分析を試みた。

秋吉健次氏の調査[10]によると、1990年から1993年までの4年間に、日本の名誉・プライバシー関連の判例は、3倍ほど増加した。1990年および1991年には、損害賠償が請求された訴訟において、それぞれ19件の判決が下された。また、1992年には44件の判決、1993年には62件の判決が出た。これらの判決のうち、三浦氏が提起したものは、それぞれ次のようになる。

1990年　　19判決のうち、8判決

1991年　　19判決のうち、9判決

1992 年　　44 判決のうち、28 判決

1993 年　　62 判決のうち、37 判決

したがって、この 4 年間に判決が出た 144 件の訴訟のうち、82件（57 パーセント）は三浦氏が提起したものであった。

また、名誉・プライバシー関連の損害賠償請求訴訟で判決が出たもののうち、報道被害者が勝訴した件数（（　）内は報道被害者の勝訴率を示す）は、次のとおりであった。

1990 年　　19 件のうち、12 件（63.2％）

1991 年　　19 件のうち、12 件（63.2％）

1992 年　　44 件のうち、28 件（63.6％）

1993 年　　62 件のうち、32 件（51.6％）

報道被害者の勝訴率と三浦氏の勝訴率を比較してみると、三浦氏のそれは、1990 年のほかは、次のように全体よりも高かった。

1990 年　　8 件のうち、5 件（62.5％）

1991 年　　9 件のうち、7 件（77.8％）

1992 年　　28 件のうち、19 件（67.9％）

1993 年　　37 件のうち、23 件（62.2％）

このように名誉毀損関係訴訟が増加し、報道被害者の勝訴率が高くなってきたことは、国民の人権意識の高まりによるものと考えられるが、それとともに、後述のような本人訴訟も提起できるという日本の訴訟制度の柔軟性によるところが大きいと見ることができる。

一方、被告席に立たされるメディアは、訴訟をおそれるようになっているといえるのであって、そのことが報道被害、特にねつ造の発生に抑止効果を与えていると見てよいであろう。ただし、一般的には、日本の報道被害者は、訴訟を提起したがらない傾向が強いので、法によらない倫理規範に基づく救済方法が特別の意味を持つと

パート1 法学のアプローチとしての比較 71

いえる。

□ 「ロス疑惑」事件と訴訟制度の柔軟性

　日本では、報道被害者が本人訴訟を提起し、勝訴できることは、具体的には、三浦和義氏によって示されている。「ロス疑惑」で一躍注目を浴びるようになった三浦氏は、空前の誤報・虚報の対象とされたが、自己に関する報道が名誉毀損に当たるとして（ときにはプライバシー侵害に当たるとして）、1984年1月以降、476件以上の本人訴訟を提起してきた。従来の報道被害者は、このような場合に泣き寝入りをすることが多かった。三浦氏は、それとは異なった意識を持っていたといえるが、法的には日本の訴訟制度の柔軟性によるところが大きいと見ている。それは、特に弁護士を立てずに[11]、本人訴訟を提起することができるところに現れている。それとともに、日本の名誉毀損法が、コモンローのそれと比較して、単純であることも、訴訟提起を容易にしていると見ることができる。

□ 名誉毀損に関する複雑なコモンローの長所・短所
　　──日本法との対比

　三浦氏は、獄中から弁護士を立てずに、本人訴訟を提起し、その多くで勝訴できたが、そのようなことは、コモンロー諸国ではあり得ないといえる。名誉を毀損されたと主張する被害者が自分で訴状を作成しようとしても、裁判所は受け付けないであろう。また、弁護士であっても、名誉毀損に関する専門的知識を持たない場合には、訴訟を遂行することは困難である。しかし、名誉毀損に関する複雑なコモンローは、どのような場合にどのような名誉毀損が成立するかについて明確にしているので、専門的な弁護士に依頼することができるならば、逆に救済を得ることが容易である。

72　3　英米法

　ここでは、本人訴訟をほぼ不可能にする、複雑すぎるコモンロー上の名誉毀損について少し検討してみることにする。

　イングランドやアメリカにおいて本人訴訟を提起しようとする被害者は、まず日本法に存在しないライベル（libel）とスランダー（slander）の区別を知らなければならない。コモンローでは、名誉毀損は、この2つに分けられている。ライベルは、文書など永久に残存し得る方式で公表される表現によるものであり、スランダーは、口頭、身振りなど一時的な方法で公表される表現によるものである。

　この区別は、2006年にオーストラリアの各法域の制定法により廃止されたが、イングランドやアメリカにおいては、まだ非常に重要である。なぜならば、ライベルの場合には、原告は特に損害を立証しないで（損害が推定される）訴訟を遂行し得るが、スランダーについては、犯罪、伝染病、職業に対する不適当などの汚名（imputation）にかかわる特定の場合を除き、原告は特別損害（special damage）を立証しなければならないからである。

　「特別損害」とは、物質的損害（material loss）または現実の金銭的損害（actual pecuniary loss）を意味する。また、それは、言辞の公表から生じることが公平かつ合理的に予期されまた危惧され得たものでなければならない。

　活字メディアや映画による名誉毀損的表現は、永久に残存し得る形で公表されるため、コモンローのもとでは、ライベルに当たる。

　ところが、ラジオおよびテレビの放送における名誉毀損的表現については、変遷があった。ラジオやテレビの表現は、一時的方式で公表されるため、オーストラリアにおいてはスランダーに当たると判断された。それに対して、イングランドにおいては、台本に従って読まれ、放送された表現はライベルに当たり得るという説があっ

た。

　しかし、コモンローによるラジオおよびテレビ放送の扱いが、オーストラリアおよびイングランドの制定法によって修正されたため、当該放送は、永久に残存する方式によるものとみなされ、したがって特別損害の立証なしにライベル訴訟を提起することができるようになった。

　このような説明は、判例法と制定法との関係に詳しい者には分かりやすいかもしれないが、法律を勉強したことのない一般人には難解であろう。

　次に、実際に弁護士および裁判官にとっても理解し難く、また、適用し難いイニューエンド（innuendo）の概念についてごく簡単に説明することにする。

　コモンロー上の名誉毀損的表現の意義（defamatory meaning）には、①言葉の文字通りの意義（literal meaning of the words）、②一般・不実のイニューエンド（popular or false innuendo）、および③法的・真実のイニューエンド（legal or true innuendo）の３つがある。これらのうち、①言葉の文字通りの意義とは、一般の者が特別の知識の助けを借りずに推測するという言葉本来の意義である。ちなみに、アメリカでは、この概念は "libel *per se*" と呼ばれることが多い。

　これに対して、イニューエンドという言葉は複雑である。イニューエンドというのは、他人の名誉を間接的に毀損する言説──すなわち、それ自体としては無害なものに見えるが特定の文脈に置かれたことにより誹毀的な意味を持つに至った言説──である。これについて、日本の『英米法辞典』（東京大学出版会）では、「風刺的言説；陰喩」（「陰喩」は「隠喩」の誤りではないかと思う）と訳されているが、一般の者にとっては理解し難い。

74　3　英米法

　②の一般・不実のイニューエンドは、一般の者がその他の事実（extrinsic facts）の助けを借りずに推測するという意味である。例えば、詐欺捜査部（Fraud Squad）が原告の「事業（affairs）を調べている」という新聞記事における言辞は、警察が詐欺の嫌疑をかけていたという推測をさせるものである。

　③の法的・真実のイニューエンドは、公表の中に明示されてなく、受け手に知られているその他の事実を受け手が考慮して推測するということを意味する。例えば、あるバリスタ（法廷弁護士）が仕事の勧誘をしているという言辞は、法曹倫理に詳しい者には、そのバリスタが倫理に違反しているという推測をさせる。ちなみに、アメリカでは、この概念は "libel *per quod*" と呼ばれている。

　コモンローでは、真実のイニューエンドは、あり得べき言葉の文字通りの意義を主張する訴訟に加えて、それは別の訴訟の根拠となり得るが、不実のイニューエンドは、なり得ない。したがって、言葉が通常かつ本来の意義で名誉毀損的であり、さらに真実のイニューエンドの結果として名誉毀損に当たる場合には、原告は、2つの訴訟を提起できる。

　言葉の意義もしくは原告の主張していることが不明であり、または言葉からどのような推測が可能であるかについて争いがある場合には、裁判所は原告に言辞の意義を明確に述べさせる権限を有しており、原告はその述べた解釈に拘束される。したがって、原告は、裁判所によって支持されない意義を選択した場合には、敗訴することになる。原告は、明確に名誉毀損的である意義または言葉から明確に推測できる意義を選択しなければならない。また、初めに主張した意義よりわずかながら深刻さの度合が低い意義を主張しようとする場合を除き、意義を変更することはできない。

　訴訟原因が公表の行われた際に発生するため、法的イニューエン

ドの基礎となるその他の事実も、そのときに知られていなければならない。限られた人数に対する限られた公表の場合は、法的イニューエンドを主張する原告は、イニューエンドを理解させるに足りる特別の事実を知っていた者を特定しなければならない。

日本の原告は、このようなコモンローの煩わしさを免れるので、幸運である。しかし、同時に、未発達の日本法によって保護される名誉権の範囲が、コモンローより狭いことは、不幸であるともいえる。弁護士に依頼する財力を持つ被害者にとっては、日本法よりも、コモンローの方が有効であろう。

□ 名誉毀損に関する単純な日本法の短所
——日本における再公表の責任意識の問題性

日本においては、特に再公表（republication）の責任に関する意識が低い。名誉毀損的表現を含む週刊誌の広告を掲載する新聞は、コモンロー諸国の水準から判断すると、批判の的にならざるを得ない。

日本国憲法 21 条 1 項による表現の自由の保障を主張しても、民法および刑法による名誉権の保障を無視するわけにはいかない。日本の裁判所は、報道被害防止のために、名誉毀損的な広告を再公表する者の責任を認め、名誉毀損法の免責範囲を限定する必要があるのではないかと思われる。

そこで、コモンロー上の再公表者の責任の範囲を検討することにする。

イングランドおよびオーストラリアにおいては、名誉毀損的表現を繰り返しまたは再公表する者（republisher）はすべて、第一次公表者（original publisher）として責任を負う。第二次公表者は、第一次公表者を特定しまたは自分自身の表現を公表したのではな

く、第一次公表者の表現を報じただけであると主張しても、免責事由とはならない。

　新聞記事の場合は、執筆者、編集者、発行者、印刷者、会社所有者、および——善意の流布（innocent dissemination）の免責事由が適用される場合を除き——配布者（distributor）ならびに小売業者のすべてが、責任を負わなければならない可能性がある。ラジオ局およびテレビ局においても同様の役割を担う者は、名誉毀損的表現を放送したことについて責任を負うことになる。

　免責される善意の流布というのは、新聞・雑誌小売業者、書店、図書館、または他の配布者が公表物に名誉毀損的表現が含まれていたことを知らなかったこと、それが当該表現を含んでいると信じるに足りる理由がなかったこと、およびそのような知識を欠いていたことが自らの過失によるものでなかったことを立証できる場合に限り適用される。このことは、配布者は公表物が名誉毀損的表現を含む可能性があることを知っておりまたは知るべきである場合には、責任を負うということである。したがって、配布者は、名誉毀損的表現が、論争のある事項を掲載する傾向のある新聞に含まれているだけで、その公表の責任を負わなければならない可能性がある。（イングランドやオーストラリアにおいて日本の週刊誌を扱う売店は、このような配布者に当たり、したがって責任を負うであろう。）

　ちなみに、善意の流布の免責事由は、印刷者、複製者、放送局、および翻訳者には適用されない。

　日本の名誉毀損法が複雑化していない現段階においては、日本においても、憲法上の表現の自由の保障にも配慮しつつ、再公表の責任について新たな法理を形成することが可能であると考える。名誉毀損的表現の再公表者に責任を負わせ、報道被害者の人権をよりよく保護する道を歩むことを期待したい。

□ イギリスの1996年名誉毀損法による公表責任

　イギリスの国会は、通信技術の顕著な発展が見られる中で、実際に、再公表者の責任、善意の流布という免責事由などに関するコモンローを現代化し、法典化するために、1996年名誉毀損法（Defamation Act 1996）を制定した。この規定は、インターネット時代に、この免責事由を電子メディアのオペレーターや生放送を行う放送事業者にまで拡張することを目的としたものである。刑事名誉毀損事件は、同法の規定の適用外とされている。

　「公表責任」（responsibility for publication）について規定している１条は、名誉毀損訴訟において、被告は、（a）当該表現の作成者（author）、編集者（editor）、または発行者（publisher）でなかったこと、（b）その公表に対して相当の注意を払ったこと、ならびに（c）その行動が名誉毀損的表現の公表の原因となりまたは寄与したことを知らず、またそれを信じる理由もなかったこと（neither knew nor had reason to believe that his actions caused or contributed to the publication of the defamatory statement）を立証できる場合には、免責事由を有する（１項）としている。通信システムのオペレーターは、そのシステムを通じてメッセージを伝達しまたは提供する者に対して効果的な規制権を有していない場合には、作成者、編集者、または発行者とはみなされない（同条３項（e）号）。したがって、プロバイダーは、表現の存在を知らず、またその存在を信じる理由がない限り、ユーザーが書き込んだ名誉毀損的表現に対して責任を負わないのである。裁判所は、ある者が相当の注意を払ったかまたは自己の行為が名誉毀損的表現の公表の原因となりもしくは寄与したことを信じる理由があったか否かを決定するに当たって、（a）メッセージの内容またはそれを公表する決定に対するその者の責任の程度、（b）公表の性質または事情、およ

び（c）作成者、編集者、または発行者の以前の行動または性格を考慮に入れなければならない（同条5項）。

オーストラリアの各々の法域の議会も、イギリスと同様に、全国の名誉毀損法を統一するために 2005 年～ 2006 年に制定したそれぞれの法律の中で善意の流布という免責事由に関するコモンローを法典化した[12]。

制定法による、このような解決策は、歓迎すべきであるが、イギリスやオーストラリアの市民に関する名誉毀損的表現が他の法域で公表されれば、ほとんど効果がないであろう。このような問題を解決するためには、国際条約による統一的なアプローチが必要であるといわざるを得ない。

□　裁判管轄権に関する問題

現行法では、電子版新聞の記事や読者コメント欄、オンライン放送など、インターネットにおける表現は、そのサービスにアクセスすることが可能な各々の法域において訴訟の原因となり得ることを知らなければならない。記者・編集者をはじめ、すべての参加者は、自分の法域の法律だけではなく、そのメッセージを受信することができるすべての法域の法律を考慮に入れなければならない。すべての法域のすべての関係法を知ることを関係者に期待することは無理であるが、各々の法域の裁判所は、それを擬制し、責任を負わせることになる。

そこで、原告は、最も有利な判決を得るために法廷地漁り（forum shopping）[13] をして、被告がほとんど関係のない法域で訴訟を提起する場合もある。伝統的なメディアによって名誉を毀損される原告にとって、比較的厳格な名誉毀損法を持つイングランドやオーストラリアは、法廷地漁りの対象となり得る。インターネットの事件の

場合でも、原告は、例えばアメリカや日本から発信される表現について、アメリカ合衆国憲法修正1条や日本国憲法21条による言論の自由の保障が及ばないイングランドやオーストラリアで訴訟を提起することが考えられる。また、名誉毀損関係訴訟で認められる損害賠償がコモンローの諸国に比べて低額である日本のような国の原告にとって、損害賠償が特に高額であるイングランドやオーストラリアは、法廷地として魅力的であろう。2025年現在、オーストラリア・ニューサウスウェールズ州のシドニーが実際にロンドンを超えて世界中の名誉毀損訴訟のメッカとなっている。

　イングランド法では、名誉毀損は、メッセージの発信地ではなく、受信地において生じる。そこで、原告は、イングランドにおいて誰かが名誉毀損的表現にアクセスしたことさえ立証できれば、訴訟を提起することができる。

　2002年に世界中のメディアの注目を集めた、オーストラリアのダウ・ジョーンズ社対グットニック事件[14]は、この種の好例である。

　2000年10月に、バロンズ（Barron's）という専門誌およびバロンズ・オンライン（Barron's Online）というオンライン版に、ジョセフ・グットニック（Joseph Gutnick）氏というオーストラリア・ヴィクトリア州在住の有名な実業家の不適正な取引、脱税問題などについての特別記事が掲載された。

　グットニック氏は、バロンズおよびバロンズ・オンラインの発行者であるアメリカのダウ・ジョーンズ社に対して、ヴィクトリア州最高裁判所で訴訟を提起した。その訴訟の対象は、ヴィクトリア州でその記事が公表され、同州で原告の名誉が毀損されたとする限定的なものであった。

　ダウ・ジョーンズ社の当該雑誌は、世界中で延べ30万5,563部

売れたものの、そのうち、たった14部がヴィクトリア州で販売されたにすぎなかった。また、バロンズ・オンラインについては、世界中でそのサービスにアクセスするために登録していた55万名のうち、300名だけがヴィクトリア州に在住していた。ちなみに、ダウ・ジョーンズ社の編集部とバロンズ・オンラインのサーバーは、それぞれニューヨーク州とニュージャージー州にあった。

この事件は、オーストラリア最高裁判所まで争われたが、裁判所は、インターネットでの情報の公表はその内容が理解できる形（comprehensible form）でダウンロードされる場所と時点で行われるという判決を言い渡した。重要なのは、アップロードではなく、ダウンロードの場所と時点である。

したがって、ヴィクトリア州におけるそのコンテンツの公表は、ヴィクトリア州にいるユーザーがそれが読める形でダウンロードした時点で発生した。そして、原告は、その訴訟の対象をヴィクトリア州に限定したため、その記事の執筆および編集がニューヨーク州で行われ、サーバーへのその記事のアップロードがニュージャージー州で行われたにもかかわらず、ヴィクトリア州の名誉毀損法のみが適用された。

この判決は、世界的に注目を集めたが、従来のイングランドの名誉毀損法から考えてみると、当然のことであり、特に驚くことはない。しかし、それでよいか否かは別の問題である。

世界の主要な活字メディア（日本の英字新聞を含む）の多くがすでにグローバル・アクセスまたはウェブサイトを提供するオンライン・サービスを通じて各国からアクセスされ得るということを考慮に入れると、ある個人が、より有利な判決を得るために、自分の法域よりも厳格な名誉毀損法を持つ他の法域において、誰かに当該記事をダウンロードさせることが考えられる。

しかし、名誉より言論の自由を重視する法域における裁判所は、必ずしも、その法域在住の被告に対し、他の法域の判決を執行するとは限らない。実際に、アメリカの裁判所がイングランドの判決を執行するのを拒否した例がある。1995年に、コロンビア特別区合衆国地方裁判所（United States District Court for the District of Columbia）は、イングランドとアメリカの名誉毀損法の違いは実質的であり、また言論の自由に関する根本的な憲法問題と密接に関係があるので、イングランドの名誉毀損判決を執行することができない、と判示した[15]。そのため、ある外国の法域において財産を有していないアメリカの被告は、その法域に提起される訴訟を無視し、原告がアメリカにおいてその懈怠判決を執行しようとすると、それに対して異議を申し立てることができるということになる。

近年の法廷地漁り対策として、アメリカ合衆国議会は、2010年に、アメリカの個人・法人を被告とする「外国の名誉毀損訴訟判決の承認および執行を禁止する」ためにSPEECH法（Securing the Protection of our Enduring and Established Constitutional Heritage Act）を制定している。それは、当時ロンドンが世界中の名誉毀損訴訟のメッカとして知られていたにもかかわらず、アメリカ合衆国憲法修正1条のもとでの国民の言論の自由がそこでは十分保護されていないと見られているからである。

また、イギリス議会は、2013年名誉毀損法（Defamation Act 2013）の中に、イングランド・ウェールズが明らかに最も適当な法廷地でない限り、裁判所が、EU加盟国に住所（domicile）を持たない被告に対して管轄権を認めないという規定を設けている（9条）。

□　日本法の救済方法の検討―救済方法と損害賠償の高額化

　日本の民法は、故意または過失によって他人の名誉を毀損した者は財産および財産以外の損害に対し、賠償責任を負う（民法709条および710条）とし、裁判所は他人の名誉を毀損した者に対し、被害者の請求により損害賠償に代えまたは損害賠償とともに名誉を回復するのに適当な処分を命じることができる（723条）と規定している。適当な処分としては、差止命令、取消し、謝罪広告の掲載[16]、反論文の掲載などがある。ここでは、損害賠償に焦点を当てることにする。

　日本の裁判所が名誉毀損関係訴訟で認定してきた損害賠償は、コモンロー諸国に比べて確かに低額であった。日本において名誉毀損関係の損害賠償額が低いことは、コモンローにおいて伝統的に認められている懲罰的損害賠償（punitive damages）の考え方がなく[17]、また、損害を査定し、賠償額を定める陪審制度がないことにその原因を求めることができる。ただし、オーストラリアの場合については、2006年から名誉毀損裁判における懲罰的損害賠償の賦与が廃止されており、補償的損害賠償について裁判官が陪審に代わって賠償額を定めることになっていることを意識しなければならない。

　秋吉健次氏の前掲の調査によると、1990年から1993年までに名誉・プライバシー関連事件において賦与された損害賠償の平均額（弁護士費用を含む）は、93万9,000円であった。興味深いことに、三浦氏に対し賦与された平均額は、57万円であり、三浦氏に対する損害賠償額を除くそれの平均159万3,000円の3分の1であった。日本の高い物価、当時の新聞・雑誌の巨大な発行部数、テレビ・ネットワーク番組の視聴者数などを考えると、この金額は、特に低かったと見なければならない。

パート1 法学のアプローチとしての比較　83

　しかし、その後、従来よりも多額の損害賠償を認める判決が出た。それは、月刊誌『選択』による名誉毀損事件に関する 1995 年 3 月 14 日の東京地方裁判所判決においてであって、同裁判所は、500 万円の損害賠償の支払いを命じた[18]。そして、2000 年代には、1,000 万円以上の損害賠償を認容する判決が数回出た。例えば、2003 年 10 月 30 日に、東京高等裁判所は、これまでの日本の名誉毀損訴訟において裁判所が個人被害者に対して賦与している最高賠償額として、写真週刊誌『フォーカス』の発行元である新潮社および当時の編集長らに対して 1,430 万円の損害賠償の支払いを命じた[19]。訴訟に至らない場合の和解金も、50 万〜 100 万円と高額化していた[20]。

　今後、損害賠償の高額化がどこまで進むか予測し難いが、日本の裁判所は、人身損害関連事件においては、世界で 3 番目に高い賠償額を賦与するようになったという 1990 年の調査[21] もあるので、さらに高額化することも考えられる。

□　コモンロー上の救済方法の検討
——救済方法とそれをめぐる論議

　イングランドおよびオーストラリアにおいては、名誉毀損訴訟で勝訴判決を得た原告に対する主要な救済方法は、損害賠償（damages）である。原告は、被告が名誉毀損的表現を公表することを抑止するために、差止命令を請求することもできる。

　名誉毀損に関するコモンローは、損害賠償を救済方法の中心として発展してきており、公に名誉の回復を図るすべての者に対し、必ずしも自己のニーズに合致しない救済方法を請求させるものであると批判されている。イングランドおよびオーストラリアにおける原告は、被告に取消し（retraction）をさせることができず、さらに

被告のメディアで反論する権利（right of reply）も有していない。いうまでもなく、インターネットが広く普及している今日、有名人はもちろん、一般市民でも、個人のホームページや SNS に書き込むことにより容易に反論できるようになったが、救済方法として損害賠償を重視するコモンローは、原告に対し、他のオプションを与えるために改革されるべきであると思わざるを得ない。例えば、反論権、訂正権（取消し）、裁判所の勧告による任意謝罪などの導入が考えられる。

　これらの救済方法のうち、特に損害賠償、差止命令などは伝統的に認められてきたものであって、その種類も豊富である。

　　□　**損害賠償**
　従来のイングランドおよびオーストラリアにおける名誉毀損に対する損害賠償には、補償的損害賠償（compensatory damages）、懲罰的損害賠償（punitive damages; exemplary damages）、名目的・侮辱的損害賠償（nominal damages; contemptuous damages）の 3 種類があった。しかし、2006 年になると、オーストラリア全土で、名誉毀損に対する懲罰的損害賠償は、各法域の制定法によって廃止された。

　名誉毀損に対する補償的損害賠償は、日本の損害賠償のような、金銭的損害（特別損害）、名誉の毀損、および精神的苦痛に対する賠償である。被告の行為が原告の主観的な苦痛を悪化させた場合には、原告は、加重的損害賠償（aggravated damages）を請求することもできる。原告が現実の損害を受けていない場合は、名目的損害賠償が認定され得る。

　日本の報道被害者の立場から見ると、最も興味深いのは、日本法に存在しない懲罰的損害賠償であろう。懲罰的損害賠償は、被告が

名誉毀損的表現を公表するに当たってその行為が高圧的、傲慢、常習的もしくは悪意であって、または原告の権利に対する侮辱的態度を示すものであった場合には、被告に対する懲罰として認定される。

　懲罰的損害賠償は、イングランドにおいては、ルークス対バーナード事件[22]に関する1964年の貴族院（House of Lords）判決により制限されているが、上述したように、オーストラリアにおいては、2006年から廃止されている。

　一方、アメリカでは、名誉毀損に対する懲罰的損害賠償の賦与を認めていない州があり、さらにガーツ対ロバート・ウェルシュ社事件における合衆国最高裁判所の判決[23]がそれを現実の悪意（actual malice）（すなわち、被告が公表されたものが虚偽であることを知っていたか、またはそれが虚偽であるか否かを無謀に無視して行動したこと）の存在が立証された場合に限定している。

　イングランドの名誉毀損訴訟において賦与される損害賠償は、従来、陪審員が、相場などについての裁判官によるガイダンスを一切受けないで自由に算定するものとされてきた。

　その結果、1980年代までに損害賠償が「電話番号」のような数字に高額化して、オールディングトン卿（Lord Aldington）が戦争犯罪に関するパンフレットについて提起した訴訟で、150万ポンドという額に達した。それは、従来の最高記録の3倍に当たる金額であった。それに対して、当該被告は、国を相手にヨーロッパ人権裁判所（European Court of Human Rights）に提訴し、その賠償額が、ヨーロッパ人権条約（European Convention on Human Rights）10条により保障されている表現の自由を不当に制限しているという判決[24]を得た。同裁判所は、イングランドの裁判官が、損害賠償を査定する際の陪審員に対して行使する支配の範囲が、そのような過

剰な賠償額の賦与を防止するのに適当な措置となっていなかったと
判示した[25]。

今日、司法改革の結果として、過剰な損害賠償の賦与に対するい
くつかの防止措置が存在する。例えば、1990 年裁判所及びリーガ
ル・サービス法（Courts and Legal Services Act 1990）8 条の規定
により、控訴裁判所は、過剰と考える損害賠償の賦与に対して再度
の事実審理を命じるか、または自ら損害賠償を査定し直すことがで
きるようになっている。また、ラントゼン対 MGN 社事件[26] および
ジョン対 MGN 社事件[27] における控訴院の判決の結果、裁判官およ
び弁護人は、陪審員の参考までに、自ら適当と考える賠償額の階層
を指摘したり、賦与される賠償額の合理性を確認するために人身被
害事件において非金銭的損害（non-pecuniary loss）に対して賦与
されている賠償額の情報を提供したりすることができる。要する
に、名誉毀損事件で賦与される最高賠償額は、事実上、人身被害事
件のそれを超えないように制限されている。これは、言論の自由に
違反するような過剰な損害賠償の賦与を防止するばかりでなく、国
民の価値観を反映し、その期待に応えていると思われる。

最も深刻な人身被害である四肢麻痺や脳傷害について、非金銭的
損害に対して賦与される賠償額は、現在、最高 22 万〜 25 万ポンド
程度となっているので、名誉毀損訴訟における補償的損害賠償の上
限は、20 万ポンド程度であると見られている。

同様に、オーストラリアの名誉毀損裁判において賦与される損害
賠償額は、2006 年から各法域の法律の規定により制限されている。
その額を決定するに当たって、裁判所は、原告の被った損害と、賦
与される賠償額とが適当かつ合理的な関連性があることを確保しな
ければならない。

金銭的損害（economic loss）については、その全額までの賦与

が可能であるのに対し、それ以外の損害については、各法域の法律が制定された当時、25万ドル以下とされた。しかし、その額は、毎年、新会計年度が始まる7月1日までに全国常勤成人労働者の平均賃金の変動（インフレ率）を反映するために調整されるものである。2024年度には、それは、47万8,500ドルとなっている。また、加重的損害賠償が認められる場合には、それ以上の合計額が可能である。

　損害を査定するに当たって、裁判所は、当該公表が行われた際またはその後の被告の悪意、精神状態（state of mind）などを、それが原告の被った損害に影響を及ぼしていない限り、無視しなければならない。

□　差止命令

　差止命令は、被告が名誉毀損に当たる表現を公表することを抑止するために認められる。原告は、判決前の中間的差止命令（interlocutory injunction）または勝訴後の終局的差止命令（permanent injunction）を請求することができる。

　中間的差止命令は、原告が名誉毀損的であると主張している事項を被告が公表または公表し続けることを抑止するための中間的手段である。この差止命令の目的は、訴訟終結までは現状を維持することである。

　また、終局的差止命令は、原告が勝訴判決を得て、名誉毀損に当たる表現が将来的に公表され得ると裁判所が判断した場合には、被告がその表現または同様のものを公表することを抑止するために認められ得る。

□ 誤報・虚報と日本の訂正・取消放送

誤報・虚報[28]があった場合に、それらを訂正することを請求し、実際に訂正が行われる制度があれば、誤報・虚報被害者にとってばかりでなく、正確な情報を受けることを期待している公衆にとっても有益である。

日本の放送法9条1項は、「真実でない事項の放送」による被害者は、侵害された自己の権利を回復するために放送事業者に対して、訂正・取消放送の請求を行うことができ、被害者またはその直接関係人から、放送のあった日から3ヵ月間以内に請求があったときは、放送事業者は、遅滞なく自ら調査し、真実でないことが判明した場合には、その日から2日以内に、同等の放送設備により、相当の方法で、訂正または取消しの放送をしなければならない、と規定している。

また、2項は、「放送事業者がその放送について真実でない事項を発見したときも、前項と同様とする」と、請求によらない場合についても規定している。

さらに、3項は、「前二項の規定は、民法（明治二十九年法律第八十九号）の規定による損害賠償の請求を妨げるものではない」と、民法との関係について規定している。

しかし、被害者が請求しても、問題となった放送番組が保存されていなければ、その内容を確認することができないことになるので、放送法10条は、「放送番組の保存」について、次のように規定している。

「放送事業者は、当該放送番組の放送後三箇月間（前条第一項の規定による訂正又は取消しの放送の請求があつた放送について、その請求に係る事案が三箇月を超えて継続する場合は、六箇月を超えない範囲内において当該事案が継続する期間）は、政令で定

めるところにより、放送番組の内容を放送後において審議機関又は同条の規定による訂正若しくは取消しの放送の関係者が視聴その他の方法により確認することができるように放送番組を保存しなければならない。」

この訂正・取消放送制度は、放送による虚報・誤報に対する救済方法として極めて重要な意義を有しているので、この制度の国民への周知の徹底、放送事業者による訂正・取消放送の適切な実施などが必要である。

□ 報道被害と裁判外の救済方法
——メディア・アカウンタビリティ制度

たとえ報道被害者が訴訟を提起することができても、それは、長時間を要するばかりでなく、相当な費用がかかることはよく知られている。また、裁判所に救済を求める際には、それまで公開されていなかった個人情報や不名誉な情報を示唆するような証拠が法廷で被告側から提出されるため、ひとたび報道されることにより、被害者の屈辱感や困惑が増大するおそれもある。そのような裁判所における救済よりも、裁判所以外の独立機関で迅速にかつ費用をかけずに救済を受けることの方が、多くの被害者にとってより魅力的になっている。

そこで、日本をはじめ、多くの国々で裁判外紛争解決・代替的紛争解決（alternative dispute resolution, ADR）が注目されている。メディア倫理・報道被害者救済論の分野では、パリ第2大学名誉教授であった故クロード＝ジャン・ベルトラン（Claude-Jean Bertrand）教授をはじめ、多くの研究者が、これをメディア・アカウンタビリティ制度（media accountability systems, MAS）の一種として取り上げている。これは、法的救済方法がなく、または

裁判所で訴訟を遂行する経済力のない被害者にとっては、唯一の有効な救済方法となる。

ベルトラン教授は、メディア・アカウンタビリティ制度を「公衆に対する責任をメディアに負わせるあらゆる非国家的な方法」(any non-State means of making media responsible towards the public) であると定義し、その基本的な方法として、研修（training）、評価（すなわち、パーフォーマンスの批評）(evaluation)、監視（monitoring）、およびフィードバック（feedback）を挙げている。また、36種類のアカウンタビリティ制度を①内部的 MAS (internal MAS)、②外部的 MAS (external MAS)、および③協力的 MAS (cooperative MAS) という3つのカテゴリーに分類している。

この類別では、①内部的 MAS は、倫理綱領、社内オンブズマン (in-house ombudsmen)・読者代表者 (readers' representatives)、メディア・レポーター、新聞のメディア欄、世論調査など、②外部的 MAS は、ジャーナリズム・レヴュー (journalism reviews)、メディア教育、消費者団体、規制機関など、そして③協力的 MAS は、プレス評議会 (press councils)・報道評議会 (news councils)、編集者への手紙、公衆のアクセスなどを指している。そのうち、①および③は、自主規制に該当するといえる。

メディアが自主規制制度を導入する動機は、ほとんどの場合、①公の規制機関による直接の干渉を排除し、報道の自由を制限する新しい法律の立法などを防止する目的、②公衆に対して好意的なイメージを与える目的、または③プロフェッションとしての水準を向上させる目的にあると見られている。実際には、いくつかの動機が同時に働くことが多い。

様々なメディア・アカウンタビリティ制度の中で、プレス評議会が最も有効な自主規制モデルとして、各国の多くのメディア研究者

や弁護士の支持を得ている。例えば、ベルトラン教授は、それを、情報を伝達する手段を所有しているビジネスマン、情報を伝える技術を持っている記者、および情報を受ける権利を有している市民を糾合する、常置の独立した機関（permanent and independent institution）として高く評価し、積極的にその発展を助長するための活動を行った。

　同氏の言によると、プレス評議会は、政治的干渉からメディアを保護するとともに、低俗なジャーナリズムから公衆を守る「2つの頭のある番犬」（two-headed watchdog）であり、様々なコンテキストや社会の様々な階層に適応できる優れものである。国レベルのほぼ唯一のメディア・アカウンタビリティ制度として、プレス評議会は、他のメディア・アカウンタビリティ制度の機能・活動を調整するという重要な役割を果たしながら、次のように、他の機関にはできないサービスを提供できる。

①倫理コーチ（ethics coach）として、抽象的なことではなく、日常のことを取り扱うことができる。

②非公的審判所（non-official court）として、その手続は、他の機関に比べて簡単で迅速で柔軟で安いという利点がある。

③自由の擁護者（defender of freedom）として、自分の独立性を守り、公衆から尊重されることを前提に、大きく無害な権力を行使することができる。

　従来のプレス評議会は必ずしも成功しているとは限らないが、それは、改善さえされれば最も有効な自主規制モデルとして生まれ変わる可能性もある。

□　イギリスの独立プレス基準機構（IPSO）の設立と活動

MAS の世界では、活字メディアに関するイギリスの独立プレス

基準機構（Independent Press Standards Organisation, IPSO）[29]、および、電波メディアに関する同様な存在であるオフコム（通信放送庁・Office of Communications, Ofcom）が、その代表的なモデルとなっている。

IPSO は、2012 年 11 月の「プレスの文化、慣行および倫理に関する調査委員会」（レヴェソン調査委員会、Leveson Inquiry）の様々な勧告[30]に従い、2014 年 9 月に、従来のプレス苦情処理委員会（Press Complaints Commission, PCC）に代わって、新聞・定期刊行物の不当な行為に対する苦情を裁定する任務を持つ新しい自主規制機関として設立された。IPSO は、プレスから独立した上で、自ら重大な倫理違反を調査し、制裁を課す厳格な規制機関になろうとしている。

業界として、裁判所で訴訟を遂行する経済力のない一般報道被害者のニーズに応えて救済を与えるためには、各新聞・定期刊行物発行者の参加が不可欠であるにもかかわらず、大手高級紙であるファイナンシャル・タイムズ（The Financial Times）紙、ガーディアン（The Guardian）紙、インディペンデント（The Independent）紙、オブザーバー（The Observer）紙などは、加盟しないで自ら社内で苦情申立てを処理することにした。

加盟しない 1 つの理由として、ファイナンシャル・タイムズ紙の編集長は、その読者の 4 分の 3 が海外におり、その競争者であるグローバル報道機関が国内自主規制制度に参加しないで社内苦情処理手続（すなわち、内部的 MAS）を設けていることを挙げている[31]。また、ガーディアン紙も、報道のグローバル化が進んでいる中で、国内規制制度はすでに適当ではないと述べた上で、IPSO の独立性について未だに疑問を抱いているため当面参加しないと説明している[32]。

□ IPSO の倫理綱領

IPSO の自主規制制度の基盤となっている「編集者のための倫理綱領」（Editors' Code of Practice）の遵守は、IPSO と新聞・定期刊行物・電子ニュース発行者の間で交わされている「機構加盟協定書」に記されている。IPSO に加盟していない大手新聞の編集者・記者も、PCC 時代から引き続き同綱領を遵守することになっている。

同綱領の規定は、新聞・定期刊行物発行者の代表者からなっている「編集者のための倫理綱領」委員会（Editors' Code of Practice Committee）が起草し、IPSO が採択したものとして、業界各部門の支持を得ている。また、同綱領の遵守が現在大半の編集者・記者の労働契約書の中の 1 つの条件となっていることが、自主規制制度に強力な拘束力を与えているといえる。

同綱領は、1991 年以来 30 回以上改正されているが、現在適用されているのは、2021 年 1 月に施行されたものである。その前文は、次のように述べている。

「この前文および下記の公益に関する例外を含む本綱領は、独立プレス基準機構に加盟しているすべてのプレス関係者が遵守すると約束した最高のプロフェッション水準の枠組みを定めるものである。また、それらが拘束力のある契約により誓約した任意の自主規制制度の基盤である。それが個人の権利と公衆の知る権利の双方の均衡を保っている。

その均衡を確保するために、合意された綱領が、文字面ばかりではなく、その精神面でも尊重されることが不可欠である。それは、個人の権利の尊重に対する誓約を危うくするほど狭く、また、表現の自由—例えば、報じたり、党派心であったり、異議を唱えたり、衝撃を与えたり、風刺したり、楽しませたりすること

—に対する過度な干渉に当たるか、または公益のための公表を妨げるほど広く解釈されるべきでない。

　編集者および発行者は、その発表物の印刷版およびオンライン版について、本綱領を実行する義務を持っている。また、すべての編集員、および、非記者を含む外部寄稿者が、それを厳格に遵守するよう注意すべきである。

　編集者は、苦情申立てを迅速に解決するための社内手続を整備し、また、IPSO と協力するよう要求される場合には、それに応じなければならない。綱領に違反したと裁定される発表物は、IPSO が要求したとおり、その裁定の全文を十分に目立つように（in full and with due prominence）掲載しなければならない。」
倫理綱領の本文は、次のような 16 項目からなっている。

第 1 条　正確性（Accuracy）

第 2 条　プライバシー（Privacy）

第 3 条　いやがらせ（Harassment）

第 4 条　悲嘆または精神的打撃への立入り（Intrusion into grief or shock）

第 5 条　自殺報道（Reporting suicide）

第 6 条　子ども（Children）

第 7 条　性的犯罪事件における子ども（Children in sex cases）

第 8 条　病院（Hospitals）

第 9 条　犯罪報道（Reporting of crime）

第10条　盗撮・盗聴器と策略（Clandestine devices and subterfuge）

第11条　性的犯罪の被害者（Victims of sexual assault）

第12条　差別（Discrimination）

第13条　経済ジャーナリズム（Financial journalism）

第14条　秘密の情報源（Confidential sources）

第15条　刑事裁判の証人への支払い（Witness payments in criminal trials）

第16条　犯人への支払い（Payment to criminals）

IPSO は、記者が倫理綱領の内容をいつでも調べることができるように、2016 年版から初めてスマートフォン用のフォーマットでも提供している。

□　IPSO への苦情の申し立て方

倫理綱領違反に当たると思われる新聞・定期刊行物の記事や記者の行動に関する苦情を申し立てたい者は、なるべく早くその刊行物の編集長または IPSO に連絡すべきである。必要に応じて、IPSO がその編集長の連絡先を案内してくれる。また、その編集長から返事がない場合や、その対応に不満を抱く場合には、申立人は、いつでも気軽に IPSO に相談することができる。

倫理綱領 1 条（正確性）のもとで「一般的な事実に関する重大な誤り」を主張する苦情については、IPSO は、関心を持っているどの読者からでも苦情申立てを受理することにしている。当該誤りが特定の個人または組織を識別している場合には、IPSO は、第三者からの苦情申立てを受理することもあるが、まず、その直接に影響を受けている者の立場を考慮に入れて、それが適切か否かを判断する。

苦情が正確性に関連していない場合や、当該誤りが一般的な事実に関するものではない場合には、IPSO は、直接に影響を受けている者またはその代理人による苦情申立てに限って受理している。また、主張される倫理綱領違反が重要で、公益のために受理が望ましいと思われる場合には、IPSO は、代表団体（representative groups）からの苦情申立てを受理することがある。

　IPSO は、原則として、発行から4ヵ月以内の記事に対する苦情申立てに限って受理することにしている。発行者のウェブサイトで公表されている記事については、その期限が「12ヵ月以内」に延長され得るが、その場合には、IPSO は、まず、それがその状況において公平か否かを考慮に入れる。12ヵ月以上前に発行された記事に関する苦情申立ては、その媒体を問わず、一切受理されない。

　苦情申立人は、IPSO の「苦情申立てフォーム」に記入し、オンライン、電子メール、または郵便により提出するよう要求されている。その際、当該記事が倫理綱領のどの規定にどのように違反しているかを説明するとともに、当該記事およびそれに関連したあらゆる手紙や文書を添付すべきである。記事は、その全文が完全で、その刊行物名および日付を明らかにする形で提出されなければならない。オンライン版苦情申立てフォームや電子メールにより苦情を申し立てる場合には、当該記事を添付ファイルまたはリンクとして送信することになる。

　□　IPSO の苦情処理手続

　IPSO の苦情処理手続は、次のような6段階で行われている。

　①最初の評価

　IPSO は、ある苦情申立てを受理するか否かについて裁量権を有しているが、受理しない場合には、申立人に対して、書面によりその理由を説明することになっている。その決定に異議を申し立てたい者は、7日以内に再審査を要求することができる。

　②当該刊行物への付託

　申立人がまだ当該刊行物の社内苦情処理手続を尽くしていない場合には、IPSO は、すべての関連情報を当該編集長へ送付し、直接

パート1　法学のアプローチとしての比較　97

申立人と解決するよう求める。しかし、その手続がすでに尽くされているか、または苦情申立てが28日以内に解決されない場合には、IPSOは、自ら調査を開始する。必要に応じて、28日待たずに開始することもある。また、この間、いつでも申立人の相談に応じる。

③調査

当事者の間で苦情申立てが解決されない場合には、苦情処理委員会（Complaints Committee）は、書面により当該編集長に対して、その苦情申立ておよび同委員会の具体的な質問への回答を要求する。申立人に対して、本件の事実などを確認するために追加情報を求めることもある。

編集長の回答文は、申立人にも提示され、申立人は、それに対して反論する機会を与えられる。この時点で、同委員会は、苦情申立てを非公式に解決するために努力する。そのような和解は、ⓐ訂正の公表、ⓑ謝罪の公表、ⓒ曖昧であった点や誤解を招くような内容を明らかにする記事の掲載、ⓓ申立人からの手紙の掲載、ⓔ苦情申立人の追跡記事やインタビューの掲載、ⓕ公開されない編集者からの詫び状、ⓖ将来の行動に関する当該刊行物の約束、ⓗ当該刊行物が誤りを繰り返さないための切り抜きファイルへの注釈・資料の添付やデータベースの訂正など、様々な形をとっている。

同委員会は、できる限り迅速に調査を完了するために、編集長および申立人からの文通に対して厳格な締め切りを設けている。文通の不合理な遅滞は、実際に苦情申立ての結果につながることがある。

④苦情処理委員会による裁定

調査の段階で苦情申立てが解決されない場合には、苦情処理委員会は、申立人および編集長の双方が見ている証拠のみに基づいて、倫理綱領違反があったか否かについて裁定を行う。その裁定は、原

則として、全文で IPSO ホームページ上に掲載されるが、プライバシー侵害に関する苦情申立ては、その例外となっている。同様に、申立人を識別するようなセンシティヴな情報も、本人の要請により削除されることがある。

⑤救済

苦情申立てが支持される場合には、苦情処理委員会は、当該刊行物に対して、その裁定および取消・訂正（correction）を掲載させることができる。その文の内容、範囲、およびその刊行物の中での具体的な位置については、同委員会が決定し、命じる。

⑥再審査

上記の過程について不満を抱く申立人は、苦情再審査員（Complaints Reviewer）による再審査を要請することができる。その苦情再調査員は、IPSO 理事会の一員になる。その要請は、裁定から 14 日以内に、それまで担当した苦情処理係（Complaints Officer）宛ての書面によらなければならない。

それを受けた IPSO は、その苦情申立てを苦情再審査員に付託するか否かについて決定する。付託される審査員は、それまでの過程を審査して、14 日以内に、苦情処理委員会に対して、それが実質上不適当であった（substantially flawed）か否かについて報告する。実質上不適当とみなされた場合には、苦情処理委員会は、同審査員の報告を考慮に入れながら、当該裁定を再検討し、最終決定を行う。

□ IPSO の救済方法

上述したように、IPSO が苦情申立人に対して提供している主要な救済方法は、非公式な紛争解決（resolution）および正式な裁定（adjudication）の公表である。IPSO は、倫理綱領に違反した発行

者を批判し、その裁定を当該刊行物に掲載させる権限を持っている。また、倫理綱領違反が特に深刻で組織的な場合には、当該発行者に対して100万ポンド以下の課徴金を課すこともできる。しかし、損害賠償の支払いを命じたり、差止命令を出したりすることはできない。

　裁定の掲載については、倫理綱領の前文は、「綱領に違反したと裁定される刊行物は、IPSOが要求したとおり、その裁定の全文を十分目立つように掲載しなければならない」と規定している。

　また、同綱領の中で最も重要な事項といえる、「正確性」について規定している1条は、「重大な誤り、誤解を招くような表現、または歪曲が認められる場合は、迅速かつ適切に明確な形で訂正しなければならない。また、適当な場合には、謝罪を掲載しなければならない。IPSOが関連する場合には、『十分目立つ』とは、同規制機関が要求したとおりである」としている。

　さらに、同条は、「不正確な記事に対する公正な反論の機会（fair opportunity to reply）が正当に要求されたときは、与えられなければならない」と規定している。その反論の機会は、有効な救済方法として機能するであろう。しかし、反論の機会を与えられる可能性があることは、反論権を有していることと同じではない。

　苦情申立人の主張を支持し、発行者を批判する裁定の公表は、特に編集者にとって、相当な制裁となっているようである。そのような裁定は、事実上、編集者がその規制機関のルールを破って制裁を受けている、と読者に伝えることと同じであり、社内でも問題とされることが多い。その上で、競争的な業界では、ある発行者に対する批判的な裁定は、直ちにその競争者の武器となる。競争者は、実際にそのような裁定に関する記事を掲載することにより、自己の刊行物の優越性を好んで宣伝する。

□ IPSO の構成員と財源

IPSO 理事会（IPSO Board）は、IPSO 会長を含む 7 名の非メディア代表である一般市民および 5 名のメディア代表である業界関係者、合計 12 名の理事からなっている。業界関係者とは、プレス基準に詳しい、最近新聞・定期刊行物業界において管理職を務めた者を指し、IPSO により規制されている発行物の現在の編集者を除外している。また、一般市民の割合は、同機構の独立性を強調するために、業界関係者より多くなるように設定されている。

IPSO 苦情処理委員会も、同様に会長を含む 7 名の一般市民および 5 名の業界関係者、合計 12 名の委員からなっているが、会長を除いては、理事会および苦情処理委員会の構成員はそれぞれ異なっている。会長は、理事長および苦情処理委員長の任務を果たしている。

IPSO の会長、各理事、および「編集者のための倫理綱領」委員会の各委員は、任命パネル（Appointments Panel）により任命されている。同パネルは、会長を含む 6 名の委員からなっているが、その委員長は、会長以外の委員である。

IPSO の透明性を高めるために、各理事会・委員会の議事録は、ホームページ上に掲載されている。また、同様に、各理事・苦情処理委員の公私の利害関係の有無を明確にするために、その有給雇用、他の理事職、公務、慈善団体役員、直近 5 年間における新聞・定期刊行物発行者からの報酬などの有無に関する「利害関係記録」（Register of Interests）も公表されている。

IPSO 事務局（IPSO Executive）は、最高経営責任者をはじめ、約 20 名の職員からなっている。そのうち、7 名は、苦情処理係として申立人と接している。

また、IPSO の運用は、専ら規制資金調達会社（Regulatory

Funding Company, RFC）が新聞・定期刊行物業界（すなわち、IPSO の加盟発行者）からの拠出金によっている。この制度は、IPSO 自体が資金について直接に新聞・定期刊行物発行者と交渉することを避けることにより、IPSO の独立性を確保するのに有効に機能しているといえる。

□ イギリスのオフコム（通信放送庁）

これに対して、電波メディアに関する同様な存在であるオフコムは、2003 年 12 月に、従来の独立テレビジョン委員会（Independent Television Commission, ITC）、放送基準委員会（Broadcasting Standards Commission, BSC）、オフテル（電気通信庁・Office of Telecommunications, Oftel）、ラジオ庁（Radio Authority, RA）、およびラジオ通信庁（Radiocommunications Agency）に代わって設立された。それは、情報のデジタル化がますます進んでいるメディア融合時代に適したスーパー規制機関として、現在、イギリスのテレビ放送、ラジオ放送、電気通信、および無線通信サービスに対する権限を持っている。

オフコムは、2003 年通信放送法のもとで、実際に放送された番組における不当もしくは不公平な取扱い、またはそのような放送番組におけるプライバシーの不当な侵害、もしくはそのような放送番組に含まれる素材の取得に関連するプライバシーの不当な侵害について申し立てられた苦情を審理し、かつ裁定を下す権限を持っている。

放送事業者が放送綱領に違反したか否かについて裁定するオフコムは、通常、その裁定結果およびその理由を公表することにしている。

苦情申立てが支持（または一部支持）された場合には、オフコム

は、当該放送事業者がその裁定の要約や訂正を放送したり、適切な刊行物に掲載したりするように指示することができる。オフコムは、謝罪を放送するように命じる権限は有していないが、自ら誤りを認める放送事業者が早い段階で謝罪するよう勧めている。

重大な事件では、オフコムは、放送事業者が再放送する前に当該番組または事項を再編集したり、その再放送を取りやめたりするように指示できる。また、放送事業者が故意に、重大に、または繰り返し綱領に違反している場合には、オフコムは、課徴金を課したり、免許期間を短縮したり、免許を取り消したりすることができる。

□　コモンロー的アプローチから見た日本の現状

日本の報道被害者は、従来、裁判所による救済をあまり求めなかったが、近年、権利意識が高まるにつれて、自分の名誉・プライバシー権を主張するようになった。そのため、報道被害者は、多くの訴訟で勝訴判決を得るようになり、また、その損害賠償額も増加してきた。三浦和義氏のように1人で多数の訴訟を提起する例は、これまでなかったが、それは、限られた法律の知識しか持たない一般被害者でも、その報道が虚偽である場合には、本人訴訟で勝訴できることを示している。これは、日本法の大きな特色である。

日本の裁判所は、憲法上の表現の自由と名誉・プライバシーの権利という相対立する利益のバランスを取ろうとしている。しかし、報道被害者の救済は極めて重要であるので、報道被害を防止するためには、コモンロー的アプローチに見られる「再公表による名誉毀損」を認めるべきである。また、現在の放送における訂正・取消制度ばかりでなく、すべてのメディアにおける訂正制度を確立すれば、虚報に対する救済は、充実することになるであろう。

また、MAS については、活字メディアを対象にする、IPSO のような独立した自主規制機関が存在しない日本でも、「報道被害の救済方法が裁判に限られることではあまりにも不十分であること」は、日弁連のいくつかの調査で明らかにされている。報道被害者は、迅速にかつ費用をかけずに独立機関から救済を得られるようになれば、長い時間を要し、高い費用のかかる、現在の裁判所による救済方法よりも、自主規制機関を選択するようになるであろう。

　日本新聞協会は、新聞倫理綱領に違反する会員新聞社に対して、団体規約に従ってその会員資格を取り消す権限を有しているが、それを一度も行使したことがない。

　日本の活字メディアに対する苦情の多くは、現在、その新聞社・定期刊行物発行者の法務室などの従業員によって処理されている。日本の社会においてそのような役割を果たす者が社員でありながら、中立の立場をとり、実際に自分が属する報道機関の行為を非難して報道被害者に救済を与えることができるか疑問である。

　日本の会社は、特にコーポレート・イメージに敏感なので、活字メディアが業界レベルで特別の機関を設立すれば、それらは、報道水準を向上する効果をもたらすことが期待できるであろう。

　活字メディアについては、経験の豊富なイギリスにならってIPSO のような苦情処理委員会を早急に設けるべきである。日本の社会と文化がイギリスと異なっているため、その新しい機関の設立に当たってイギリスの制度をそのまま導入することはできないが、日本でも、すでに映画界の映倫管理委員会や広告界の日本広告審査機構（JARO）があるので、参考になる日本式苦情処理制度の先例がある。

　また、電波メディアについては、活字メディアと同じく自主的な特別の機関が望ましいと思われる。NHK と民放連が設置した放送

倫理・番組向上機構（BPO）は、報道被害の再発防止に働くことは明らかであるが、すでに番組に騙されている視聴者を含む被害者に対して十分な救済を提供するものではない。報道被害者の立場から考えると、イギリスのオフコムなどにならって、BPOをさらに改善するために努力してほしい。

■ 読書案内

　本節は、私の主要業績である『報道被害者の法的・倫理的救済論―誤報・虚報へのイギリス・オーストラリアの対応を中心として』（有斐閣、2010年）の一部のコンテンツに新しいデータなどを追加して改稿したものであるが、各テーマについてより詳細な解説を求めたい読者にそれを参照されたい。また、鈴木秀美・山田健太編『よくわかるメディア法〔第2版〕』（ミネルヴァ書房、2019年）では、日本の多くの研究者が日本のメディア法やジャーナリズムの現状をはじめ、アメリカ、イギリス、ドイツ、フランス、および韓国のメディア法について説明しているので、おすすめしたい。

【ジョン・ミドルトン】

注

1　ここでいうイングランドは、地域的には、連合王国の中のイングランドおよびウェールズを意味し、スコットランドおよび北アイルランドを除く。

2　民法709条、710条、および723条参照。

3　刑法230条および230条の2参照。

4　本節では、「日本法」・「コモンロー」でいう「法」・「ロー」という概念を法令・判例に限定しないで、報道倫理などの規範も含めて用いること、また、「コモンロー」を連合王国の中のイングランドで生成・

パート1　法学のアプローチとしての比較　　105

発展し、オーストラリア、アメリカなどで継受された、シビルローと
対比される法を意味することをお断りしておきたい。

5　*Sim v. Stretch*（1936）52 TLR 669 at 671 per Lord Atkin.

6　*Parmiter v. Coupland*（1840）6 M&W 105 at 108 per Baron Parke.

7　*Youssoupoff v. MGM Pictures Ltd*（1934）50 TLR 581 per Lord
　Justice Slesser.

8　*Hough v. London Express Newspaper Ltd*［1940］2 KB 507.

9　これは、三浦氏が名誉毀損を理由に本人訴訟を提起した最低件数で
　ある。正確な件数は不明であるが、その損害賠償請求訴訟（プライバ
　シー侵害事件を含む）の件数は、約550件に及んだようである（山田
　健太「取材・報道と法律」、浜田純一・田島泰彦・桂敬一編『新聞学〔新
　訂・第4版〕』（日本評論社、2009）第4章第3節, 202-203）。

10　秋吉健次「名誉・プライバシー関連判例の現状」ジュリスト1038
　号（1994年2月1日）48頁.

11　三浦氏は、1人で訴訟を提起したが、刑事弁護人と接触することに
　よって法律について相談する機会があり、さらに援助者に問題記事な
　どを提供してもらったようである。

12　詳しくは、John Middleton, "An Introduction to the Australian
　Uniform Defamation Acts of 2005-2006", （2008）36 *Hitotsubashi
　Journal of Law and Politics* 21 参照。

13　これは、「名誉毀損訴訟観光」（libel tourism）と呼ばれることもあ
　る。

14　*Dow Jones and Company Inc. v. Gutnick*［2002］HCA 56, 210 CLR
　575, 194 ALR 433, 77 ALJR 255.

15　*Matusevitch v. Telnikoff*, 877 F Supp 1, 23 Med L Rptr（BNA）1367
　（D DC 1995）; see also *Bachchan v. India Abroad Publications, Inc.*,
　154 Misc 2d 228, 585 NYS 2d 661（NY Sup Ct 1992）.

16　謝罪広告を強制することは、場合によっては、憲法19条の良心の
　自由に反するおそれがある。最高裁判所は、民法723条により謝罪広
　告を命ずることは「単に事態の真相を告白し陳謝の意を表明するに止

106   3　英米法

まる程度」のものであれば、代替執行をしても、憲法 19 条に違反しな
いと判示している（最高裁 1956（昭和 31）年 7 月 4 日大法廷判決、民
集 10 巻 7 号 785 頁、判時 80 号 3 頁）。しかし、広告内容によっては、
強制執行に適しなかったり、間接強制のみ可能で代替執行の許されな
い場合のあることを示唆している。

17　最高裁判所は、懲罰的損害賠償法理を「我が国における不法行為に
基づく損害賠償制度の基本原則ないし基本理念と相いれないものであ
る」として明確に否定している（1997（平成 9）年 7 月 11 日第二小法
廷判決、判タ 958 号 93 頁、判時 1624 号 90 頁）。

18　東京地裁 1995（平成 7）年 3 月 14 日民事第 26 部判決、判タ 872 号
298 頁。

19　東京高裁 2003（平成 15）年 10 月 30 日判決、平 15（ネ）2728 号、
判例マスタ。

20　「最初から請求額を明示して討議するタレント事務所もあるという」
（「名誉棄損 相次ぐ高額賠償——週刊誌 訴訟対策に必死」朝日新聞
（朝刊・2009 年 5 月 26 日号）37 面参照）。

21　東京海上火災保険株式会社の比較調査によると、1990 年に、日本の
人身損害賠償額は、アメリカ、オーストラリアの次に、イギリスと対
等に高額であった（東京海上火災保険（株）・企業損害部編『EC の損
害賠償水準と訴訟・弁護士事情——アメリカと EC12 ヵ国の比較調査
から』（実業之日本社、1994）, 22 参照）。

22　*Rookes v. Barnard*［1964］AC 1129.

23　*Gertz v. Robert Welch, Inc.*, 418 US 323, 350（1974）.

24　*Tolstoy Miloslavsky v. United Kingdom*（1995）20 EHRR 442,［1996］
EMLR 152.

25　*Id.* at［49］-［50］.

26　*Rantzen v. MGN Ltd*［1994］QB 670.

27　*John v. MGN Ltd*［1997］QB 586.

28　「虚報」とは、初めから虚偽であることを認識した上で架空の報道
をするものばかりでなく、推測を事実であるかのように報道するもの

も含むといえる。これに対し、「誤報」は、報道した時点では、真実であると信じて公表したが、結果として、誤りであったというものをいう。すなわち、故意に基づくものが虚報であり、過失によるものが誤報である。

29 詳しくは、ジョン・ミドルトン「イギリスにおけるメディア・アカウンタビリティ制度の変容——独立プレス基準機構（IPSO）の設立と活動」一橋法学第 15 巻第 1 号（2016 年 3 月）19 頁および John Middleton, "Britain's Changing Media Accountability Systems: The Establishment and Activities of the Independent Press Standards Organisation（IPSO）", (2017) 45 *Hitotsubashi Journal of Law and Politics* 1 参照。

30 The Right Honourable Lord Justice Leveson, *An Inquiry into the Culture, Practices and Ethics of the Press: Report, Volumes I-IV* (HC 780) (London: The Stationery Office, November 2012).

31 "Financial Times Opts Out of IPSO Regulator in Favour of Its Own System", *Press Gazette* (17 April 2014).

32 Roy Greenslade, "Why The Guardian's Decision Not to Sign Up to Ipso Makes Sense", *The Guardian* (4 September 2014); "Editorial: The Guardian View on the New Press Regulator, Ipso", *The Guardian* (4 September 2014).

4 中国法

◆ 人格権から考える

　日本と中国には、文字や概念を巡る長い交流の歴史があり、法律・法学についても、法規の名称だけでなく（憲法、民法、刑法、訴訟法など）、重要な概念も（自由、権利、犯罪、再審など）同じ文字が用いられることが多い。

　とは言え、彼我の文化や思想などは大きく異なり、歴史的経験による変化も相まって、ある概念が文字の上では同じでも、その内容において大きく異なることは稀ではない。この一見些細なことにも映る事象を基礎法学という角度から見たとき、それは複雑で豊かな、それゆえ検討と省察の求められるものとして浮かび上がってくるのだ。

　本節では、中国の民法典に規定される人格権を検討の対象として、同名の編及び関連の規定を概観した上で、人格権の意義またはその目的を明らかにするとともに、より広い見地から中国法における人の意味を考えることを通じて、人格と法について考える機会を提供したいと思う。

　なお最初に述べたように、日中の概念はしばしば同じ文字を使って表されるので誤解を招きやすい。そこで、以下中国の規定（または概念等）を原語のまま用いていることを特に示す場合は「-」をつけて表しているので、その点留意されたい[1]。

□ 「人格権（編）」の形成と概要

中国では 2021 年に「民法典」が施行されており、その第 4 編が

「人格権編」である。少し細かいことを言うと、「民法典」の各編は概ね、既に存在する個別の法規（例えば「物権法」）の内容に追加・修正等を行って編とした（同「物権編」）ものであり[2]、その意味で新しいのは「人格権編」だけ、ということになる。

歴史的に見ると、社会主義の原理がより強調されていた時代には、人格的権益などというのはブルジョア的欺瞞であり、そのような規定を置くことは即ち人格を商品化するもので、それこそが人格の尊厳・崇高性に悖るとされ、民事上の損害は主に物質的な側面についてしか認められなかった。

その崇高さの下で「文化大革命」など人格の蹂躙が蔓延したことにはイデオロギーの虚しさを思わざるを得ないが、その反省もあってか、1986年制定の「民法通則」では、「生命健康権」に加え、「姓名権」「肖像権」「名誉権」「栄誉権」等が「人身権」として規定され、「公民」の「人格尊厳」は「法律保護」を受けることとなった（5章4節）。

さらに2001年の最高人民法院の司法解釈では[3]、上記の「人身権」について「精神損害」賠償請求（慰謝料請求）が認められることとなった。とりわけ、同解釈で「隠私」（プライバシー）またはその他の「人格利益」の侵害に対する「精神損害」の賠償請求が認められたことで（1条2項）、「人格」に係る利益が包括的に認められるに至ったのである。

「民法典」の「人格権編」は、このような発展の成果と言うことができるが[4]、それを特に一つの編とすることに反対する主張も見られていた。それは概ね、①無理に「人格権」を編とすると、民法の体系性ひいては論理整合性が崩れてしまう、②「人格権」の内容は抽象的・流動的であるだけでなく、総則や「婚姻家庭」など各編の内容と重なるものが多い、③「人格権」は合法的な権益なのだか

ら、その保護は一般的な不法行為の規定で足りる、といったものに
なる。

　反対の立場に有力な学者も見られる中、それでも「人格権」が独
立の編として成立したのは、21世紀を代表する民法典として新た
な「特色」を打ち出すという思惑（必要）もあったろうが、中国民
法学の権威である王利明が言うように、「"文化大革命"期間」の
「個人人格権」の「侵害」ひいては「人格尊厳」の「践踏」（蹂躙）
への「反思」（反省）が、「人格権編」成立を強く支えていたことは
間違いない[5]。

　このようにして成立した「民法典」の「人格権編」は全6章で、
まず総則的な「一般規定」（第1章）が置かれたあとに、各章で個
別領域ごとに具体的な規定が置かれる。

　第1章の特徴的な規定を追ってみると、死者に対する人格権侵害
について広く遺族に請求権が認められ、契約違反による人格権侵害
についても損害賠償請求が認められるなど、従来限定的または疑義
のあった事項についても、幅広く人格権に基づく請求が認められる
ことになっている。

　第2章は生命、身体そして健康に係る内容で、従来の規定内容に
加え、「身体完整」（完全性）や「行動自由」など、「法律保護」の
内容が拡げられるだけでなく、人体を構成する細胞や組織、器官に
関する諸規定など、現代的な内容も詳細に規定されている。

　この様相は概ね第5章まで同様で、「姓名権」や「肖像権」そし
て「名誉権」といった見慣れた「人格権」について、旧来の規定が
具体化・詳細化されるとともに、現代的な内容（デジタル技術によ
る肖像の改竄やネット上のハンドルネームの保護など）が追加され
ている。

　プライバシー権と個人情報保護について規定を置く第6章は、従

前の「民法通則」には見られなかった。とりわけ個人情報保護は最近注目されるようになった領域であり[6]、当然、規定内容は現代的なものが目立っている（生物識別情報や行動追跡情報、情報処理者による技術措置など）。

□　検討──「人格」とは？

このように「人格権編」を概観すると、それは「人格」に係る権利を広く覆い、かつ現代的な状況にアジャストしたもの、と言うことができそうだが、規定の内容を見る限り、その「人格尊厳」への姿勢には疑いが残ると言わざるを得ない。

まず規定の仕方として、「人格権」を包括的・抽象的に規定するのではなく、類型化した上で具体的に羅列する形が取られたため、そこからこぼれ落ちた「人格」関連権益が、その地位ないしは保護の点で相対的に劣後することが懸念される[7]。

確かに第1章の定義規定（990条）で、「民事主体」は明文で列挙される人格権のほか、「人身自由」そして「人格尊厳」により生ずる「其他人格権益」を「享有」する、とされている（同条2項）。とは言え、類型別に示された各種「人格権」については、権利の具体的内容と保護の手段、侵害の態様及びそれへの対応などが豊富に規定されるのに対し、「其他人格権益」の保護には何の手がかりもなく、むしろ「人格権編」の成立により保護が弱まる可能性すら危惧される。

次に、「人格権」の規定は総じて受け身的で、自律的人格形成・発展といった積極的側面が感じられない。例えばプライバシー権の規定を見ると、「私密空間、私密活動、私密信息」（1032条2項）[8]という保護対象、そして侵入や盗撮といった禁止行為の羅列（1033条）など、消極性（他人に見られないようにする）の意識が顕著

で、積極性（自分が見られ方を決める）の契機が見られない。また規定の仕方は往々にして、他者（個人を含む）の「侵害」の禁止を通じた「法律保護」というものになっている[9]。

　要するに、この規定は「人格権」と呼ばれるものの、「人格」自身による自発的形成や「人格」相互の自律的調整、といった要素は希薄で、むしろ「人格」に対する「侵害」を禁止し制裁を加える（と国家が威嚇する）ことで「人格」が「保護」される、という要素に満ち溢れているのである。

　もちろん、「人格」の周りに強力な防護壁を作ることを通じて個人の尊厳を保障し、以て「民事主体」の自由の程度を高めその活動空間を広げる、という理解はあり得る。とは言え、（企業等も含む）「民事主体」の「人格権」が「法律保護」を受け、如何なる「組織」または「個人」もこれを「侵害」してはならない（991条）、という規定の仕方に、個人の尊厳への理解とその尊重という意識を見出すのは難しい。

　では、なぜ中国の「人格権」は、このような規定上の特徴を持つのだろうか。それを考えるためには、「民法典」の諸原則ないし構造の特殊性を理解する必要がある。以下、民法典の内容に即して、そこでいう「人格権」の意味について考えてみたい。

□　「総則」の諸原則と「人」

　民法典の第1章「基本規定」を見ると、まず第1条において、民法自体の制定目的として、「民事主体」の「合法権益」の「保護」、そして「民事関係」の「調整」に加え、「中国特色社会主義」の「発展要求」に適応し、「社会主義核心価値観」を高揚させること、が掲げられる。

　つまり、民法の規定する契約や物そして人間関係に係る物事は、

いずれも一つの「主義」の「要求」に適い、またその「価値観」に従って、国家による「保護」を受け、国家により「調整」されるのである。

これは実質性のない政治的宣言のようにも見えるが、「社会主義核心価値観」に基づく判決を求める司法解釈など[10]、現実の法規や解釈に直接反映されている。また「民法典」自体においても、「英雄烈士」の「栄誉」等に対する侵害を「社会公共利益」の侵害とするなど（185条）、特定の思想または価値を義務づける条文に事欠かない。

「総則」の規定としては「公平原則」（6条）も重要である。条文上「平等」が再三繰り返される中国の「民法典」において「公平」は当然のように聞こえるが、中国でいう「公平原則」は少し特殊な意味を持っている。それは、事件・事故の加害者に負担能力がない場合などに、事件発生場所の管理者・所有者や利害関係者などの経済力を勘案し、これら関係者に過失がない場合であっても、負担能力に応じて相応の補償を求める、という効果を導く[11]。

ここでは、人が自らの行為について、結果を予想してそれを回避できる場合でなければ責任を問われることはない、という原則が大幅に修正されている。要するに、中国の「民法典」における「人」は、自己の決定や過失以外にも、広く「社会公共」的「責任」を負うべき存在として位置付けられているのである。

□ 「物権編」の構造と「人」

民法典第2編の「物権編」は、その内容を概観しただけで、大きく二つの特徴があることがわかる。

その一つは、「物権」の主体における区分ないし限定である。例えば「所有権」の規定では、それが抽象的・一般的に語られるので

はなく、「国家所有権」、「集体所有権」[12] そして「私人所有権」に
分けられ、それぞれについて規定が置かれている（第6章）。

　同章規定の条文数を見ても、「国家所有権」について特に規定す
るものが14条、「集体所有権」が6条あるが、「私人所有権」はわ
ずか2条に過ぎない[13]。内容を見ても、「私人所有」に関する規定
は、「合法財産」について「所有権」を「享有」する（266条）な
ど、宣言的で分量もわずかであるが、「国有財産管理」（259条）や
「集体所有的不動産」（260条）などは、内容も詳細で分量も非常に
多い。

　同様に、土地使用権についても主体の限定が顕著である。とりわ
け農地使用権は、基本的に当該農村に戸籍を有する農民にのみ認め
られるし、農村部の住宅所有権及び当該土地の使用権（「宅基地使
用権」と称される）も、原則的に同様の農民に限定されている[14]。

　もう一つは、国家による規制ないし管理に係る内容が目立つこと
である。もちろん、土地公有制の下、使用権が（国家により）条件
付・期間付で払下げられ譲渡される、という構造のため、「物権編」
が国家管理や行政手続だらけになるのは避けようがない。とは言
え、取得、行使及び譲渡などすべて土地管理法規及び関連規定によ
る（363条）、という「権利」（「宅基地使用権」）が、「民法典」の
「物権」（の一つ）とされることには違和感しかない。

　イデオロギーとの関係から、「物権編」にはより一層、国家（集
団）主義的民法観が顕著に浮かび上がる。それは個人の人格（及び
その労苦）に基づいて個人所有を神聖化・絶対化する思想ではな
く、国家の正統性や全体性の故に国家（集団）所有を神聖化・絶対
化する思想に基づくものであり、「人」が「享有」する「権利」に
ついても、国家や集団から見た価値に基づいて分類され、身分に応
じて分配されるのである。

□ 「合同」[15] 編の姿と「人」

　「民法典」の「合同」（契約）編に先行する「合同法」（1999 年）は、WTO 加盟の条件作りという必要も相まって、契約に関する国際条約の内容を積極的に取り入れるなど、市場経済ひいては資本主義的な契約ルールの様相を呈するに至り、中国は遂に「ルビコン川を渡った」との評価まで見られていた。

　しかし冷静に見てみると、国家や集団そして公共利益の優先という意識は根強く、条文上「自願原則」や「自己的意思」が掲げられるものの[16]、言うところの「自己」の「意思」等は、質・量ともに大きく制約されている。

　例として、事情変更の原則の成立経緯及びその内容を見てみよう。同原則は「合同法」制定時の草案に見られていたが、契約遵守の原則を揺るがすことが懸念され、結局成立に至らなかった。しかし、リーマン・ショックによる経済の混乱に対応するため、2009 年の司法解釈[17] により復活し、その内容も、裁判所による契約の「変更」など、国家による介入を柔軟に認めるものになっている。

　同様に、コロナ禍の初期わずか 2 か月足らずの間に、「民事案件」に関して立て続けに 3 つの司法解釈が出され[18]、契約の有効性や内容調整について細かく指示が行われている。これは、契約に基づく当事者の合意（「自己」の「意思」）よりも、「実際情況」に応じた政策的必要性を上位に位置づけ、それに基づいて国家が契約（人と人との約束）を規制し変更する、という契約観ひいては人間観を如実に表すものである。

　なお、国家による規制や行政管理の規定が数多く見られるのは「物権編」と同様であるが[19]、契約編における規制は、「自己」の「意願」そして「意思」への介入ないし制約という点で、より深く「人格」に影響を与えるもの、ということができる。また上述のよ

うな「物権編」の身分的制約の効果として、「民事主体」の「一律平等」（4条）は変質せざるを得ず、当事者間の契約の拘束力もまた、相応に低下することになる。

□　小括──「人」への問い

　このように、「民法典」が規定する諸原則ないし構造を概観すると、それは多かれ少なかれ、文字上の表記から想起される内容とは異なることが分かる。そこでは、「所有」の段階構造に基づく身分に応じて「権利」が設定され、「自己的意思」は詳細な規定による制限を受け、「過失」がなくても「社会主義核心価値観」に基づく「公平」により「責任」を負い、必要に応じて「私有財産」を回収されるのである。

　このような諸原則ないし構造を前提とする「人格権」の意味が、我々が考えるものと大きく異なることは想像に難くないが、それは「人格権」自体よりも、むしろその「享有」者である「人」に付された意味の違いによるところが大きい。

　では、ここで想定される「人」の姿とは、どのようなものだろうか。それは「民法典」にも見え隠れするが、中国法における「人」の位置づけを知るためには、最高法規に位置づけられる「憲法」における「人」のあり方に加え、中国共産党（以下単に「党」とする）が描く「人」の（あるべき）姿を理解する必要がある。

　以下、「憲法」そして「党」の考える「人」のあり方を検討するとともに、その理解に基づいて、中国法における「人格権」の意味をもう一度考えてみたい。

□　「憲法」と「人」

　中国の「憲法」を概観すると、「民法典」に見られる諸特徴が正

にここに由来することがわかる。まず「憲法」はその1条で、「社会主義」と「党領導」[20] を掲げる。「憲法」そしてその下にある法制度は、すべてこの前提の下で解釈され運用されるのだ。

次に、「物権編」の構造と同様、「所有」は主体により区分され、（国有及び集団所有の）「公共財産」は「神聖不可侵犯」とされる（12条）のに対し、「合法」な「私有財産権」は「法律規定」による「保護」を受けるに過ぎない（13条）[21]。

「憲法」第1編「総綱」後半は、いわば国家のマニフェストというべき内容であり、社会・経済・文化など広汎な事柄について、「国家」が何をしてあげるか、という規定が羅列されている[22]。それは何か施政方針のリストのようにも見えるが、「社会主義核心価値観」や「愛社会主義」の「提唱」、そして「資本主義」や「腐朽主義」への「反対」など（いずれも24条2項）、必然的に強制ひいては処罰を導く内容も少なくない。

特に「人」に関する内容を見ると、「憲法」の「人」は、端的に二つの顔を持っていることがわかる。一つは、「国家的主人」（「序言」第5段）と言われるように、抽象的・美称的総体としての至高の存在であり、もう一つは、「権利」の「享有」及び「義務」の「履行」の担い手としての具体的な存在である（33条4項）[23]。

この二つの顔には、憲法上「人民」と「公民」という異なる名がつけられている。このうち前者は、「主人」という位置づけと親和的に、歴史や理想を語る（長大な）「序言」に頻出する。逆に「公民」は「序言」に一度も出てこないが、正文中の「権利」そして「義務」の主体（客体）は全て「公民」である。

これは憲法における国家権力の正統性ないし正当化と対応するものである。即ち、「人民」は「党領導下」で初めて「国家的主人」になったのであり、今後も「継続」して「党領導下」で「我国建

パート1　法学のアプローチとしての比較　119

設」に尽力し、「中華民族偉大復興」を目指す（「序言」）[24]。

　そして「人民」が「権力」を行使する機関が「全国人民代表大会」だから（5条）、同機関は「公民」に「義務」を課し「禁止」を命じるとともに、同機関の「監督」により、各統治機構も「公民」に対して「権力」を行使することができる、ということになる。

　以上のように、「民法典」における「人」のあり方は正に「憲法」における「人」の姿を反映するものであるが、「憲法」では「党領導」が強調されることから、「党」が「人」をどう捉えているのか、ということが改めて問われることになる。

□　「党」と「人」

　上述のように「憲法」では「党領導」が謳われるものの[25]、そもそも「党」について規定する法規は存在しない。そのため「党領導」が何なのか、そしてそれが「人」をどのように見ているのかは、「党」自身の文書から探すしかない[26]。

　そこで「党」の文書を概観すると、そこにはゆりかごから墓場まで、否、生前から死後まで、「党」により徹底的に「領導」される「人」の姿が浮かび上がる。即ち、「計画生育」（一人っ子政策）を入り口に、「学前教育」（幼児教育）から大学・研究機関、勤務先そして居住単位さらには「養老院」に至るまで、（習近平思想など）「思想」教育が繰り返され、「政治審査」が勤務評定や「社会信用」[27]に直結し、死後も「英雄烈士」や「平反」（名誉回復）に係る活動が、いずれも「党」によって行われるのである。

　この「領導」を貫く精神は、「愛国主義」そして「公民道徳」である[28]。これに関する「党」の文書を見てみると、まず2019年の「新時代愛国主義教育実施綱要」で、「習近平新時代中国特色社会主

義思想」を「指導」とし、「党領導」の下で「社会主義核心価値観」を実践し、「愛党」「愛国」「愛社会主義」の「相統一」を「堅持」せよ、と号令される。

「公民道徳」についても2019年の「新時代公民道徳建設実施綱要」で、「習近平新時代中国特色社会主義思想」を「指導」とし、「党領導」の下で「社会主義核心価値観」を実践し、「社会公徳、職業道徳、家庭美徳、個人品徳」を「建設」せよ、として、同じ精神と構造の下での号令が繰り返される。

ここには、伝統的な道徳観念を破壊し尽くした「文化大革命」期の「愛国無罪」への「反思」(反省)は微塵も感じられず、「優良伝統」や「革命道徳」が美しく語られ、最も強固な「愛国主義精神」の実践者である「党」は、「中華伝統美徳」の「忠実継承者」として、「人」の「愛国」(「愛党」)そして「道徳」を「建設」するのである[29]。

付け加えると、「新時代」に至って「党」文書の数量そして頻度が激増している。それは「党政軍民学、東西南北中」の「一切」(事物及び空間の全領域)を「党」が「領導」する、という「党章」(党の最高法規)の改正に顕著なように[30]、「絶対領導」の下で「党」の「主義」や「思想」への「絶対忠誠」を求めるものである[31]。

□ 「人格権(編)」のインパクト

以上のように、「人格権」は規定自体の限界に加え、「民法典」そして「憲法」が描く「人」の姿による制約を受け、そのすべてが「党領導」の下で統率される。この構造を踏まえて言えば、「人格」は自律や個性に馴染むものではなく、「党」の考える「絶対」の基準により陶冶され序列化されるものなのだ。

そう考えると、「人格権」が特に「編」とされたことを、(個人

の）人格の尊厳及びその尊重と結びつけることは短絡的に過ぎる、という結論になりそうだが、実はそうとも言い切れない。歴史的な経験を振り返ると、法律に正式に規定される、ということには、我々が思うよりも重大な意義そして効果があるようなのだ。

2004年「憲法」改正による「人権」規定成立を例に上げてみよう。「人格権」同様、「人権」も長くブルジョアの欺瞞的概念であるとして否定され、西側がしばしば所謂人権カードを外交圧力に用いたこともあって、「人格権」以上の拒否反応が見られていた。

ただ逆に、正に人権カードへの対抗という意識から、自国の状況が（西側の基準から見ても）改善されていると主張するため、1991年国務院の「中国的人権状況白書」で「人権」が打ち出され、その後2004年の改正で「人権」という言葉が初めて憲法に規定されることになったのである（33条3項）[32]。

このように政治的な思惑で実現した「人権」規定は、しかし「公民」の側に憲法上の権利の実現を求める動きをもたらし、「憲政」実現を求める「新公民運動」は空前の高まりを見せた[33]。これは一面で、理想的な規定文言が、その理想の故に大きな期待や希望をもたらし、意識変化ひいては積極的な行動を喚起し得ることを示す。同時に、理想的な規定文言は、それとかけ離れた現実への不満ひいては憤怒を惹き起し、結果的に、絶望的現実状況を（わずかであれ）理想的規定文言に近づける効果をもたらす（こともある）。

改革・開放以降の富裕化と生活の多様化、そして（皮肉にも）「計画生育」（一人っ子政策）の影響も相まって、一人ひとりのかけがえのなさはかつてない高まりを見せている。「鉄鏈女」事件[34]など、人格蹂躙状況は依然深刻であるが、同事件が引き起こした強烈な憤怒は、人格の尊厳への危機感とその尊重への渇望を示すもの、とも言えよう。

「民法典」の起草者たちが、昨今タブーとなりつつある「文化大革命」の悲劇に言及してまで「人格権編」の実現を目指したことを思うとき[35]、それがもたらす意識の変化、そしてその相乗的・波及的な効果に、期待せずにはおれないのである。

　本節の内容は、授業で学生と議論を重ねる中で温められ、院生の助けも得て実現したものである。この場を借りてゼミ生・院生に感謝を述べるとともに、若干思うところを述べて、本節の記述を終わらせたいと思う。

　歴史を振り返ると、法学は（洋の東西を問わず）長く学問の花形であり、とりわけ日中の交流が盛んな時期には必ずと言ってよいほど、その中心に法学の姿があった。

　時代の変化の中で、また理系偏重の傾向の中で、法学にも、学問の価値ないし意義が改めて問われている。そのような中、古今東西の哲学、文化、社会を見据え、多様な視点そして方法を用いて異なる「法」を分析し、以て自らを省みる基礎法学という分野には、法学をより学際的で魅力的なものにするパワーが秘められている。

　その方法は、今も昔も変わらず、対話と交流を通じて双（多）方向的に知識と理解を深め、その成果として、自らの論証そして思考を磨くこと（の繰り返し）である。こと中国法について言えば、今や学部のゼミですら中華圏出身者が日常的に参加し、中国に限らず世界各地から研究者や実務家が訪れ、Web 会議ツールを通じてリアルタイムで対話や交流を行うことができる。かつての中国法研究者には望むべくもなかった夢のような環境が、既に出現しているのだ。

　さて、気づけば自分が研究を続ける日々は、もう折り返し点をだいぶ過ぎたようだ。これまで学びを共にしてきた学生、院生そして

パート1　法学のアプローチとしての比較　123

先生方に思いをはせつつ、これからも新しい仲間との出会いを重ね、対話と交流の中で知識と理解を深め合う日々を、最後まで楽しみたいと思っている。

■ 読書案内

　山内進「増補　決闘裁判」（ちくま学芸文庫、2024年）は、西欧における権利と自由が、文字通り命がけの闘いによって基礎づけられてきたこと、そしてアメリカを含む西洋社会で、それが今もなお「当事者主義」の中に受け継がれ、現代の裁判に生きていることを教えてくれる。ワーグナーやゲーテなど、歴史・芸術の話題がスムーズに法的な議論へと繋がり、幅広い知的興味・関心に答える魅力的な内容であり、外国法・制度の観察に不可欠な視点を分かり易く提示する良書である。

【但見　亮】

注

1　中国の簡体字と日本の漢字は、（元来）同じ字であっても見た目が随分異なることが多い（例えば憲法尊重擁護義務は「宪法尊重拥护义务」となる）。そこで、本節では簡体字を日本の漢字に直した（台湾の繁体字は日本と見た目が近い）。なお初出の原語の意味が分かりにくい場合、「」のすぐ後の（）または脚注で日本語の意味を説明している。

2　さらに細かいことを言うと、「総則編」は「民法典」編纂のために特に作られたものであるが、規定内容は従前の「民法通則」に沿う部分が多い。また「婚姻家庭編」の内容は、「婚姻法」と「収養法」（養子縁組法）の内容を併せたものである。

3　最高人民法院の民事権利侵害における精神的損害の賠償責任の確定に係る若干問題に関する解釈。なお「司法解釈」とは、最高人民法院

124　　4　中国法

（一部は検察院）が公布する具体的な法律の解釈・適用に関する規範。下級審への回答のようにシンプルなものもあるが、法規のような見た目のものも多く、数百条に渉る詳細なものもある（本「解釈」は12条）。

4　「人格権」侵害の態様は多様化し、賠償請求額は加速度的に上昇しており、1998年の最高人民法院の名誉権事件審理に係る若干問題に関する解釈、そして2009年の権利侵害責任法（不法行為法）など、人格権関連の司法解釈や法規がいくつも出され、その範囲も広がりを見せていた。

5　引用は王利明「民法典人格権編草案的亮点及完善」『中国法律評論』2019年1期97頁。

6　プライバシー（中国語は「隠私」）は権利侵害責任法（2009年）で「権利」として認められているが、個人情報保護法は民法典施行後に初めて制定されている（2021年）。

7　例えばジェンダーに関わる権益や性自認に係る権益など、新しい類型の権益、そして思想・信条に関わる権益などが考えられる。

8　「信息」は情報の意。以下（特に指示がない場合）条文はいずれも「民法典」から。

9　個人情報保護の規定は多くが情報処理業者への規制や取締を内容とするものである。また「身体権」の章では、実験や治療に係る許認可等の規定が置かれている。

10　社会主義核心価値観を裁判文書における法解釈及び理由説明に融け込ませることを深く推進することに関する最高人民法院の指導意見（2021年）。同「意見」では「習近平」の「思想」を「指導」とし、「法治建設」に上記「価値観」を融合させるという「中共中央」の「要求」を「貫徹」する、とされている（「意見」一、（一））。

11　民法典に先行する「民法通則」132条は明確に、当事者に何ら過失がない場合であっても、「実際情況」により「民事責任」を「分担」する、と規定している。

12　「集体」は集団の意。主に農村部の共同体を指し、憲法上「自治組

織」とされる。

13　この他「公司」(会社)、「企業」そして「法人」について規定する条文が3つある。

14　戸籍区分は主に出生により定まる身分的なものである。なお農民の農地使用権そして宅基地使用権は、それぞれ「物権編」の1つの章を構成している (11章及び13章)。

15　従前「契約」と「合同」がいずれも用いられていたが、後に「合同」に統一されている。なお台湾では現在も「契約」(「中華民国民法」153条以下) が用いられている。

16　いずれも「民法典」5条。「自願」を自由と訳し、自由意思や意思自治の原則と捉える立場もあるが、本質的な違いを意識して「自願」など原語を用いる立場も見られる。

17　最高人民法院の「合同法」適用における若干問題に関する解釈 (二) 26条。なお事情変更原則の濫用が懸念され、直後の「指導意見」では「厳格」な適用が求められている。

18　最高人民法院の新型コロナ肺炎に係る民事事件の法に依る妥当な審理に係る若干の問題に関する指導意見 (1-3)。2020年4月から6月にかけて公布された。

19　この様相はファイナンス・リース (15章) やファクタリング (16章)、そして不動産管理サービス (24章) など、現代的または新型の契約類型に顕著である。

20　党の指導と訳すことが多いが、「領導」に含まれる命令的側面を重視し、原語のままとするものもある (英語では「領導」を Lead、「指導」は Guide と訳すものが多い)。なお以下の部分で紹介する条文は (特に指示のない場合) いずれも「憲法」から。

21　如何なる「個人」も国家及び集団財産を侵害してはならない (12条) とするが、その逆は規定されないなど、国家 (公共) の前提的正統性という意識が顕著である。

22　14条から29条まで概ね「国家は (公民のために) 〜をする」という内容。「社会主義市場経済」の「実行」(15条) や「社会主義的教育

126 4 中国法

事業」の「発展」(19条）など国家事業的なものもあるが、「励行節約、
反対浪費」(14条）などスローガン的なものもあり、強制堕胎の疑い
で悪名高い「計画生育」（一人っ子政策）もここに規定されている（25
条）。

23 憲法上「公民」の「義務」と「禁止」は12回、そして「職責」は4
回出現する。

24 なお「職責」は「中華民族」そして「全中国人」のものなので、
「台湾同胞」も（中国が台湾を統一するという）「神聖職責」を負う、
とされている（いずれも「序言」）。

25 2018年改正前はこの条文すらなく、憲法上「党」の統治根拠は「序
言」における歴史記述ないし政治宣言的内容しかなかった。これは、
「党」の統治は歴史的・政治的な正しさに由来するのであり、憲法上の
規定によるものではないことの証左、とも言える。

26 以下論ずる党の文書はいずれも党中央によるもの。なお New York
Times が暴露した Xinjiang Papers は、機微事項が非公開・内部文書
（かつ低レベル）で処理されることを示しており、公開された文書の実
効性やその価値の軽重は不明確である。

27 主に各地の末端政府などで行われるもので、日常生活や職業活動な
どに関する詳細な加点項目と減点項目のリストによりスコアを出し、
優遇措置や不利益処分など賞罰が行われる。

28 これは「公民」の場合であり、党員に対しては党の政策や理想信念
に重点が置かれる。

29 「各級党委」は「愛国主義教育」と「公民道徳建設」のいずれにつ
いても「領導責任」を負う（「愛国主義教育実施綱要」六、32及び「道
徳建設実施綱要」七）。

30 2017年改正後の「総綱」最終段第2文。

31 「絶対領導」は「党政法工作条例」(2019年）1条、「絶対忠誠」は
「党組織工作条例」(2021年）41条2段などに規定される。

32 但しその規定の仕方は「国家」が「尊重」し「保障」する、という
ものであるが。

33　習近平の「新時代」開始前後に、「憲政」そして「新公民」を掲げる運動は徹底的に弾圧され、リーダー的人物は長期の投獄か、または獄死している。

34　誘拐され売買された女性が8人もの子を産まされ、逃亡しないよう鉄枷につながれていた事件。発覚は北京冬季五輪の最中であったが五輪を遥かに超える注目を集め、当局は情報封鎖に奔走したが人々の追及は止まず、結局事件が明るみに出ている。

35　温家宝首相（当時）は退任直前の記者会見（2012年3月12日）で、「文化大革命」の過ちが払拭できていないとして、その再来の恐れを警告している。

パート　2　　法学のアプローチとしての史学・哲学

1 日本法史（前近代）
◆ 日本近世における法観念

　日本における法の歴史の大きな特色は、古代と近代に外国法を継受して法と国制の改革を行ったことにある。本節では、西洋近代法の継受の前提をなした、近世における法を取り上げたい。

　日本史において近世とは、織豊政権と江戸幕府の統治が展開した安土桃山時代から江戸時代までを指す。織田信長が室町幕府将軍足利義昭を奉じて上洛して、統一事業への道を歩み始めた永禄11年（1568）から、豊臣秀吉による全国統一を経て江戸幕府が成立した後、幕府が滅亡して明治維新が開始される慶応3年（1867）までの約300年間の時期である。全国統治を行う権力（統一権力）としての武家政権の存在を要素として見出す時代区分の考えに基づくものである。

　統一権力の形成は、法—本節では、物理的・心理的強制を伴う、秩序維持や紛争解決の規範・制度と定義づける—の変容も伴うものであった。近世には、中世以来の諸領主・諸社会集団の自治と自律性が一定程度保持されながらも、統一権力たる幕藩権力への権力集中が進行する。中世には自律的な権力（領主）の存在を背景として、権利の実現や刑罰（復讐）において自力救済行為が正当性を帯びていたのに対し、近世には自力救済行為は原則として否定され、その代償として各種裁判機構の整備が進められた。自力救済の否定と裁判制度の整備というプロセスは世界史上諸地域で確認される動向ではあるが、近世の法と裁判は、西洋に生まれ、明治維新後に日本に継受された近代法とは大きく異質なものであった。

□　近世法の特徴

　では、日本近世の法はいかなる特徴を有するのであろうか。江戸時代を中心に考えていきたい。日本と西洋双方の法の歴史に通じた法制史の研究者である石井紫郎氏によると、西洋近世の絶対王政において、「法」（Recht）は本来裁判所で適用される慣習法を意味しており、王権の制定法は「法律」（Gesetz）として区別された。これに対して、日本近世の法はもっぱら行政、警察関係の事柄に限定され、領主権力の制定法令が優越し、慣習法は権力に都合のよい形で利用されたという[1]。権力の分立もなされていないなか、法は国家が社会を実効的に管理するための諸規則としての性格を持ち、法の実現たる裁判は権力の行政の一環として行われたものであった[2]。

　人間の対等・平等に基づく水平的な法関係を規律する近代法に対して、日本近世は身分制社会であり、法と倫理は密接な関係にあった。主従や親子をはじめ人間関係上の倫理・道徳があり、身分・地位による刑罰の相違があった。人がどの領主の支配下にあるかという点も重要であり、法は領域的支配よりも「対人的規制」（身分・地位による相違）を志向した[3]と言われる所以である。

　法を制定・運用する主体も重層的に存在した。公儀と称された幕藩領主の法（武家法）として、幕府法や藩法があった。幕府は全国的政権としての法（諸身分の支配、諸藩の統制）と一大名権力（直轄地支配、常備軍）としての法を制定し、藩は「自分仕置令」（元禄10年〈1697〉）によって幕府法に反しない限りでの立法を認められていた。民衆法として、村・町が定めた村法・町法などがあり、村法では倹約など生活全般の事項をはじめ、入会や強窃盗の取締など、町法では町の構成員・組織に関わる事項や儀礼（相続・婚礼など）などがそれぞれ定められた。石井氏は、法の内容的な多元性を有した西洋との比較の観点から、社会的諸集団の規範相互間に決定

的な相違、緊張・対立関係はみられず、幕府法を頂点に統合された法秩序である点にも日本近世法の特質を見出している[4]。

本節では、以上のように近現代法と大きく異なる性質をもつ近世法について、人々が法に対して有していた観念を取り上げて検討したい[5]。1980年代頃から基礎法学の諸分野では、西洋法を相対化し、各地域の法文化（legal culture）・法伝統（legal tradition）が問題とされるようになり、国家法に加え、民衆の現実の生活において機能する法（慣習法やフォークローなど）も含めた「多元的法体制」の解明が志向される[6]。

以下ではこれらの議論もふまえながら、文字によって書き表された成文法に限らず、不文法も取り上げて、近世の人々が法に対して抱いていた観念や思想について述べ、その特質を考える。当時において「法」と称された対象や、「法」と関係する概念を素材として検討する。「法」と「理」の観念、慣習の諸形式と法の観念、政治思想における法に分けて述べる。なお、前近代の史料は原則として読み下し文によって表記する。

□　法の内容

日本前近代の法観念を考える上で、「法」と密接に関係づけられていた観念である「理（道理）」との対比は重要な視点となり、中世と近世の法の性質の差異を明確に示すものとして注目されてきた。

鎌倉幕府が貞永元年（1232）に制定した「御成敗式目」においては、制定を主導した北条泰時が立法趣旨を記した書状に「この式目をつくられ候事は、なにを本説として注し載せらるるの由、人さだめて謗難を加ふる事に候か。ま事にさせる本文にすがりたる事候はねども、ただ道理のおすところを記され候ものなり」と述べてお

134　　1　日本法史（前近代）

り、制定法たる式目は「道理」を根拠とし、これに劣位することが述べられている。「道理」とは、正義・公平や当時の社会通念を意味した語である[7]。

統一権力の形成を背景として、江戸幕府による慶長20年（1615）や寛永6年（1629）の「武家諸法度」には「法はこれ礼節の本なり。法を以て理を破り、理を以て法を破らず」との文言がある。権力の「法」が「理」に優位することが述べられている[8]。近世に集権的な体制が構築されたことで、「理」を超える「法」の観念を示すことに意義が見出されていたのである。

以後の「武家諸法度」に上記の文言は記載されなくなるが、この観念は「非理法権天」との法諺としてさまざまな文献のなかに見られる[9]。早い事例として、斎藤徳元『尤草紙』（寛永9年刊行。『日本随筆大成2期6巻』〈吉川弘文館〉）に「ひ（非）はもとより理におさる。理は法度におさるる。法度も時のけん（権）におさる。けんは天道におさるる」とある。伊勢流故実の家に生まれ、幕府御小姓組番士を務めた伊勢貞丈の『貞丈家訓』（宝暦13年〈1763〉成立）には「非は理に勝つ事ならず、理は法に勝つ事ならず、法は権に勝つ事ならず、権は天に勝つ事ならぬなり」とある（石井紫郎校注『近世武家思想』〈岩波書店〉）。非、理、法、権（権力）、天という価値の序列が示される。道徳や生活規範、「家」の安定を説く同書は刊行されて民間に広まった。

寛政年間（1789〜1801）頃に成立したと推測される、徳川家康の執筆に仮託された偽書である『徳川成憲百箇条』（前掲『近世武家思想』）は「理」を破る「法」というこの法諺に加え、「聖人衆理を極め、大法を立つ」と記す。町人層に広く普及した、石田梅岩による石門心学でも「法は聖人より立て本天より出る所なり」（「石田先生語録」巻15〈柴田實編『石田梅岩全集［改訂再版］』清文堂〉）

とされ、「法」の遵守が説かれた。

このように多様なテキストにおいて権力の制定法としての「法」・「法度」の優位が強調された[10]。なお、権力の上に据えられた「天」とは「天道」を指すが、権力を相対化する革命思想という本来の性格は除かれ、天候など自然現象に矮小化されて観念されている。

ところが、近世中期以降には、再び「法」に対する「道理」の判断の優位を示す表現がみられる。新井白石の執政期に当たる正徳2年（1712）9月5日の「評定所の面々へ仰せ渡せられ候御書付」（『御触書』「御条目之部」、高柳眞三・石井良助編『御触書寛保集成』〈岩波書店〉15号）には、「評定所幷びに諸奉行において沙汰の次第、専らその証状を拠として道理のある所をは推尋す」べしと記され、幕府の評定所・諸奉行所の裁判役人に対し、証拠や「道理」に基づく判断を「本旨」とするように訓示している。なお、御書付とは、将軍や老中など上からの命令を伝えた公文書である。

氏長なる人物が法や実務の慣行・心得を記した法律書である『律令要略』（寛保元年〈1741〉成立。石井良助編『近世法制史料叢書2』〈創文社〉）には、後述する「公事出入」（出入筋）について、「一つ、大法を以て決断すといへとも、道理によつて大法も用ひ難き事あり」や「一つ、証拠なきの事は道理を以て推すか、その事実を考へ候かの二つなり」とあり、「道理」によって「大法」を叙用できない場合もあることや道理による判断の意義が述べられている。

「道理」に基づく判断が要請された背景には、判決の不統一や役人の綱紀の弛緩、貨幣経済の浸透などによって新たな問題が発生するなか[11]、「古法」による対処が困難な状況があった。伝統的権威を背景に統治を行う権力として必ずしも「新法」の制定によらず、「道理」による判断が重視されたのである。一見、中世的な「道理」

136   1　日本法史（前近代）

の復活とも捉えられるが、判断主体は裁判役人で、その裁量を意味する。

　他方、「理」の観念は百姓によっても強調された。百姓は幕藩領主の制禁を破り、「少しの申分にも理強に心得へ、大勢寄せ集まり申」す（青木虹二編『編年百姓一揆史料集成 3 巻』〈三一書房〉132頁）とあるように、百姓一揆などで「理」は領主への訴訟や集団行動の正当性を示す標語でもあった[12]。人々にとって正義や公平を意味した「理」は近世にも権力の「法」との緊張関係を持ち続けていく。

　次いで、法源の拡大という論点をみたい。裁判での判断の根拠となる法のことを法源（source of law, Rechtsquelle：法の淵源をなす形式・内容）と呼ぶ。近世には、中世と比べて、法源の拡大が中田薫氏によって指摘されている[13]。すなわち、中世には制定法と民間慣習を指した「法」の語の内容に裁判例が加わるという。

　この変化には近世の裁判制度の運用が関係する[14]。まず刑事司法であるが、刑事裁判に相当するものが吟味筋と呼ばれた。刑事司法は江戸町奉行所の牢帳に基づく『御仕置裁許帳』等の裁判例が集積されたが、「公事方御定書」の制定によって転換を迎える。御定書は明律・清律等中国法の影響を受け、将軍徳川吉宗の主導のもと編纂された。寛保 2 年（1742）に成立し、追加を経て、宝暦 4 年（1754）に上巻 81 条・下巻 103 条からなる法文が確定した。形式的には制定法だが、実質は判例法・法曹法であった（過去の「類例」を提示）。しかし、御定書は体系的な法典ではなく、以後も刑事判例集である『御仕置例類集』の編纂と参照をはじめ判例（裁判例）に基づく運用が特色をなす。法概念の拡大はこのような司法の運用の変化が関係する。

　次いで、民事裁判に相当するのが出入筋である。特に出入筋で問

題とされた民間慣習は民間生活上の規範であり、中世と同様に、「法」(「大法」) と称された (「古来よりの法」・「世間の大法」・「仕来」などとも)。自力救済を禁じ、幕藩領主の裁判において多様な民間慣習が認定されることになる。出入筋は、訴えの内容によって手続が区別され、私権は一般的に保護されたわけではない。すなわち、本公事と金公事の区別があり、前者は質地、小作滞、作徳など無利息または物的担保 (質、書入等) を伴う金銭債権の給付訴訟や、地境論、婚姻などの土地や身分に関連する確認・形成訴訟的なものなどを指し、金公事 (金銀出入) は借金銀や売掛金など無担保・利子付の金銭債権の給付訴訟を意味し、相対済令の適用により訴状が受理されないことなど法的保護の弱い手続であった。これらの請求に合致するか否かが訴状受理の段階で目安札と呼ばれる手続によって判断された。内済 (和解) が裁判の各段階で奨励されたため、実体的な判断の基準となる規範の定立はなされず、法曹法・判例法も発達しなかった。

□ 慣習の諸形式と法

　体系的な制定法が存在しないなか、近世法は各種の慣行のもとに運用されていた。

　先述したように、吟味筋における判例にせよ、出入筋における民間慣習にせよ、繰り返された行為としての慣習に法的効力を認めるものである。このような意味での慣習法として行政先例法も重要であった。

　裁判などで疑義が生じた際に各藩から幕府に問い合わせ (伺) がなされ、これに対する回答 (指令) が記録された問答書 (集) が作成され、裁判役人の実務で参照された。代官所などにおける農政での実務の手引書・マニュアルである地方書も数多く作成され、勘定

所・代官所の役人や名主などに利用された。高崎藩郡奉行の大石久敬の著した『地方凡例録』（寛政6年〈1794〉）をはじめ、田中丘隅『民間省要』（享保6年〈1721〉）、泰路（氏名未詳）『地方落穂集』（宝暦13年〈1763〉）などがあり、農政の手引のほかに、先述した「御書付」などの裁判役人の心得に関する法規や刑罰法規なども収録されている。

　山野・用水・境をめぐって多くの村落間出入が生じ、裁許に一定の規準も存在した。『律令要略』は「山野海川入会」の表題のもと、「磯猟は地付根付次第なり、沖は入会」などと記す。つまり、村の地付根付という漁場の帰属の基準（地先水面）や、磯猟場と沖猟場の用益方法の相違が記述されるが、裁許では、慣習（「先規」・「仕来」・「古例」）も法源とされ、地付漁場が地元村に帰属しない場合もあった。先述した役人による「道理」の裁量もなされた。慣習は個々の裁判を通じて「法」化されたことになる。

　また、体系的な私法が存在しないなか、人々は定式化された形式に則って各種の契約を行った。契約（金子借用、田畑質入など）や身分行為（家督の決定、離縁など）において、後日の証拠として（履行の請求、裁判所への提訴）、あるいは当事者間で権利の実体を構成する必要から証文の作成が重視された。証文の形式的要件としては、たとえば、質入証文は質地を特定するための情報（所在地・位反別）や名主の加印を要し、これらを満たさない場合は「不埒証文」（「公事方御定書」32条）と呼んで効力に差が設けられた。そのため各種契約証文の書式を記した書式文例集・用文章の需要が生まれ、刊行されて広く流通した。人々が一定の書式を踏襲し、裁判実務上の保護を受けるなかで、法律行為が定式化された[15]。

　江戸時代には法の整理・保管が進み、公撰の法令集として、触を集積した『御触書』（寛保・宝暦・天明・天保）や『撰要類集』（江

戸町奉行の編纂)、私撰の法令集として、『御当家令条』・『憲法部類』、問答集として、『寺町勘秘聞集』・『三秘集』・『服忌令撰註』、判例集として、『御仕置裁許帳』・『御仕置例類集』・『裁許留』、法律書として、『庁政談』・『律令要略』・『聞 訟 秘鑑』などがあった。

　以上のような権力の実務慣行としての慣習に対し、民間慣習は民間生活上の規範である。民衆法は領主権力の規制を強く受けながらも、相対的に独立して従来の慣習を保持し、身分内・地域内で解決できない場合に幕藩領主に提訴がなされた。

　民間慣習をみると、中世と同様の慣習も見られるが、社会の変容に伴って近世的な内容を含むようになる。たとえば、公示制度が十分ではない状況において、炭を地中に埋める埋炭が、証拠や裁判での結果を受けて村落や山の境界を示すものとして用いられてきたが、近世にも事例が確認できる（万治 3 年〈1660〉2 月日山境改証文〈「福武正能文書」『猪名川町史 4 巻』74 号〉など）。『地方凡例録』には「境の地に炭を埋めて後来の証とすること」は、淳和天皇が国土を画定する際に用いたことに由来するとあり、民間で行われた埋炭が国家の措置に淵源することが説かれている。先述した地先水面の漁業慣習も中世以来のものである[16]。

　近世に抑止されるものとして、共同体主義的な責任に関する慣習がある。中世以来、主に殺人事件において、紛争を解決するために加害者側の集団から被害者側の集団に差し出される人のことを下手人（解死人、下死人）と呼んだ[17]。下手人は加害者側に属している人物であれば誰でも問題なく、集団間で被害を同等にすること（タリオ刑）で解決としたのである（下手人の殺害は行わないという慣行も形成されるが、逸脱行為もみられた）。下手人の語は死刑の刑名として近世に存続し、百姓や町人などで対等な身分間の殺人罪に適用された。中世的な自律的権力が解体され、共同体的な責任より

も、個人に対する刑罰が原則化する（縁坐などは存続）。中世には共同体間の復讐による「外部的刑罰」として紛争解決が行われ、近世には統合的な秩序が形成されたことで共同体の構成員に対して刑罰として科される「内部的刑罰」が実施されたと言える。

　中世における共同体間の紛争解決法としては、債務不履行の場合、債務者の属する集団・地域に属する人に対して債権を執行する慣習である国質・郷質も存在したが、豊臣政権以降禁止されていく。

　近世に消滅する慣習として寄船慣行もある。16世紀頃に、海運業者の海事慣習法が成文化された「廻船式目」の１条は、寄船・流船（漂流船）は在所の寺社の造営に充て、船に水手がいた場合、船の帰属はその者に委ねると規定する。戦国大名今川氏の分国法「今川仮名目録」26条にも船の所有者が自身の所有物である旨を訴えない場合には寺社に寄進するよう規定されている。しかし、近世には船の所有者の保護が意図され、難破船は浦奉行の監督のもと詳細を記した浦証文が作成され、船の所有者への返還が意図された[18]。法定期限が過ぎても荷主がわからない場合は、寺社への寄進ではなく、拾い主に下げ渡された。

　他に近世の民間慣習としては、文学作品の記述などから民衆の意識が知られ、たとえば、子（相続人）が姉と弟ならば弟が家督を継ぐ事を「世の中の大法」（「雲州松江の鱸」〈『徳川文芸類聚１』国書刊行会〉）と記し、近世中期以降各身分で一般的慣行として確立する長男子単独相続制を「大法」と呼ぶ。同じく家族法上の慣習として、所務分６歩４歩（遺産を分割相続する場合、兄が６分、弟が４分）や離婚の場合の男女子の帰属などがあった[19]。

　しかし、民間慣習と法の関係には注意を要する。フランスでは1454年にシャルル７世の王令で慣習法の成文化が命じられ、『パリ

慣習法』（1510 年、改正 1580 年）が標準的慣習法となる。私人間の権利義務関係を規定し、裁判上保護されるという意味での慣習法が形成されたことが西洋法の特徴と言える[20]。しかし、日本近世において民間慣習が体系化され、裁判で客観的な規準とされたわけではない。民衆の慣習法は裁判・行政上の慣行を通じて認識され、"官の慣行" としての性質も帯びていた点に特徴がある。

□　政治思想と法

　伝統的古法を基礎にした、政治権力の命令としての法の観念や、古法や各種の慣習・慣行に依拠した法務について述べたが、政策に基づく制定法の観念も見出せる。近世中期以降、鉱山収入の減少と米価低落に伴う幕藩権力の財政悪化や武士の窮乏化、富の大商人への集中などの状況にあって、為政者に政策提言を行い、書物を通じて民衆にも共有された儒学者の法思想について、荻生徂徠（寛文6 年〈1666〉～享保 13 年〈1728〉）の学問とその展開をみたい[21]。

　徂徠学の前提をなす近世初期の朱子学者の議論では、為政者の「徳」の実現（徳治）と、五倫五常の道徳を内容とする「理」の実践によって、自然的秩序としての「天道」と人の一体化が果たされ、国家・社会は安定すると説かれた。五倫は君臣・父子・夫婦・兄弟・朋友の倫理、五常は仁義礼智信の徳目をそれぞれを指す。

　これに対し荻生徂徠は固定的な規範の墨守を批判する。徂徠は館林藩の医者の子で、古文辞学を提唱して大きな思想的影響力をもった人物である。『政談』などで、追放刑の廃止や城下町に集中する武士の土着化などの政策を提言した。また、律学への関心が高まるなか、明律を日本語で解説した『明律国字解』も著した。

　徂徠は人為による治国安民のための制度（「礼楽刑政」）を「聖人の道」として論じた。「道」とは傑出した為政者である「聖人」に

142　　1　日本法史（前近代）

よる"実定法"であり、「自然」と「制度」は区別され、為政者による主体的な「作為」の必要が提示される。

　「聖人の道」は儒教古典の解釈を通して明らかになるとされ、これに基づく政治・経済上の諸政策（「経世済民」）が提唱される。ただし、貴穀賤商的観点から、身分に応じた差別の設定や武士の土着化など封建社会の維持を目的としたもので、反都市化・反市場経済の立場をとる。政策判断の基準の1つとなる「理」について『弁名』では「理を究むといふものは聖人の事」と述べており、「理」を判断する資格は聖人たりうる為政者に限定される[22]。

　徂徠の弟子の太宰春台（延宝8年〈1680〉～延享4年〈1747〉）は、「法令とは、国の法度号令なり。法度とは、万事に定法を立置くなり」として、命令と禁止を法の構成要素とし、「信」に基づく立法の重要性などを説く（『経済録』）。定立された法の堅守を述べる一方、幕藩権力の財政の基本原則であった支出抑制・緊縮策（「量入為出」）ではなく、藩専売による興利政策を説いた。従来の「理」の概念に加え、「理は物理の理なり」（同前）と述べたように、自然法則としての「理」の認識や、法についての簡法厳刑の主張などは同じく徂徠学の系譜にある海保青陵（宝暦5年〈1755〉～文化14年〈1817〉）に受け継がれる。

　青陵は徂徠が論じた"実定法"の観念や経世論を最も先鋭に主張した論者と言える[23]。青陵は宮津藩の江戸家老角田家の出自で、徂徠学派に入門した。同藩主青山家に仕えた後、江戸・京・大坂をはじめ諸国を巡り、著述を行った。「産物マワシ」と称する、藩専売制と特産物の生産・販売を促進する政策を提言し、加賀藩滞在時には、輸出入を禁じる同藩の「古法」の墨守ではなく、米の輸出や塩の生産などの実施を提唱した（『経済話』）。

　儒教古典や「古法」の墨守を批判し、「無理なる法ありては法は

立ぬなり。法立ねば国治らぬなり」（『稽古談』）という。「法は破れ
ぬ様に立ねば、法の甲斐なし。破れぬ故に法なり」・「法と云ものは
情を養ふものにて、情を諷ゆるものに非ず。情を養ふ法は行はるる
なり」（『経済話』）と述べるように、「理（天理）」に由来する時勢
および「人情」に応じた「法」の制定の必要を説いた。「法とは式
目捉と云ことなり。その国その家の旦那と云とも曲ることならず」
（『萬屋談』）とも記し、そのような法は身分を問わず遵守されるべ
きものとされた。

　青陵は徂徠と比べて「理」を普遍的原理として積極的に意義づけ
る。「物を売て物を買は、世界の理なり」（『稽古談』）と述べ、「ウ
リカイ（売買）」を市場経済上の関係に主従関係も含めた社会関係
の原理とした。貴穀賤金思想は排撃され、富国と「興利」（収入増
加）を課題とする政策が主張される。

　「理」を認識して対応する能力が「智」とされ、これを身に付け
た為政者による統治を妥当とし、為政者に加えて人民も「理」の認
識が可能とした。「凡そ人は皆同格なり。上の人も人なり。下の人
も人なり。人が人を自由にせんとする事は元来六ヶしき事なり」
（『老子国字解』）とも述べるなど近世の儒教的価値体系を崩壊させ、
近代的な人間観を有した思想家であったが、古代中国の法家思想の
影響のもと、「法」は簡法厳刑を理想とし、統治の手段（「術」）と
の観念が顕著である。

　近世後期には朱子学者も徂徠学の影響を強く受ける。たとえば、
広島藩儒を経て文化10年以降三次郡などの代官や三次町奉行を務
めた頼 杏坪（宝暦6年〜天保5年〈1834〉）[24] は、「法則は治民の
ために御座候ところ、却て法則に拘り下方の不便利御座候ては立法
の趣意もこれなき義やと存じ奉り候」（「春草堂秘録」所収「売米之
事」〈『広島県史 近世資料編6』〉）と述べ、為政者の仁愛に立脚し

た政治や、民衆の負担の軽減、藩専売廃止など時勢に応じた「法」の制定と緊縮財政の提言を行った。

□　法観念の近代的転換

　幕末以降、西洋近代法の継受の過程で、「非理法権天」の価値序列は変化を余儀なくされる。権力を拘束する法という西洋の法思想（法の支配）に対し、「権」は「法」に優位し、「法」は権力の命令との観念は大きく相違するためである。

　また、Recht（独）、droit（仏）、diritto（伊）のように法と権利が同一の語によって表現される西洋に対し、日本近世には権利に正確に相当する語は存在しなかった。ヘボン著『和英語林集成』（1867年）に「RIGHT n. Dōri; michi; ri; gi; zen; suji; hadz; beki」とあるように類似の概念の1つとして「理（道理）」が意識されたが、新たに「法」とは区別される翻訳語として「権利」の語が創出される（「権理」の訳語も用いられた）。しかし、「権力」と「権利」（自然権）の概念の混合など伝統的語彙による影響も見出される[25]。箕作麟祥が明治3年（1870）の太政官制度局での民法編纂の際に droit civil を「民権」と訳出した時、「民に権があると云ふのは何の事だ」という議論が起きた逸話はよく知られている[26]。

　冒頭で述べたように、西洋においては裁判所で適用される慣習法が法の本来的な形態と認識されていた。これに対し日本近世においても、国家と社会とを対比した場合、国家法に還元されない、民間慣習をはじめとした社会（民間・世間）における法の認識も認められる。しかし、それらは体系化され、裁判の客観的な規準とされることはなく、制定法や裁判・行政上の諸慣行としての慣習法を含めた国家法が優位する法秩序が築かれていた。

　明治維新後、条約改正のために近代法を備えた国家の建設が急務

パート2　法学のアプローチとしての史学・哲学　　145

となるなか、近代的な裁判制度の整備が求められ、明治 8 年 4 月に大審院（たいしんいん）が設置された。裁判の際の法源を定めた同年 6 月 8 日太政官布告 103 号（「裁判事務心得」）には「民事ノ裁判ニ成文ノ法律ナキモノハ習慣ニ依リ習慣ナキモノハ条理ヲ推考シテ裁判スヘシ」（3 条）とあり、裁判規範として、「成文ノ法律」、「習慣」、「条理」の序列を定めている[27]。

　しかし、「習慣」はただちに民衆にとっての慣習法として観念されたわけではない。同年に地方裁判所から「習慣」の内容について「人民相互間ニ行ハルヽ習慣」ではなく、「政府ト人民トノ間ニ行ハルヽ習慣」と解釈してよいかという「伺」がなされた際、司法省は「習慣」とは官の慣行であり、民間慣習ではないと指令している（「其地方庁及ヒ裁判所ニ於テ施行シ来ル処ノ習慣ト可心得事」・「習慣トハ、民間ニ於テ習慣俗ヲ為シタル習俗ニハ無之事」）。"官の慣行"としての慣習法の概念の存続が知られる。

　西洋近代法の継受は伝統的な法観念や語彙をも媒介に行われたものであり、その影響を考えることは依然重要な課題である。

■　読書案内

　江戸時代の法については、平松義郎『江戸の罪と罰』（平凡社、2010 年［初版 1987 年］）に収録された、「近世法」が近世法の概説論文として名高い。著者は近世刑事法の専門家であり、本書には江戸時代の裁判や刑罰に関する豊富な叙述がある。江戸時代の法と密接に関係する政治については、各社（講談社・小学館など）から刊行されている『日本の歴史』のシリーズの近世部分を参照されたい。水林彪『封建制の再編と日本的社会の確立』（山川出版社、1987 年）は江戸時代の通史を扱った本であり、西洋法との比較をふまえた全体像の提示という観点からも重要な文献である。江戸時

代における政治思想を扱った本は多数あるが、渡辺浩『日本政治思想史　十七〜十九世紀』（東京大学出版会、2010年）などを参照されたい。阿部謹也『「世間」とは何か』（講談社、1995年）は西洋史専攻の著者が、「個人個人を結ぶ関係の環」であり、何となく自分の位置がそこにあるものとして生きている「世間」を、西洋の個人を単位とした「社会」との対比から論じた日本社会論である。

【松園　潤一朗】

注

1　石井紫郎「近世の法と国制」（同『日本国制史研究Ⅱ　日本人の国家生活』東京大学出版会、1986年、初出1972年）236〜241頁。

2　水林彪「近世の法と裁判」（木村尚三郎ほか編『中世史講座4巻　中世の法と権力』学生社、1985年）150〜159頁。

3　平松義郎「近世法」（同『江戸の罪と罰』平凡社、2010年［初版1988年］、初出1976年）17頁。

4　前掲註（1）石井論文240頁。

5　六本佳平『法社会学』（有斐閣、1986年）の第5章「法意識」等を参照。同書では、現実の法に対する法意識（法知識・法意見・法態度）と、観念像としての法意識（法観念）を区別している。

6　千葉正士『世界の法思想入門』（講談社、2007年［原形初版1986年］）など参照。

7　拙稿「日本中世の法と裁判——「道理」の観念をめぐって」（水林彪ほか編『法と国制の比較史——西欧・東アジア・日本』日本評論社、2018年）。

8　水林彪「近世の法と国制研究序説——紀州を素材として（1）」（『国家学会雑誌』90巻1・2号、1977年）。同「近世的秩序と規範意識」（相良亨ほか編『講座日本思想3　秩序』東京大学出版会、1983年）、同「日本における法観念の歴史」（『山形大学法政論叢』41・42合併号、

パート2　法学のアプローチとしての史学・哲学　147

2008年）も参照。

9　瀧川政次郎『非理法権天——法諺の研究』（青蛙房、1964年）参照。

10　禁制・禁止の意味をはじめ「法度」の多様な語義について、藤井譲
治「「法度」の支配」（同編『日本の近世3　支配のしくみ』中央公論社、
1991年）参照。

11　政治改革と法の関係について、藤田覚『近世の三大改革』（山川出
版社、2002年）参照。

12　難波信雄「百姓一揆の法意識」（青木美智男ほか編『一揆4巻　生
活・文化・思想』東京大学出版会、1981年）。

13　中田薫「古法雑観」（同『法制史論集4巻　補遺』岩波書店、1964年、
初出1952年）。

14　裁判制度の概観として、神保文夫「幕藩法 裁判制度」（浅古弘ほか
編『日本法制史』青林書院、2010年）。研究書として、小早川欣吾『増
補　近世民事訴訟制度の研究』（名著普及会、1988年［初版1957年］）、
平松義郎『近世刑事訴訟法の研究』（創文社、1960年）、大平祐一『近
世日本の訴訟と法』（創文社、2013年）、神保文夫『近世法実務の研究
上・下』（汲古書院、2021年）など参照。

15　服藤弘司『幕藩体制国家の法と権力Ⅳ　刑事法と民事法』（創文社、
1983年）。

16　辻信一『漁業法制史——漁業の持続可能性を求めて　上巻』（信山
社、2021年）。明治時代に漁業慣行調査がなされ、この慣習は明治34
年（1901）の漁業法（明治漁業法、法律34号）に法律として定められ
た。

17　牧英正「下手人という仕置の成立」（『法制史学の諸問題——布施弥
平治博士古稀記念論文』日本大学法学会、1971年）。

18　金指正三『近世海難救助制度の研究』（吉川弘文館、1968年）。

19　中田薫『徳川時代の文学に見えたる私法』（岩波書店、1984年［原
形初出1914年］）、「法制史漫筆　大法」（同『法制史論集3巻下　債権
法及雑著』岩波書店、1943年）。

20　西欧における慣習法の概観として、ゲアハルト・ディルヒャー（海

老原明夫訳）「慣習法の理論──旧ヨーロッパから近代へ」（海老原明夫編『法の近代とポストモダン』東京大学出版会、1993年）。

21　日本近世の政治思想史について、以下、丸山眞男『新装版　日本政治思想史研究』（東京大学出版会、1983年［初版1952年］）、小島康敬『増補版　徂徠学と反徂徠』（ぺりかん社、1994年）、渡辺浩『日本政治思想史　十七～十九世紀』（東京大学出版会、2010年）など参照。

22　相良亨「日本人の道理観」（同『相良亨著作集5　日本人論』ぺりかん社、1992年、初出1983年）526頁。

23　海保青陵について、蔵並省自『海保青陵経済思想の研究』（雄山閣、1990年）参照。以下、著作の引用は同編『海保青陵全集』（八千代出版）による。

24　頼杏坪について、頼祺一『近世後期朱子学派の研究』（渓水社、1986年）、同「近世後期の政治思想」（宮地正人ほか編『政治社会思想史』山川出版社、2010年）参照。兄春水も朱子学者で、『日本外史』を著した頼山陽（春水の子）の叔父である。

25　柳父章『翻訳語成立事情』（岩波書店、1982年）。

26　大槻文彦『箕作麟祥君傳』（丸善、1907年）102頁。

27　村上一博「裁判基準としての「習慣」と民事慣例類集」（『同志社法学』49巻5号、1998年）。法源を定めた法律は、法例（明治31年法律10号）、法の適用に関する通則法（平成18年法律78号）に引き継がれている。

2 日本法史（近代）
◆ 民事訴訟法の成立と展開

日本における近代諸法典は、刑法・刑事訴訟法（治罪法）、憲法、民事訴訟法・民法・商法、の順に成立し、施行された。

最新の概説書である伊藤孝夫『日本近代法史講義』は、時期区分について、まず①「近代法の形成」（万延元年〈1860〉～明治13年〈1880〉）として、明治国家機構の形成、司法制度の創出、旧刑法・治罪法の制定などを挙げる。以後、②「近代法の確立」（明治13年～明治33年）として、明治憲法の制定、民事訴訟法の制定、民法典と商法典の編纂など、③「近代法の再編」（明治33年～昭和25年〈1950〉）として、刑法と刑事訴訟法の改正、民事訴訟法の改正、社会法領域の登場、立憲制の崩壊、戦時下・占領下の法、日本国憲法の制定など、を挙げ、昭和25年以降を「現代法の展開」としている[1]。

西洋における法の固有性の1つは私人間の権利義務関係を規律する私法の存在にあるが、前節において述べたように前近代日本においては体系的な私法や法学は存在しなかった。そのため民法や民訴法の編纂が最も時間を要することになったのである。

□ 西洋における民事訴訟法

実体法と手続法の分離も前近代日本には成立していない。川島武宜氏は「民法典は裁判の実質的内容たる権利関係を規定するものであり、民事裁判の手続を規定する司法的手続法たる訴訟法に対し、司法的実体法である。ヨーロッパ大陸法における司法的実体法と司法的手続法との徹底した分化は、実質的意義における民法が論理的

には国家（裁判所）に先行しており裁判所はそれに拘束されている、という、近代の市民法と裁判制度との性格に由来している」と述べている[2]。前近代日本において自然権の観念が存在しないことと民事の実体法の不在は関係を有する。

　民訴法の制度目的について三ヶ月章氏は、①私人の権利保護のための制度（個人主義、当事者主義）と、②国家の私法秩序を維持するための制度（裁判における公益的契機の強調、職権主義化）を挙げ、19世紀には①が中心であったものが、以後、②が主な目的に変化するとしている[3]。

　西洋における民事訴訟法典[4]の成立も、私権の体系たる民法の諸原理と対応する形で理論・実務において洗練されてきたものである。手続の源流として、ローマ・カノン法（教会法）とゲルマン法の2つ系統の存在が指摘されている。前者では、書面審理、法定証拠主義、同時提出主義、後者は、法の発見としての裁判、口頭主義、といった相違があった。

　近代民事訴訟法典の嚆矢は、フランス民事訴訟法典（1806年）である。同法典は、ルイ14世の時代（1667年）の民事訴訟王令における手続法を基礎とするが、手続原則として、当事者進行主義、口頭主義、公開主義、自由心証主義、弁論主義、直接主義、処分権主義をはじめ近代民訴法の基本原理を体現したものである。但し、ローマ法のアクチオ（actio: 私法上の請求権と訴訟法上の訴権の一元性）体系からの脱却は完全ではなく、民法（1804年）の財産取得編に書証、証人尋問、推定、自白、宣誓に関する訴訟法的規定が含まれる形式をとった。

　ドイツにおいては、普通法上、ローマ・カノン法の継受により書面主義、非公開、法定証拠主義、弁論主義、同時提出主義が取られていた。しかし、ドイツ帝国民事訴訟法典（1877年）では、法典

としての評価が高くはなかったフランス民事訴訟法典が欠点の是正もなされながら継受され、口頭主義、公開主義、自由心証主義の原則が強化された。一方で、実体法を権利体系の形式にする、すなわちアクチオの実体法上の請求権への切り替えがなされ、実体法と手続法の分離が徹底された。

　弁論主義は訴訟法上、裁判の基礎となる事実と証拠（訴訟資料）の収集を当事者の権能・責任に属させる原則を指し、権利の担い手としての私人（法曹を含め）の意識・知識の成熟を基盤とする。ところが、オーストリア民事訴訟法典（1895年）では、近代民訴法の原則の見直しが行われ、職権進行主義、裁判官の指揮権の強化、当事者主義や口頭主義の制限、準備手続の導入が盛り込まれ、先述した三ヶ月氏の指摘する制度目的の変化がみられる。

　近代日本の民訴法は上記の西洋における諸法典の影響を受けながら成立し、推移した。以下、本節では、社会との関係にも注意しながら法典編纂の過程を諸研究に基づいて概観したい。民訴法（判決手続）の諸原則のうち、書面主義と口頭主義、弁論主義を中心に取り上げる。法典成立以前、テヒョー草案、明治民事訴訟法、大正改正法、の順に概略を述べ、“法と社会”をめぐる問題を考えたい。

□　法典成立以前──民事訴訟の形成

　前節で述べたように、近世において民事裁判手続は出入筋と呼ばれていた。手続の特色として、目安糺があり、訴状の受理の段階において裁判役人によって手続を進行すべきか否かが判断された。当事者の身分や物支配との関係性に基づく債権の保護が行われた。当事者同士で権利の実質・条件を決めた証文に基づいて裁判が進行されたため、書面審理の原則が顕著と言える。

　目安糺の手続は明治維新後も実務上引き継がれ、東京裁判所で行

われていた手続を条文化したものとされる明治5年（1872）8月3日の司法職務定制（太政官無号達）で成文化された。目安糺では職権探知主義のもと、訴状の記載事項、証拠、管轄などを審査して受理・不受理が決定され、公判の前に訴状却下となる場合も多かった[5]。

近世以来、証文の書式については書式文例集や用文章が流通していた[6]が、明治6年7月17日の訴答文例（太政官布告247号）では訴答（訴状・答書）の書式や用紙を公式に定めている。50条（1巻「原告人ノ訴状」、2巻「被告人ノ答書」）からなり、訴状と答書の文例、代書人・代言人等の規定がある。「訴状ノ書式ノ事」としては「貸付米金等淹滞ノ訴状」（7条）、「夫婦離別ノ訴状」（15条）、「経界ヲ争フノ訴状」（19条）等が記載されている。訴状には書証の全文の写載が求められ、書証の証拠能力の有無や訴状副本の提出などについて訴答文例の規定する書式・要件を満たしているか否かを目安糺によって審査した（受理しない場合は「訴状下げ」）。書面中心主義が貫徹しており、口頭弁論は当事者や証人に補充的に供述を求めるものにすぎなかった[7]。

その後、目安糺は神戸裁判所長松岡康毅の建議を契機に、明治10年4月5日司法省達丁29号で制度上廃止されるが、実質的には存続し、法典編纂の過程でも訴状の審査および訴状却下の規定として、テヒョー草案（212条）、明治民訴法（192条）、大正改正法（228条）、現行137条に及んでいると言われる[8]。

明治民訴法の成立以前には、判断の規準となる実体法が十分に存在しないなか、裁判外紛争解決手続である勧解が広く用いられていた。明治8年から、明治民訴法が施行される明治24年に廃止されるまで実施され、フランス法の勧解（conciliation）の制度を継受したものであった[9]。

急速に増加した訴訟を迅速に処理するため、旧来の下級の裁判所での和解手続（済口・熟議解訟）を維持する形で明治8年8月にまず東京府下の区裁判所で導入され（当時の東京裁判所長松岡康毅の働きかけが推測されている）、同年12月から全国で実施された。明治14年12月28日太政官布告83号の第1条に「治安裁判所ハ訴訟事件ヲ勧解ス」とあり、勧解前置とみえる運用となった。勧解略則（明治17年6月24日司法省達丁23号）では「勧解掛」は判事補2名が任命されるという。明治17年以降、全国的に勧解前置とみえる運用になっていき、翌年以降は裁判の終局形式が「熟議解訟」から「判決」中心に変化していった。

　フランス法を継受しながら、勧解は江戸時代以来の紛争解決方法を引き継ぎ、紛争処理法として機能していた。但し近世において特に出入筋で広く用いられた内済と必ずしも連続する制度ではないとされる。内済は紛争当事者の自主的な解決を行うものであるが、勧解は裁判官が裁判所で紛争当事者を和解させる制度であるためであり、法律に拘泥せずに当事者を和解に導くという機能的な側面では類似性があると言われる。近世以来の手続や観念が存続し、弁論主義を支える国民の訴訟意識の未成熟な段階であったと言える。

　上記のような勧解は「前近代性そのものの表現」であり、訴訟において当事者が権利を主張するのではなく、単に「お裁き」を乞うに過ぎないとの訴訟意識に裏づけられるという評価がなされた[10]一方で、近年の研究では「実情」に即した紛争解決の場としての勧解の性質が注目されている。

　勧解は明治民訴法の施行とともに廃止されるが、それまで主に勧解が扱っていた金銭関係事件は、裁判外手続として、原告の有する債務名義に基づき簡易な手続によって被告に支払命令を行う督促手続に継承される。

□ テヒョー草案の作成

　上述のように江戸時代以来の実務が部分的に維持されながら民事訴訟が形成されるが、近代法継受の指標として不可欠な民訴法の制定の必要も認識され、ドイツ人のヘルマン・テヒョーに委嘱がなされる[11]。テヒョーはプロイセンの郡裁判所の判事・検事を歴任し、行政官僚となっていた人物で、明治15年（1882）に憲法調査でドイツを訪れていた伊藤博文の要望を受け、ドイツより日本政府顧問に推薦された。実務家としての経験が重視され、宮内卿の伊藤によって宮中内に設置された制度取調局に属し、フランス法ではなく、ドイツ法を基礎にした民訴法の審議・起草が進められたと言われる。

　明治17年に司法省は現行の手続について各裁判所に回答を求め、翌年それに基づいて訴訟規則取調委員の南部甕男（司法大書記官・民法局長）らを中心に「現行民事訴訟手続」が作成された。テヒョーは最初に起草した草案を明治18年2月には完成していたが、「現行民事訴訟手続」を参照した上で8月に司法卿山田顕義に草案を提出した。これが制度取調局の訴訟規則会議で審議され、明治19年6月に「訴訟法草案」が提出されている。

　「訴訟法草案」（8編874条）はドイツ帝国民事訴訟法を範に、「現行民事訴訟手続」も基礎にし、「日本固有」の伝統にも適していると述べる。

　草案の特徴は、①弁護士強制であり、本人訴訟を認め、代言人でない者も訴訟代理人となることを認める（86条）、②口頭主義の採用（133条）、③準備書面の記載事項の制限（137条）、④職権送達主義（163条）、⑤ドイツ法の規定に基づき、起訴前の任意の和解申立を認め（438〜445条）、勧解前置を廃止したこと、などが指摘される。

133 条には「判決ヲ為ス裁判所ニ於テスル原被告ノ審理ハ口頭ナリトス但此法律ニ於テ口頭審理ヲ用ヒサルコトヲ定メタル場合ハ此限ニ在ラス」とある。②・③では口頭主義が明確に採用されているが、書面主義の実務慣行もふまえて、第 7 編「特別訴訟手続」の第 1 章に「書面審理」の項を設け、フランス法に倣い、書面審理を行った後に口頭審理を開くことができるようにした（549 条）。

□　民事訴訟法（明治民事訴訟法）の制定

テヒョーによる草案提出の直後、条約改正交渉に際し法律取調委員会が設置され（明治 19 年 8 月）、民法・商法・裁判所構成法とともに審議された。

テヒョー草案に対しては多くの批判が提起され、大幅な修正がなされた。批判を背景に外国委員アルベルト・モッセがドイツ法を全面的に採用した民事訴訟法の新たな草案を起草したが、明治 21 年 3 月頃に中止されている。以後法律取調委員会で民事訴訟法の審議がなされた。

テヒョー草案への批判としては、先述したように旧来の制度を近代化された形で採用したことにあり、「是ヲ以テてっひょー氏ノ草案ハ主義ノ貫徹セサルモノナリトノ攻撃独逸学派中ニ起」きたという（今村信行『民事訴訟法手続』〈非売品、明治 26 年〉）。法典としての一貫性を追求するために、明治民訴法はドイツ帝国民事訴訟法により接近したものと言われる[12]。

民事訴訟法草案は元老院・枢密院での審議（字句の修正など）の後、明治 23 年 4 月 21 日に公布され（法律 29 号）、翌年 1 月 1 日に施行されることとなった。公布まで時間を要したのは民法・商法と同時に設定されたためであり、民法（旧民法）の財産編・財産取得編第 1 部・債権担保編・証拠編が明治 23 年 4 月 21 日に（法律 28

号）、人事編・財産取得編第２部が同年 10 月 7 日に（法律 98 号）それぞれ公布された。

　明治民事訴訟法（旧々民事訴訟法）は 8 編（1 編＝「総則」、2 編＝「第一審ノ訴訟手続」、3 編＝「上訴」、4 編＝「再審」、5 編＝「証書訴訟及ビ為替訴訟」、6 編＝「強制執行」、7 編＝「公示催告手続」、8 編＝「仲裁手続」）805 条からなり、その特徴は、以下のような点にあるとされる。①当事者進行主義、弁護士強制の欠缺、②口頭主義（103 条）、③準備書面の記載事項の制限（106 条）、④訴状送達の職権主義（136 条 1 項）、送達時点での訴訟係属（195 条 1 項）、⑤合意による期日の変更（169 条）・期間の伸縮（170 条）、⑥裁判上の自白や法律上の推定（→旧民法証拠編）、損害評価に関する規定の欠如、⑦仲裁手続や公示催告手続の包含、などである。

　②について 103 条は「判決裁判所ニ於ケル訴訟ニ付テノ当事者ノ弁論ハ口頭ナリトス但此法律ニ於テ口頭弁論ヲ経スシテ裁判ヲ為スコトヲ定メタルトキハ此限ニ在ラス」と規定し、③について 106 条に「準備書面ニ於テ提出ス可キ事実ハ簡明ニ之ヲ記載ス可シ　此他事実上ノ関係ノ説明並ニ法律上ノ討論ハ書面ニ之ヲ掲クルコトヲ得ス」とある。従来の書面主義の慣行を改めて準備書面を制限しており、口頭主義の徹底が図られている。

　⑤について 169 条には「期日ノ変更、弁論ノ延期、弁論続行ノ期日ノ指定ハ申立ニ因リ又ハ職権ヲ以テ之ヲ為スコトヲ得但申立ニ因レル期日ノ変更ハ合意ノ場合ヲ除ク外顕著ナル理由アルトキニ限リ之ヲ許ス」とある。

　自由な証拠評価の原則について民法・民訴法に反しない限りとの規定（217 条）もあるが、旧民法はフランス民法に倣って証拠編を規定する形をとっていた。しかし、民訴法と同時に公布された旧民法は民法典論争を経て施行が延期された。そのため、明治 31 年の

民法施行まで必要な民法規定が存在しない状態が続くことになる。

　法典制定まで民事訴訟法に関する書物は皆無に近く、近代民訴の原理をなす「弁論主義」の概念は民訴法制定後に登場することになった。103条が「口頭弁論主義」と理解される場合もあり（弁論主義と口頭主義を一体的に把握）、処分権主義の概念とも当初未分離であった。体系書である高木豊三『民事訴訟法論綱』も口頭弁論主義を直接審理主義として理解していた[13]。民訴法について実務家が実務家や当事者向けに「実務向け文献」を執筆し、多数の書物が刊行され、流通していた[14]。民訴法の手続が次第に社会に定着していくことになる。

　明治民訴法では旧慣のほとんどが排除され、ドイツ式の民訴法が制定された。公布から1年に満たない短期間での施行などは実務に従事する者にとって困惑するもので、実務を支える人的基盤や当事者の法知識も不十分であった。よって明治民訴法も多くの批判を招くことになった。

□　大正改正法の成立

　明治民訴法については口頭主義・当事者主義の徹底や手続の煩瑣による訴訟遅延が問題とされていく。口頭主義の規定は施行数年後には空文化し、準備書面の記載事項の制限は実際上適用されなくなり、当事者から提出される書面は内容を問わず受理する方針になった。口頭主義の徹底に基づいて法廷での弁論が重視されたことで、訴訟準備が不十分となる状態も生じた[15]。これらは「訴訟遅延と書面審理主義への逆行」とも評価される[16]。

　合意による期日の変更（169条）等を認めていたことも訴訟遅延に影響したとされる。さらに、明治民法に証拠法が定められなくなったため、民法と民訴法の調整が課題となった。そこでイギリス法

やフランス法も参考にして日本独自の民訴法の制定が目指された。訴訟手続を円滑に進め、審理の公正を図ることが主眼であった。

改正案の作成の過程を概観する[17]と、明治28年（1895）12月に司法省によって民事訴訟法調査委員（委員長＝三好退蔵）が選任され、修正案の作成が開始されている。明治32年3月に民商法と同じく法典調査会で民訴法の改正が審議されることになり、明治36年4月に同会は廃止されるが、人事訴訟手続を含む10編1004条の改正案（旧法典調査会案）が公表され、各地の裁判所・検事局、弁護士会に意見が求められた。その際、改正案では間接送達主義がとられたことに対し、職権送達主義に復することを求める意見などが寄せられている（「民事訴訟法及附属法令修正意見類聚」）。

その後、明治44年5月から大正8年（1919）7月まで法律取調委員会で改正作業が進められた後に民事訴訟法改正調査委員会（委員長＝河村譲三郎、起草委員＝仁井田益太郎ら）が設置される。訴訟遅延の防止を目的に合意による期日の変更に関する条文の廃止などがなされている。大正14年10月に「民事訴訟法改正案」が確定された。民事訴訟法調査委員の設置から実に30年間が経過している。

翌年2月の第51回帝国議会（貴族院）に「民事訴訟法中改正法律案」（5編）が提出され、審議がなされた。政府委員の池田寅二郎は「民事訴訟法ト云フモノ、社会ノ信用ト云フモノヲ十分ニ維持シテ行クコトハ誠ニ難儀デアル」と説明しており[18]、「社会の信用」を得られない明治民訴法の改正の必要性が示される。「社会」の語は、本節冒頭で述べた、社会法が展開する時期に、「社会問題」・「社会政策」などの用語とともに広く用いられるようになる語である[19]が、大正時代には国家法を相対化して、「社会」における法を問題にする議論（社会法学）が立法や解釈学において提起されてい

た[20]。この法の「社会化」の要請は勧解と類似の制度である各種の調停法（大正11年の借地借家調停法など）の成立としても実現される。

同じ議会で国務大臣江木翼（えぎたすく）は次のように改正の理由を説明した。「改正案ノ目的ト致シマスル所ハ、多年ノ経験ニ鑑ミマシテ、現行法ノ弊ト致ス所ヲ改メ、畢竟訴訟ノ延滞ヲ防ギ、其円滑ナル進捗ヲ図リ、且ツ訴訟ノ準備ヲ周到ニシテ、以テ審理ノ適正ヲ期セムトスルモノデゴザリマス」という。また、磯部尚委員が「口頭弁論主義」から「書面審理主義」、「当事者主義」から「職権主義」にそれぞれ変更する趣旨を質問したのに対し、江木は「独逸ノ母法ヲバ其儘真似テ拵ヘタ、此主義ニ依リマスト、口頭弁論主義ト云フモノヲ極端マデ維持シタノデアリマス」と明治民訴法を特徴づけ、合意延期の場合であっても口頭弁論の実施が熟していれば弁論を続行させるためなどに「職権主義」を採用し、総じて「訴訟ヲ迅速ナラシメ、簡捷ナラシムル、一ツノ進歩デアラウ」との考えが示されている。審理の適正化や訴訟遅延の防止が改正の理由とされている[21]。

法案は両院での可決を経て、大正15年4月24日に公布された（法律61号）。大正改正法（大正民事訴訟法、旧民事訴訟法）の成立である。昭和4年（1929）10月1日から施行された。先述のように訴訟遅延防止のための職権主義の拡大、すなわち弁論主義の修正としての釈明権の強化や職権証拠調の導入などがなされ、フランツ・クラインによって、「社会」の要請に基づいて、職権主義を強化するとの方針で編纂されたオーストリア民事訴訟法に準拠するものであった。「世界に例のない規定」と評された職権証拠調は前近代的な手続への回帰と評価されることもある[22]。

しかし、職権主義の強化は司法当局の意向のみではなく、民事訴訟の利用者にとって、争点整理・事実認定のために裁判官による口

頭審理を通じての積極的な関与が期待されていたことが明らかにされた[23]。よって、法改正の評価には「社会」における法や訴訟に対する意識を問題にする必要があろう。

大正改正法における主な改正点は次の通りである。①職権による移送など職権進行主義の採用、②裁判長の釈明権（128条）、③地方裁判所の管轄事件について準備手続の原則化（242条）、④職権証拠調の許容（261条）、⑤不適法な訴えまたは上訴の、口頭弁論を経ない却下（383・401条）、⑥当事者の合意による口頭弁論期日の変更（明治民訴法169・170条）の廃止、⑦欠席判決、証書訴訟・為替訴訟の制度の廃止、⑧時機に後れた攻撃防御方法を職権で却下できる規定（139条）、などである。

簡易手続として督促手続（第5編）が証書訴訟・人事訴訟手続などとともに、講学上、「特別訴訟手続」（テヒョー草案では口頭審理に先行する書面審理と為替手形・約束手形の訴訟〈第七編〉、明治民訴法では証書訴訟や為替訴訟）とされた。督促手続（明治民訴法382条以下）は一定の金額の支払などについて、簡易な手続によって執行名義を得させ、迅速に強制執行を行う手続である（板倉松太郎『新訂　民事訴訟法綱要』巌松堂書店、1927年）。

特に注目されているのは職権証拠調の規定である。261条には「裁判所ハ当事者ノ申出テタル証拠ニ依リテ心証ヲ得ルコト能ハサルトキ其ノ他必要アリト認ムルトキハ職権ヲ以テ証拠調ヲ為スコトヲ得」とある。弁論主義については「民事訴訟ハ私権保護ノ手続ナルカ故ニ弁論主義ヲ採リ当事者ノ陳述ノ趣旨ニ従ヒテ裁判ヲ為スヘキモノトスルヲ至当ナリト謂フヘシ」（仁井田益太郎『民事訴訟法要論　上巻』〈有斐閣書房、1907年〉184頁）といった記述が体系書などにみられるが、改正法では弁論主義と異なる立法がなされた。但し、職権証拠調は「補充的」なものと当時から評価されてい

る[24]。

　釈明権は不行使を理由に原判決を破棄する判例が形成された。しかし、大正改正法も数年で機能不全になり、裁判の運用に必要な設備・職員なども備わっていなかったと言われる。民事訴訟の十全な展開はまだ実現されなかったのである。

□　戦後の法改正へ

　以上、本節では民訴法の歴史的な展開を概観した。日本が近代法を継受した19世紀後半は、近代法の段階を超え、その修正を含む現代法的な原理が形成される時期であり、日本近代法はその影響も受けて成立した[25]。また、法継受において前近代法的な要素も重要な契機をなし、日本の近代法は、日本の前近代法的要素と現代法的な要素を包むものであった。

　本節で略述したように日本近代における民事訴訟法の制定・改正は複雑な経緯を辿り、特にフランス法・ドイツ法・オーストリア法を継受する形で推移した。訴訟法の理論や知識が社会的に浸透していないなか、法継受の際には前近代法的な観念・制度（内済、書面審理、職権主義）の影響を受けた。しかし、成立した民訴法は実務家や利用者の意識と乖離したものであった。民法・民訴法をはじめ民事法が歴史的な所与として存在しないなか、弁論主義や口頭主義といった民事訴訟の原理が浸透するには時間を要し、民衆の意識と行動にも大きく依存して機能した。民訴法は社会の要請に密接に関係して展開したものと言えよう。

　戦後、日本国憲法の制定に際して、昭和23年（1948）に再度の改正民事訴訟法が成立した（法律149号）。職権証拠調は廃止され（当事者尋問や証拠保全など個別条文に引き継がれる）、交互尋問制度の導入や裁判官が代わった場合における証人の再尋問などの改正

がなされた。以後も訴訟の充実・促進や、口頭弁論の活性化の実現といった目的のもと、平成 8 年（1996）には適正・迅速かつ実効的な司法救済という視点に基づいて新民事訴訟法が成立し（法律 109号）、争点・証拠に関する整理手続の整備、証拠収集手続の充実などが行われた。

　民事訴訟の制度改革は現在的な課題であり続けている。西洋の法制度が継受されながらも、同様に機能しない背景として日本人の意識や文化も問題にされた。日本と西洋の法の歴史の検討はその課題においても重要な作業と考えられる。

■　読書案内

　日本近代法史の概説書として、川口由彦『日本近代法制史［第 2版］』（新世社、2014 年）や伊藤孝夫『日本近代法史講義』（有斐閣、2023 年）がある。民事訴訟法の編纂や運用の歴史については、註に引用した精緻な諸研究を参照されたい。戦前における体系書や教科書などは国立国会図書館の「次世代デジタルライブラリー」・「デジタルコレクション」などにおいて Web 公開されており、手軽に参照できるようになっている。一般向けの文献として、川嶋四郎『日本史のなかの裁判──日本人と司法の歩み』（法律文化社、2022年［原書 2010 年］）は民事訴訟法学者が、日本の古代から戦後までの歴史上のエピソードやトピックを用いながら、日本の現在の司法や裁判制度を説いた書物である。

　現代（戦後以降）における人々の法に対する意識や行動については法社会学の分野から多くの研究がなされている。そのなかで、訴訟を忌避する“訴訟嫌い”の法意識があることが論じられてきた。古典的な文献として、川島武宜『日本人の法意識』（岩波書店、1960 年）があり、日本人固有の「法意識」の存在が論じられた。

パート2　法学のアプローチとして史学・哲学　　163

しかし、訴訟提起に不便である制度の問題であるとの反論も提起され、議論が続いてきた。ダニエル・H・フット（溜箭将之訳）『裁判と社会——司法の「常識」再考』（NTT 出版、2006 年）ではこの点や日本の裁判の特徴全般についても言及がある。

【松園　潤一朗】

注

1　伊藤孝夫『日本近代法史講叢』（有斐閣、2023 年）。

2　川島武宜『民法総則』（有斐閣、1965 年）15 頁。民事の実体法と訴訟法の分離についての基本文献として、兼子一『実体法と訴訟法——民事訴訟の基礎理論』（有斐閣、1957 年）。

3　三ヶ月章『民事訴訟法［第 3 版］』（弘文堂、1992 年）8 〜 10 頁。

4　以下の記述について、アルトゥール・エンゲルマン（小野木常・中野貞一郎編訳）『民事訴訟法概史』（信山社、2007 年）、林屋礼二『西欧における民事裁判の発達と展開——西欧大陸民事訴訟史概観』（有斐閣、2021 年）、中村英郎『民事訴訟論集 1 巻　民事訴訟におけるローマ法理とゲルマン法理』（成文堂、1977 年）、鈴木正裕『近代民事訴訟法史・ドイツ』（信山社、2011 年）、同『近代民事訴訟法史・オーストリア』（信山社、2016 年）等参照。弁論主義の概観として、水野浩二「民事訴訟法と法制史——弁論主義の諸相」（『熊本法学』158 号、2023 年）参照。

5　後年の回想による記述であるが、「判事補は一々訴状を点検し、少しでも式に違ふものあらば容赦なく却下したもので、十中六七は受付けず、却下の多いのを判事補の技倆とした」とされる（『明治初期の裁判を語る』日本法理研究会、1942 年、35 頁）。

6　八鍬友広「往来物と書式文例集——「文書社会」のためのツール」（若尾政希編『本の文化史 3　書籍文化とその基底』平凡社、2015 年）等。

164　2　日本法史（近代）

7　瀧川叡一「訴答文例小考」（同『日本裁判制度史論考』信山社、1991 年、初出 1969 年）51 頁。但し、明治 10 年代初めにはフランス法の影響のもと口頭主義の手続がとられていたとも言われる（林屋礼二『明治期民事裁判の近代化』〈東北大学出版会、2006 年〉40 ～ 41、449 頁）。

8　鈴木正裕『近代民事訴訟法史・日本』（有斐閣、2004 年）18 ～ 23、33 頁。前掲註（7）瀧川論文は実体的審理のみ禁止されたとする（61 頁）。

9　林真貴子『近代日本における勧解・調停――紛争解決手続の歴史と機能』（大阪大学出版会、2022 年）。以下、勧解については本書の記述による。

10　染野義信「わが国民事訴訟法の近代化の過程」（同『近代的転換における裁判制度』勁草書房、1988 年、初出 1967 年）199 頁。

11　以下、兼子一「民事訴訟法の制定――テッヒョー草案を中心として」（同『民事法研究 2 巻』酒井書店、1954 年、初出 1942 年）、「日本民事訴訟法に対する仏蘭西法の影響」（同前）、石井良助『明治文化史 2 巻　法制編』（洋々社、1954 年)416 ～ 425 頁、前掲註（10）染野論文、前掲註（8）鈴木著書、松本博之『民事訴訟法の立法史と解釈学』（信山社、2015 年）参照。主に鈴木・松本著書の記述による。関連資料は、松本博之・徳田和幸編『日本立法資料全集　民事訴訟法〔明治編〕1 ～ 3　テヒョー草案Ⅰ～Ⅲ』（信山社）に収録。

12　前掲註（10）染野論文 234 頁。以下、明治民事訴訟法について、前掲註（11）の諸文献、水野浩二『葛藤する法廷――ハイカラ民事訴訟と近代日本』（有斐閣、2022 年）参照。関連資料は、松本博之・徳田和幸編『日本立法資料全集　民事訴訟法〔明治 23 年〕(1) ～ (5)』（信山社）に収録。

13　本間義信「弁論主義理論の展開過程――旧法時代」（『阪大法学』39 巻 3・4 号、1990 年）、笠井正俊「弁論主義の意義」（福永有利ほか編『民事訴訟法の史的展開』有斐閣、2002 年）。民事訴訟法学者については、鈴木正裕「民事訴訟法の学説史」（『ジュリスト』971 号、1991 年）、同

『近代民事訴訟法史・日本2』（有斐閣、2006年）など参照。

14　水野浩二「明治民訴法と「実務向け文献」」（前掲註（12）著書、初出2019年）。前掲註（6）八鍬論文が指摘するような前近代日本の「実務向け文献」との関係も注目されよう。

15　弁護士の回想として、「事件が如何に進行するか何時終結するかと謂ふことに付ては裁判所も当事者も全く見当がつかぬ有様」（原嘉道「民事訴訟法雑感」〈『法曹会雑誌』8巻12号、1930年〉）と述べられている。

16　前掲註（10）染野論文238頁。

17　以下、大正改正法について、染野義信「わが国民事訴訟制度における転回点——大正一五年改正の経過と本質」（前掲註（10）著書、初出1969年）、前掲註（8）鈴木著書、松村和徳「「手続集中」理念と大正民事訴訟法改正」（同『手続集中論』成文堂、2019年、初出2014年）、前掲註（11）松本著書、前掲註（12）水野著書、等参照。関係資料は、松本博之ほか編『日本立法資料全集　民事訴訟法〔大正改正編〕（1）〜（5）』（信山社）に収録。

18　「第五一帝国議会審議録」（前掲註（17）『大正改正編（4）』所収）大正15年（1926）2月19日。同日に「社会ノ必要」とも述べている。「帝国議会会議録検索システム（https://teikokugikai-i.ndl.go.jp/）」（国立国会図書館）参照。

19　成田龍一『大正デモクラシー』（岩波書店、2007年）などを参照。

20　磯村哲『社会法学の展開と構造』（日本評論社、1975年）は「法を主として社会の所産・機能として把握し、したがって法と社会の関係（法の歴史的社会的被制約性）の認識を法学の不可欠の理論的前提とする法学的立場」と定義づける（62頁）。同書で取り上げられた美濃部達吉や末弘厳太郎のほか、刑法学など当時の法学の諸文献に論者それぞれの観点から立法や解釈の指針として「社会」の語が用いられる。

21　以上、「第五一帝国議会審議録」（前掲註（17）『大正改正編（4）』所収）。大正15年2月15日、3月13日。

22　園尾隆司『民事訴訟・執行・破産の近現代史』（弘文堂，2009年）

166   2 日本法史（近代）

286頁。

23　前掲註（12）水野著書。

24　前掲註（13）笠井論文393頁。

25　日本近代の民商法に関して、水林彪「日本「近代法」における民事
　　と商事」（石井三記ほか編『近代法の再定位』創文社、2001年）参照。

3 西洋法史（ローマ）
◆ 現代法の統一的基盤

　「ローマ法」は、それ自体が多義的な用語である。古代ローマに
おいて用いられた法一般を指すものとして利用されることもあれ
ば、その中での限定を受けて、ローマの伝統的な価値観を反映した
法、あるいはローマ法学者たちの議論を特に指すものとして、ある
いは中世にまで存続したローマ帝国の法をもそれに組み入れて用い
られることもある。また、古代ローマにおいて用いられた法として
以外にも、その成果を用いた中世以降の法学とその成果を指して、
逆に「地域固有法でないもの」、「教会法でないもの」を総じてロー
マ法と称することも、歴史的用法からすれば決して不当ではない。
　しかし本節では差し当たり、それらのなかで最も一般的な用法と
思われる、古代ローマにおいて用いられた法一般を対象とした。な
ぜなら現代の法学にとってローマ法を学ぶ意義は、この意味でのロー
マ法が、中世以降に受容された成果が近代法の基盤を構築するに
至ったからである。数多くの現行法に共通の基礎のひとつであるロー
マ法の学習は、現代の法学部生にも他で得られない知見を提供し
てくれる。
　そもそもローマ法は、それが現行法として通用していた古代ロー
マにおいて、身分や財産の保証、私的な契約、訴訟の進行から公的
義務の履行に至るまでの広範な領域でその規定が適用されていた、
非常に広範な内容を具備した法であった。ローマの市民にとって、
ローマ法を理解することは市民としての生活と切り離せない重要事
であった。

その一方でローマ法は社会や政体の変化に応じて変化してゆく、同時代人にとってさえ複雑なものであった。しかしローマ法学の重要性は、その検討対象となる規範それ自体にあるのではない。いかに先進的な要素を備えたものであったとはいえ、古代の社会を前提としたローマ法を現代においてそのまま用いることは不可能である。むしろローマ法は、その歴史の中で数多くの法学者がその構築に携わり、またそもそも法体系には維持と運用に携わる法学者が不可避的に必要になると示したことに、その特徴を持つのである。

上記の点を念頭に置きつつ、以降では古代ローマにおいて用いられた法一般の歴史と各法制度の特徴について見てゆくこととする。

□　王政時代（紀元前 8-6 世紀）

前8世紀中頃に王国として建国された当初のローマは、実際には農業を基盤とする村落の集まりにすぎず、周辺諸国との戦争が眼前の課題であった。この時期のローマにとって、法とはこの小集団を統率し秩序を与えることを第一の目的とするものであった。そのため、王は戦争時の指揮権や立法・裁判権にわたる広範な命令権（Imperium）を有しており、国家反逆や殺人といった重大な犯罪に関しては自ら裁く権限を持っていた。

この当時の法は主として婚姻や親権、葬儀といった村落・家族集団内での秩序に関連する慣習・習俗（Mos／Mores）に係るものであり、その実務においては神祇官によって執り行われる宗教儀礼や鳥卜の様な占い、神判や宣誓といった儀式が介在する、一種神法（Fas）的なものであった。例として、神聖掛金式対物法律訴訟（Legis actio sacramento in rem）は、係争物に権利を主張する当事者たちが互いに自らの権利の正当性を神に宣誓するかたちで主張し、供託金を供出することで行われた。この故にローマの2代目の

王ヌマは、ローマにおける宗教儀礼の整備者としてのみならず法制者としても伝えられている。

　法実務に宗教儀礼が深く関与していたという事情から、ある事例について慣習法の適用が問題となった場合、神官を兼ねるとされた王、そして神祇官を輩出する一部の貴族の解釈が大きな影響力を持った。そのため、王や神官とそれを輩出する一部の貴族層に法的知識は独占されており、平民たちにとって「なにが法であるか」についての知識は伺い知れぬところにあった。

□　共和政時代（紀元前 6-1 世紀）と十二表法

　その後、伝承では最後の王タルクィニウス・スペルブスが追放されたことにより、前 5 世紀末頃にローマでは王政が廃止され共和制に移行した。

　その際に起こった国制上の変化としては、以前は王が保持していた権力である包括的命令権、すなわち戦争時の指揮権や立法・裁判権といった権限は政務官たち、特に 1 年ごとに民会での選挙で決定される 2 人の執政官（Consul）の間で分有されることとなった。また民会では執政官のみならず、司法を担い執政官に次ぐ命令権を持った法務官（Praetor）や、財政管理を担う財務官（Quaestor）といった政務官も選出された。

　こうした政務官を選出する民会は、共和政ローマにおいては複数存在していた。主要な決定や、名誉ある公職に関する高官の年次選挙は、軍団の百人隊（Centuria）を輩出する 193 の投票単位を母体とした、ケントゥリア民会で行われた。一方、より重要度の低い法律や決定、また下級の公職者はローマの 35 の「行政区（Tribus）」に応じて構成されたトリブス民会で決議され、また選出された。

　また、かつて王に助言を行う以上の権限を持っていなかった貴族

たちの諮問会議は共和政ローマにおいては元老院となり、政策について議論法律案を作成したが、その法律案もまた、民会の議決によって可決されなければならなかったのである。

後世にマキアヴェッリによって君主政・寡頭政・民主政の要素を併せ持つ政体と評された共和制ローマの政体であるが、民会においてはその投票単位の過半数を貴族や富裕な平民層が占めており、実質的には彼らによる寡頭制的支配が行われていた。裕福な市民は、議会での投票の配分方法を操作し、元老院を支配することで自らの利益を図ることができた。

共和政におけるローマ法は、十二表法という古代法の明文化をその出発点とする。前451年、貴族たちによる法知識の独占と、それに基づく権力乱用に反発したローマの平民たちは反乱を起こしてローマを去り、自分たちを保護する成文法を制定しない限り軍事力を提供しないと告げた（聖山事件）。

この事態を受けて元老院は譲歩を余儀なくされ、平民たちの権利を擁護する公職として新たに護民官（Tribunus plebis）を設置するのみならず、アテネのソロンの立法に倣い、ローマ初の成文法である「十二表法」を前450年に制定した。これにより、不文であった伝統的な法律（Jus）は、成文法（Lex）として初めて市民に公開される形となったのである。十二表法の本文は現存しないものの、後の文献から公法や宗教法など多岐にわたる規定が含まれていたことが明らかになっている。

十二表法は、以降何世紀にもわたってローマ法の基礎となった。市民権、債権債務関係、婚姻、相続などの広範な法分野を扱うこの法は、当然ながら完璧にはほど遠いものであり、たとえば法律訴訟（Legis actio）や握取行為（Mancipatio）においてみられるような王政時の儀式的な法に由来する厳格な形式を要求する規定も依然と

してみられたが、慣習や習俗を法の基礎として置くローマ人はこのような法に付け足したり改めたりするよりも、むしろ法の解釈によって法律の指示内容を具体化したり、以降の変化に対応できるよう拡張することを好んだ。

　こうした法の解釈に従事したのは、当初は神官であったが、やがて経験を積んだ元老院の貴族たちが法学者として、その役割を果たすことになった。彼らは自らの庇護民に対する義務や選挙での得票のために、進んで自らの法的知識を人々に提供し、具体的な問題に対して助言や解答を与えた。

□　政務官による法創造（名誉法）

　共和政下において、政務官は自らの管轄する事柄に関しては、王に由来する命令権に基づいて決定を下す権限を与えられていた。例えば法務官は、民事・刑事裁判手続一般を主宰・監督する権限を与えられ、またその過程で係争物の保護が必要である等の特別な事情があると判断されれば、行政命令である特示命令（Interdictum）を発することができた。こうした政務官の権限によって開拓された法領域は、政務官法ないし（公職者が無給の名誉職であったことから）名誉法と呼ばれていた。政務官たちは、訴訟に際して1人または複数の市民を審判人として選任し、この審判人に事実調査や訴訟指揮、判決の一切を委ねた。

　しかし前3世紀のポエニ戦争を期に、彼らの役割は新たな展開を迎えることになる。すなわち、ローマの支配は西地中海世界全体に拡大し、ローマ人と非市民権者が日常的に交流するようになったことによって、彼らは市民権者に対してしか適用できない市民法では対応しきれない紛争に直面することになった。従来は非市民権者が比較的少なかったため、彼らも市民であるとの擬制を用いて非市民

権者に対応していたローマ人であったが、今後も同様の対応を続けていてはローマ市民権の特権性を損なうことになり、またそもそもイタリア半島の一地方慣習に根差したローマ市民法は国際的な交流や取引に十分に対応しきれるものではなかったのである。

こうして前242年に、新たに外人係法務官（Praetor peregrinus）が、一方または両方の当事者が外国人の事例を専門に扱うために導入され、以後法務官は市民係と外人係に区別された。

そして外人係法務官は、訴訟において方式書（Formula）を新たに導入することで事態の解決を図った。これは特定の訴訟類型については両当事者がこれを受諾することで争点決定と同様の効力が生じ、法務官は審判人に、方式書に従い判決するよう命令するだけで済むというものである。それに伴い民事訴訟は方式書を作成するための法廷手続（In iure）と実際の訴訟を行う審判人手続（Apud iudicem）の2段階に分けられた。また、非ローマ市民権者間の裁判に際して外人係法務官は、信義（Fides）や衡平（Aequalis）といったローマの伝統的な徳である祖先の慣習（Mos majorum）に基づき、形成された商取引上の慣行や両者の衡兵を基盤とした訴訟指揮を行った。

こうしてローマ市民権者以外に対しても適用可能な万民法（Ius gentium）が形成された。万民法は市民法の問題点であった厳格な形式主義を回避することができ、また商取引の実情に合わせた柔軟な適用が可能であったため、紀元前150年頃にはアエブティウス法によってローマ市民同士の法的紛争にも適用できるようになった。

万民法による訴訟事例が蓄積されてゆくにつれ、「在任中にいかなる方式書を承認するか」の表明は、新任法務官の所信表明として機能するようになった。これを法務官告示（Edictum）と呼ぶ。

法務官告示の中で前任者を踏襲して承認することが繰り返された

方式書は、次第にその方式書に基づく訴訟類型を訴権（Actio）として認めることで確立されるようになった。このようにして、万民法とそれに基づく訴訟は、従来の市民法では及ばなかった領域にまで法的保護を拡張していくこととなったのである。

□　元首政時代（紀元前 1- 紀元 3 世紀）

「内乱の 1 世紀」と呼ばれる、マリウス・スッラ・カエサルといった軍事力を備えた個人に権力の集中した期間を経て、オクタウィアヌスがローマ内戦の最終的な勝者となると、かれは元老院から「元老院の第一人者」として「尊厳者（アウグストゥス）」の尊称を受け、実質的な皇帝として統治を担うことになった。

実質的な、という付言がつくのは、アウグストゥスは共和政的な国家制度は維持しながらもそれらを有名無実化し、「元老院の第一人者」を意味する元首（Princeps）たる自身に実質的な政治権力を集約したためである。そして元首政と呼ばれるこの体制下では、国家指導者自身も法制度に積極的な役割を果たすようになった。

皇帝（元首）は政務官と同様に告示（Edictum）を発することができ、また元首政期から導入された特別審理手続において判決を下すことができた。これらの権限に由来して、次第に皇帝の意向は勅法として法律同様の効力を持つものとみなされるようになった。

また肥大化した司法行政に対処すべく、アウグストゥスは数名の法学者に解答権（Ius respondendi）を与え、彼らを法律顧問（Ius consultus）として訴訟に対応させた。この法学者たちによる解答は、当初は拘束力を持つものではなかったものの、解答の説得力と法学者自身の名声によって審判人に影響を与えた。こうした法律顧問は、当初は皇帝との個人的な関係によって任用されていたものの、後には有為な人材が登用され、皇帝の顧問会の一員に任命され

ることで公的な行政機関に組み込まれるようになり、解答も公的な効力を持つものとみなされるようになった。

　この時期には法学上の論争から、法学者たちの間での学派対立も生じた。著名な学派としては、カピトーによって創始されたサビヌス学派と、ラベオーによって創始されたプロクルス学派が挙げられる。一般に伝統的な慣習法や解釈を重視したサビヌス学派に対し、プロクルス学派は理論的一貫性を重視し、より柔軟な解決策を模索する傾向にあった。いずれの学派の法学者も先行する事例に対する註釈や見解を蓄積することとなり、ローマ法古典期と呼ばれる法学的には最高水準に達した時期が訪れることになる。

□　専制君主制と「市民法大全」の編纂（3-6世紀）

　五賢帝の統治を経て「内乱の3世紀」と呼ばれる時代に至ったローマ帝国は、最終的に軍人皇帝時代を終息させたディオクレティアヌス帝の統治を経て、専制的な皇帝が官僚を通じて支配する専制君主制へと移行した。皇帝による一元的支配が強化されるにつれて、訴訟手続も帝国官僚を通じたにものに改められた。訴訟の前段階のみに政務官が関与する方式書訴訟は廃止され、これに代わった職権審理手続では、国家の任命を受けた職業裁判官が審判人を務めることとなり、事件の全体を統轄した。訴訟は専ら書面で行われるようになり、判決結果の執行にも廷吏が関与するようになった。

　しかし5世紀までに参照すべき法律家たちの見解の蓄積は非常に大きなものとなり、適用において一貫性を保つことはもはや困難となっていたため、皇帝たちは自らの下僚のために、様々な手段でそれらの運用を容易にしようと試みた。

　426年にテオドシウス2世は「引用法」を制定し、著作を参照すべき法律家をパピニアヌス、パウルス、ウルピアヌス、モデスティ

ヌス、ガイウスの 5 人に限定し（いずれも古典期の法学者である）、彼らの見解が対立する場合には多数意見を採用するよう命じた。また、テオドシウス 2 世は、法整備のために公式に法典を編纂することも試みた。438 年には『テオドシウス法典（Codex Theodosianus）』としてそれまでの皇帝勅法の整理を行い、「市民法大全」の編纂に下地を提供することとなった。

　決定的な法整備となったのは、533 年から 534 年にかけてユスティニアヌス 1 世が編纂した「市民法大全（Corpus Iuris Civilis）」である（この名称は 16 世紀の法学者ゴトフレドゥスが、ユスティニアヌスの法整備事業の成果一般を指して題したものであり、当時からこの名称が用いられていたわけではない）「市民法大全」は、具体的な事例に即して法学者たちの見解をまとめた『学説彙纂（Digesta）』、歴代の皇帝勅法からなる『勅法集（Codex）』、同名の教科書に由来するローマ法学習の手引書である『法学提要（institutiones）』、そしてユスティニアヌス治世下での勅法からなる『新勅法（Novellae）』の 4 つの部分からなる。ユスティニアヌスはこれらの法整備によって、膨大化し扱いきれなくなっていた旧法を、その要点をまとめた現行法に一本化することを意図したのだった。この目的のためにユスティニアヌスは、自らが編纂させた法の整合性を保証し、今後起こることが予想される法文と解釈の混同を防ぐため、現行法に対する註釈の禁止を命じさえした。

　これらを編纂するに当たって法制長官トリボニアヌスは、当時の東ローマ帝国の現行法との整合性を保つため、特に『学説彙纂』や『勅法集』について、元法文を削除・変更することを認められた。この編集活動は「法の改竄（Interpolatio）」と呼ばれており、これによって「市民法大全」のテキストからそれ以前実際に用いられていた法を推測することは困難になっている。

□ ローマ法の特徴──法学者の支配

　ローマ法は帝国の終焉とともに西欧領域ではごく一部を除いて現行法としては使用されなくなったが、中世の「学説彙纂の再発見」を経て、多くの中世法の基礎となった。そこから近世ヨーロッパの法体系の枠組みとして機能し、その後、世界中に輸出された。現在、ローマ法を直接的に受け継いだ民法体系は、ヨーロッパの大部分を含む世界100か国以上で使用されている。それは、ローマ法の持ついくつかの先進的な特徴によるものであった。

　1年任期であった法務官は、しかし選挙によって選出される私人であり、ローマ市民権以外の特定の資格を要求されなかった。訴訟ごとに陪審員として選ばれた審判人たちも、当然必ずしも法の専門家ではなかった。そのため、領域の拡大と商取引の増加に伴って万民法が高度化・複雑化すると、彼らに訴訟指揮と法について助言や解答を与える法学者の重要性は一層増していった。法務官や高等按察官の活動は、多様な訴権や抗弁などのそれ以前のローマ法になかった制度の発達を促し、結果としてローマ法学の発展に大きく貢献した。

　ローマ法の発展を支えた法学者たちの仕事は、当事者の求めに応じて個別・具体的に、法律行為や訴訟行為の実行を助け、提起される問題に解答を与えることであった。その点において彼らの活動は決定的に実務家的であり、彼らの思考は自らの活動に疑問の余地を残さないようすべく懐疑主義的なものとなった。

　ローマ人法学者の多くは、高位のローマ人に一般的であったようにストア思想の影響を受け、その限りで先行するギリシア文化を尊重したものの、法学の領域ではギリシア人思想家が一般に重視した、概念の厳密な定義、共通事例から一般理論への演繹、体系化といった、法の各領域に共通する通則（総則）を構築する作業につい

パート2　法学のアプローチとして史学・哲学　177

ては、それほどの関心を払わなかった。その要因としては、実際の
訴訟において法務官や審判人には広い自由裁量が認められていたこ
とが挙げられる。融通性を備えることでかえって法的安定性が確保
されるというのが、一般的なローマ法の方針であったのである。そ
のため法学者による補助があったとはいえ、実際の訴訟において法
務官や審判人には法規範の存在およびその内容は確信的なものでは
なく、祖先の慣習は大きな影響力を持っていたし、法律家による法
廷弁論も聴衆に対して説得力を持つことが重視された。

　法学者の活動はこのような性質のものであったため、何が法であ
るかという意味での法的安定性を確定させることよりも、その場に
応じて適切な解決を導き、かつそれを説得力のある形で示すことこ
そが法律家の技量であると考えられた。

　その後帝政期に入り、皇帝による勅法が重要な法源となっていく
中、解答権によって法律家の見解に皇帝の御墨付が与えられるよう
になると、法律家たちはさらに多岐にわたる役割を担うようになっ
た。彼らは、従来のように訴訟当事者の求めに応じて法的意見を述
べ、また政務官に対し助言を行うのみならず、法的手続の様式や法
律案の起草をも手掛けるようになり、法解釈に留まらない法創造を
も果たしていくようになったのである。

□　ローマの法思想──平等、法と道徳の分離、個人主義
　理論上、ローマ人は法の前では平等だった。訴訟は政務官たちが
主宰し、後には属州総督、属州長官、さらには皇帝が主宰した。全
土からの法的請願に対応するために法律顧問たちが対応し、彼らが
下した決定は将来の訴訟の先例として踏襲された。また、こうした
司法手続によって望む結果を得られなかったローマ人は、控訴制度
を使って救済を求めることもできた。

こうした誰に対しても等しく正しいものとしての法の理念に関しては、共和政期にはキケロが、「正義（Iustitia）は、公共の利益を保ちながら、各個人をそれぞれ相応に尊重するような精神の恒常的状態である」と言及し、帝政期に入ってもウルビアヌスが「正義は各人にその権利を与える恒常不断の意思である」とすることによって維持されている。しかしこうした法観念自体は、ストア派に代表されるギリシア人思想家において既に主張されてきたものでもあり、ローマ人に独特なものとはいえない。

　では、ローマにおける法思想の特異性はどこに求められるのか。特に指摘されているのは、習俗や倫理と法との分離がかなり早期の段階から見られた点である。

　勿論、ローマにおいて両者が完全に分離して捉えられていたわけではない。法廷弁論について述べた通り、祖先の慣習の様なローマ市民に共通の価値観は、訴訟の場においても説得力を持つ重要な要素であった。

　しかし、現実にローマ市民の生活は個々人間の関係のみならず、家族内での家長と家子の関係や保護者（Patrones）と庇護者（Clientes）の間の庇護関係、さらにはそれらを支える祖先の慣習といった、様々な私的なで曖昧な支配関係に基づいて支えられていた。それを受けて古い時代のローマ法には、一般的にそうした私的関係を尊重して必要がない限り介入せず、その限りにおいて法規範によって規制する領域を可能な限り狭く取るようを望む傾向が見られる。

　つまり、ローマ人は法の外にある社会規範にも大きな役割を与えており、法の適用領域については「それ以外」として極力限定的に定めた。このことで、かえって法と他の社会規範との境界線が明確になり、法の適用領域の中で不安定的な要素が明確化されていった

のである。ローマ法の個人主義的な—すなわち公的制御に依存しない—法秩序の性格はしばしば指摘されるところであるが、むしろローマ人は強力な非法的拘束への信頼を基礎とするからこそ、私法を個人主義的に形成しえたのである。

　共和政末期から帝政期にかけて、前提となる社会状況の変化から次第に社会政策的な立法が導入されるようになったが、ローマ法の本来の特色である法と他の社会規範の分離が失われることはなかった。そのため、皇帝といえども市民と同じ法に服するという観念は、少なくとも専制君主制まではローマ人の中で維持されたのである。

□　ローマ法の体系——人・物・訴権

　法学校の教科書として2世紀に著されたガイウスの『法学提要』においては、ローマ法は人の法・物の法・訴権の法に大別される形で説明されている。これらのうち、物の法に関しては『法学提要』においてさらに、財産法は有体物（Res corporales）と無体物（Res incorporales）、また、相続（Hereditas）、使用取得（Usus fructus）、および債権債務関係（Obligates）に分けられている。このように、ローマ法の管轄する領域は主として市民と市民の間の法的関係を規定する私法であり、市民と国家の関係を扱う公法的領域に関しては、不文の規範と慣習からなるローマの国制が多くを担っていた。

　まず、人の法についてみてみよう。

　ローマ法において、人の身分は第一義的には市民権の有無と、自由人であるか否かに応じて決定された。ローマ市民権の基本的な機能としては、参政権と法的保護が挙げられる。最も貧しいローマ市民でさえ、自らが割り当てられた選挙区の民会で投票する権利があった。また、公職に立候補する権利も認められており、それによっ

て政務官に就任して影響力と富を得ることもできた。ただし、こうした参政権は男性にのみ認められており、女性は市民とみなされていても投票も公職への立候補もできなかった。

市民権のもう一つの重要な原則は、ローマ領の境界内のどこであっても市民に提供される安全と法的保護である。ローマ市民権を持つことによって、彼らはローマでの裁判なしに処罰されたりされないことを保障された。それだけではなく、地方の司法決定に不満な場合、ローマで上訴することができた。

また、市民権の経済的権利には、公有地で契約を結んで農業を営む権利、直接税の非課税、公的支給によって無料または補助金付きで食糧を得る権利が含まれていた。

こうした特権的な待遇を求める者は多く、当初はローマ市民からの出生や軍隊での勤務によって付与されていた市民権は、徐々に幅広い人々に与えられるようになってゆく。前1世紀の同盟市戦争では、ローマに対して多くのイタリアの同盟市が、ローマの支配に反抗した。反政府勢力を鎮圧するために、ローマは前90年にイタリア中のすべての自由人に市民権を与えた。最終的に後212年に、カラカラ帝が発布したアントニヌス勅令で、帝国内のすべての自由人として生まれた男性にローマ市民権が付与されたことで、ローマ市民権の特権的性格は失われた。

そのため、ローマ市民権の正当性を保証する出生に関係する法、すなわち婚姻法と、更に副次的に自らの家族内での立場に応じた権利を与える、親子関係、後見・監護といった制度が人の法には含まれた。

次に、物の法についてみてみよう。

物の法は現代法に沿って言えば、債権法と、それ以外を包含するものとしての物権法として概ね理解することができる。そのうち前

者に関しては契約（Contractus）が、後者に関しては所有権（Dominium, Proprietas）が基本的な観念となったという点に関して言えば、ローマ法は現代法と大きく異なることはない。

その一方で債権法に関して言えば、ローマ市民法に基づく契約は一定の契約類型（有名契約）に対してのみ保護を与えるものであり、現代の契約法における「合意は守られるべし（Pacta sunt servanda）」という原則を全面的に受け入れたものではなかった。例えば原初的な契約類型である再帰問答契約（Stipulatio）は、一連の問いと答えを同じ文言で正確に取り交わすことによってのみ成立するものであり、この手続に拠らなければ物や金銭は適法に取得したものとはみなされなかった。しかしその後の万民法の時代になると、非ローマ人にも適用可能な一般的な観念（例えば信義則もその一つである）に基づいて古典的なローマ契約法は拡張され、より複雑な類型―例えば有償・無償の貸借、雇用、請負、委任や組合といった―にまで法的保護が及ぶようになった。

また、ローマ法においては不法行為責任に関しても不当利得の償還（Condictio）請求権として債権法の延長線上で理解された。その際に基礎となったのは紀元前286年のアクィリウス法（Lex aquilia）であり、もともとは違法な加害行為の被害額への損害賠償を認めるものであったこの法は、以降直接的に物の返還を求めない（求められない）侵害事例一般に対応するものとして拡張されてゆき、その過程で瑕疵・過失への対応や使用者責任といった点に関しても議論が重ねられてゆくこととなった。

物権法に関しては、ローマの所有権概念は現代のように一元的なものではなく、所有と占有（Possessio）、所有物返還訴権（Rei vindicatio）が区別されるものであった点に注意が必要である。これは、最初期のローマ法においては主要な財産たる不動産や家畜、

奴隷は手中物（Res mancipati）として家族の相伝的財産とみなされ、厳密な要式行為である握取行為を介してのみ取得可能であったことにより、所有権は単なる一時的・限定的な支配に過ぎない占有とは異なる、物に対する明確かつ根本的な支配権として理解されたことに端を発している。その後貨幣経済の進展に伴い、所有権から有益な内容を切り離し占有と紐付けたところの権利である制限物権─地役権や質権など─が一般化すると、それに伴って真の権利者でない者からの手中物の取得に対し、真の権利者が用いうる権利として所有物返還訴権が意識されるようになった。とはいえ、このような事例においては取得時効制度が買主を救済した。つまり、一定の期間の間権利を主張しない場合、真の所有者は所有権を喪失するとされたのである。時効取得の主張は当事者間の合意内容に左右されることの少ない安定した所有権の証明方法であったため、現在まで伝わる多くの事例において主張が試みられている。

　最後に、訴権の法についてみてみよう。

　先述の通り、訴権とはそれに基づいて訴訟を提起することによる自己の権利実現を認められた類型のことであり、方式書訴訟の時代に大いに拡張された概念ではあるが、その源泉は十二表法時代の訴訟形態にある。十二表法は法廷への召喚に関する規定で始まっている。これは当事者を法廷という法の効力の及ぶ形で訴えを実現できる領域に立たせなければ、その段階で法的な権利実現は成り立たないからであった。そして法律訴訟において法的保護を求める原告は、その旨を口頭で、一定の儀式的な方式に則って、法務官に対して述べる必要があった。

　その後方式書訴訟が導入され、法務官によって新たに名誉法訴権（Actio honoraria）が開拓されたことによって、従来厳格な様式手続であった訴権の訴えはより実用に供しやすいものとなった。従来

口頭で行われていた手続に類型が生まれたことで書面上の齟齬は減少し、またラテン語を十全に操れない属州民にとってもローマの裁判制度による救済の途が拓かれたのである。例えば、所有権返還訴権に基づく方式書は以下のようなものであった。

> 「ティティウスは裁判官たるべし。係争物がクィリテースの法により原告に帰属し、裁判官の吟味によって、それが返還されないままとなっていることが明らかなら、裁判官は被告に対し、原告のため、その物の価値について有責判決を下せ。然らざれば、免訴せよ」

　このように、法律訴訟による方式書作成では、その後の審判人手続において具体的に証明されるべき内容とその際の判決が明示された。これにより、審判人手続はもっぱら具体的事実の確認と判決の妥当性の判断を行うものとなった。

　こうした方式書訴訟の形式は、帝政期に至って皇帝に従属する官僚によって裁判が行われるようになるにつれて見られなくなっていった。その一方で、以上で述べてきた法廷で争いうる事柄の訴権としての類型化、訴訟前手続と現実の審判への訴訟の分割、自身による権利擁護を重視する当事者主義といった要素を備えた方式書訴訟は、単なる事実にすぎなかった権利を巡る紛争を法学者たちの議論の題材へ変化させた。すなわち「どのような事案について、何を、どこまで明らかにすればよいのか」についての議論様式が与えられたことで法学上の論点は明確化され、結果として高度に理論化された法学が古代ローマにおいて生み出される礎となったのである。古代ローマ時代の法学は法学者たちの著作を通じて中世ローマ・カノン法学に取り入れられ、その後近代法形成の過程で歴史法学派に見

いだされたことによって今日の様々な法制度の基礎となったが、訴権の法に関しては争点決定や分節訴訟といった制度の設計に影響を与えている。

■ 読書案内

ローマ法史を含めた簡便な入門書として、ウルリッヒ・マンテ著／田中実・瀧澤栄治訳『ローマ法の歴史』（ミネルヴァ書房・2008年）は西洋法史を学習するに当たって事前に一読しておくとローマ法の基本的な性格についての理解を深めてくれる。ローマ法学の全体像を理解する上では、原田慶吉『ローマ法』（有斐閣、1955年）が助けとなってくれる。少し古い本ではあるが、目次を一覧するだけでも、ローマ法学の全体像をある程度把握することができるだろう。

また、O・ベーレンツ著／川上正二訳『歴史の中の民法』（日本評論社、2001年）は、ローマ法の各分野において重要なテーマ・論点を、影響を受けた現代の法の視点を切らさずに説明する良書である。内容は難解であるが、ローマ法を巡って展開されてきた議論の一端を垣間見ることができるだろう。

【渡辺　理仁】

4　西洋法史（ビザンツ）
◆　もうひとつのローマ法

　ビザンツ法とは何か、いやそもそもビザンツ法というものは存在するのか。「ローマ法」という用語の多義性と同様に、この問いには複数の答え方が可能である。その理由は、ビザンツという呼称自体がそもそも人為的なものであることに求められる。本節では法史を扱うという目的上、ユスティニアヌス以降の東ローマ帝国をビザンツ帝国と呼称するが、これは必ずしも一般的な用語法とは言えない。それ以外のローマとビザンツの設定、すなわちいつ、あるいは何を以てビザンツが始まり、同様にローマでなくなったかという問題は、この領域を扱う上で避けては通れない最初の関門である（ので、前節に関心を持ってくれた読者はぜひ考えてみてほしい）。

　ローマ法の大部分とビザンツ法と呼ばれるものを区切る特徴としては、ビザンツ法がある程度キリスト教化されていたことが挙げられる。勿論、キリスト教以前のローマ法からは多くの部分を引き継いでいるのだが、運用上の教会の協力やビザンツ教会法の存在は、従来からのローマ法同様、ビザンツ法に大きな影響を与えている。しかしそれ以外にも、時代の変遷に伴う国家制度の変化や実務上の慣習といった要素もビザンツ法を扱う上では見逃すことはできない。

　本節では、ユスティニアヌス以降の各時期について、ビザンツ法の全体的な傾向と注目すべき法源に絞って紹介してゆくこととする。これにより、法発展の様式の多様性と、12世紀の「ローマ法学の再発見」と大学での教育を介して西欧に共通の法基盤となった

ローマ法史は、決して必然的なものではなかったことを確認して貰えれば幸いである。

□　ユスティニアヌス以降（6-8 世紀）の国家法と教会法

　ユスティニアヌスによって提示された法学教授法とその成果は、ユスティニアヌス没後も暫くはビザンツ法を導くものとなった。当時ベリュトスとコンスタンティノープルに置かれていた法学校は国家の監督下にあり、計 8 人の法学教授が在籍していた。

　彼らは東方のギリシア語圏において、ラテン語で記された「市民法大全」のテキストを学生たちに理解させるため、学習の第一段階として「市民法大全」の各部分のギリシア語訳を示し、その後更にさまざまな法的側面に関する註釈を付した。法学教授たちの活動の成果として、この時期に『学説彙纂』に対するステファノスやドロテオスの翻訳と註釈や、『勅法集』に対するタレライオス、アナトリオス、またはイシドロスの翻訳と註釈、『新勅法』に対するユリアヌスの『摘要』などが作成された。

　しかし、この状態は長くは維持されなかった。2 つの法学校はユスティニアヌスの治世末期にはいずれも廃止されており、彼の後継者たちは費用と時間のかかる正規の法学教育を積極的に維持しようとはしなかった。また、ユスティニアヌスの残した業績はあまりに巨大であり、その後の努力は必然的に、更なる法の追加や修正よりもユスティニアヌスの法整備の把握に向かわざるを得なかった。

　結果として 7 世紀のヘラクレイオス 1 世期には、帝国の公文書は専らギリシア語表記によるものとなり、ラテン語で記された法文とそれを用いた法学教育はもはや維持され得ないことが決定的になった。ユスティニアヌス以降低調ながらも細々と続いていた勅法立法も、同時期のイスラーム勢力の急激な拡大に伴う政治的混乱のため

か、ヘラクレイオス帝によるものを最後に約1世紀間にわたり途絶えている。

こうした状況下において、公的な法学校に代わり法学教育を担ったのはスコラスティコイと呼ばれる法学・修辞学教師たちであった。彼らは法学教授たちと比べて国家の監督を受けなかった分より実際的であり、法学的論争よりも、ユスティニアヌスの法整備から有効な規定を効率的に発見することの方により関心を持っていた。この時期のスコラスティコイとしては、エメサのアタナシオスやヘルモポリスのテオドロスといった人物が挙げられる。

その後ビザンツにおいて立法活動が再び試みられるようになるのは8世紀半ば頃である。イスラーム勢力の伸長に対応して発生したテマ制度はこの時期に漸く中央政府の下で組織化されるに至り、各地に設定された軍管区はストラテーゴスと呼ばれる長官によって統治されることとなった。軍事・行政の双方に権限を与えられたストラテーゴスは、自らの下にあるテマ判事に司法行政を担当させた。

こうした後期ローマ帝国以来の国制の変化に対応すべく、レオン3世の治世下では741年後に『抜粋集（Ecloga）』が編纂された。全18章からなるこの小規模法典はテマ裁判官を対象として、「市民法大全」から特に婚姻法・刑法領域について重要な規定を、基本的な処理に限定してギリシア語で簡潔に書き抜いたものである。

また、国家による法整備以外にも『農民法』や『ロードス海商法』といった、扱う領域を限定した小規模法典が編まれ、後には『抜粋集』の付録とみなされたことにより一部の写本に付け加えられた。8世紀後半になると勅法による立法も細々と復活したが、皇帝による立法が法整備活動の道具として本格的に復活するのは9世紀のマケドニア朝期においてである。

では、この時代の教会法領域についてみてみよう。

188　4　西洋法史（ビザンツ）

　キリスト教公認（313 年）以降、教会はローマ帝国の統治を支える組織としての役割を与えられた。各地の司教たちは当地の精神的指導者としての役割のみならず、都市行政や司法上の役割をも期待された。そのため、教会は一定の司法上の権限も認められた。すなわち教会会議における決定は教会法として扱われ、ユスティニアヌスは新勅法 131 において、教会法に国家法と同等の効力を認めるとすることによってその効力を権威付けた。

　こうした状況を背景として、6 世紀の法整備事業は教会法領域にも波及した。特に重要なのは、580 年頃に編纂された『教会法集成（Syntagma canonum）』である。14 章に分けられた論題に応じて教会法の出典と法文番号のみが示され、その後に『使徒教令』、諸教会会議決定、教父文書が続く形式のこの著作は、教父文書、特に教会法源として数多く受け入れられたカエサレアのバシレイオスに多く言及したことで、同時代のコンスタンティノープル総主教ヨハネス 3 世による『50 章の集成』等の整理よりも有用であり、以降のビザンツ教会法整理のスタンダードとなった。

　とはいえこの段階での教会法は、先行して存在したローマ法に比して対応する領域は狭く、具体的な規定を欠いており、実務上はローマ法による補足を必要としていた。こうした状況を反映しているのが、「ノモカノン」と称される一連の著作である。国家法（ノモス）と教会法（カノン）の合成語であるこの名称は、この著作がその名の通り、国家法と教会法の集成を合併したものであることに由来する。最初期の「ノモカノン」文献である『14 章ノモカノン』は、『教会法集成』に国家法への言及を追加したものであり、以降の教会法学者たちの主要な註釈対象となった。

　また、7 世紀に入るとクィニセクスト教会会議（692 年）において、東方における諸々の教会会議決定や教父文書が教会法源として

の効力を持つことが確認された。しかし、西方教会はこの教会会議決定を批准せず、教会法源の段階で東西教会の方針は相違してゆくこととなった。

□　マケドニア朝期（9-11 世紀）の国家法と教会法

　ユスティニアヌス期の法学者たちの成果により、9 世紀末のマケドニア朝期（867-1056 年）にも、ユスティニアヌスの法整備の翻訳、要約、解説に基づいたギリシア語の教本が存在していた。とはいえそれらは法律として示されていたのではなく、あくまで法律家の向けの文書として維持されていたのであり、適用されるべき法が依然としてギリシア語で示されていないという状況は継続していた。8 世紀半ば以降の法整備事業は、こうした状況に簡便に運用できる法を提供するものではあったが、一方では従うべき規定を見失わせ、法的混乱を助長してしまう向きもあった。

　このため、マケドニア朝の開祖バシレイオス 1 世とその後継者レオン 6 世は、対外・国内情勢の一応の安定と長期政権を背景として、中央・地方行政の改革に乗り出した。彼らによる司法改革は、「法の浄化（ἀνακάθαρσις τῶν νόμων）」として知られている。彼らの意図はこれまで存在していた法的混乱に一定の秩序を与えることであった。その手段として、バシレイオス 1 世は法典編纂を選択した。

　その最大の成果である「バシリカ」は、簡単に言えば、「市民法大全」をギリシア語に翻訳したものである。バシリカの編纂委員会は、「市民法大全」の翻訳、要約、注釈に加えて 8 世紀の諸々の法整備までもを参照させるより、「市民法大全」の 4 つの部分を統合したギリシア語版を作成した方がより便利であると考えた。その結果、「バシリカ」は、法の究極の源泉として疑いのない妥当性を保

持していたユスティニアヌスの法典に取って代わることを意図した
ものではなく、当時の状況と必要性に合わせてユスティニアヌスの
法典を適応させることを目指す法典として構想された。

　まず「バシリカ」編纂に先んじて、この法典への教本となる『法
律便覧（Prochiron)』、『法学入門（Epanagoge)』が出版された。
いずれも 40 章からなり、婚姻法に始まり刑法に終わるという構成
は『抜粋集』と共通しているものの、『法学入門』には序文や冒頭
の 10 数章に、皇帝や総主教の地位、公職や裁判手続に関する規定
が含まれている点で異なる。

　これらの教本のテキストは「バシリカ」の規定を前提として、そ
れらの要諦のみを抜き出したものとなっているが、実際にはこれら
が完成した段階では「バシリカ」は未だ完成していなかった。その
代わりに、「バシリカ」編纂委員会は「バシリカ」に編纂の基礎と
なる、時代遅れになった廃止されるべき法律の一覧が作成されてお
り、『法律便覧』と『法学入門』はこの理解に基づいて著された。

　そのため、一覧に挙げられていない「市民法大全」の規定は依然
として全てが有効なものであるとされ、それらの規定は「バシリ
カ」において導入された章構成に応じて「市民法大全」の各部分か
ら集約された。こうして全 60 巻の目次が構成された後に、実際の
テキストが埋め込まれる形で「バシリカ」は構成されたのだが、そ
の際には数多くの 6 世紀の法学教師たちによるテキストが用いられ
た。したがって、10 世紀の法典であるにもかかわらず「バシリカ」
は基本的に 6 世紀のテキストで構成されており、その内に当時の法
運用に関する貴重な示唆が度々見出される。その一方で、エナンテ
ィオファネスによる『勅法集』への註釈や、テオフィロスによる
『法学提要』の翻訳など、6 世紀以降の法学者の業績も「バシリカ」
には組み込まれている。

パート2　法学のアプローチとして史学・哲学　191

　最終的に「バシリカ」はバシレイオス1世の死後、レオン6世治世下の900年頃に完成し公布されたが、その後もスコリア（注釈）が「バシリカ」本文に継続的に追加された。これらのスコリアは6世紀に由来する「古い」スコリアと、11〜12世紀にコンスタンティノープル法学校で追加された「新しい」スコリアに分けられる。

　「バシリカ」を公布したレオン6世は、並行して積極的な勅法立法を行った。レオン6世は生涯に113の勅法立法を行ったが、その多くには通常かなり長く修辞的な序文が付されている。その中では数多くの過去の法令や誤解によって何が法であるかが不明瞭になっているとされ、それに対してユスティニアヌス時代の法の回復が立法意図として示されている

　その多くは「バシリカ」の編纂過程で生じた齟齬を解決しようとしたものであったが、時には時代背景の変遷やユスティニアヌス時代には見られなかった処理が慣習化していることを加味し、「市民法大全」にない要件を付加することで事態の解決を図ることもあった。一例として、この勅法の約3分の1は教会に関連する事項を扱っており、特に婚姻法に関しては「市民法大全」の規定を当時の教会による実務に適合するよう修正している。

　さらに、レオン6世の治世の末期には、コンスタンティノープルの商人、職人ギルドの運営に関する規則を公式にまとめた一種の都市法として、『総督の書』が編纂された。また、レオン6世の治世下で著された『クレトロロギオン』は国家の高級官職・宮廷爵位の一覧表であり、この当時の国家制度が後期ローマ帝国から大きく変容した者であったことを伺わせてくれる。

　レオン6世以降のマケドニア朝諸皇帝も多くの勅法立法を発したが、その多くはこの時期に勢力を肥大化させつつあった軍事貴族の影響力を割くべく、婚姻・相続や土地所有に制限を加えることで大

土地所有を牽制する性質のものであった。

　またこの時期には公的な法整理以外にも、依拠すべき法典として「バシリカ」が示されたことにより、「バシリカ」やその教本をはじめとする著作を短く要約した『法の摘要（Epitome Legum)』、『大梗概（Synopsis Basilicorum Maior)』といった私的な法整理も並行して行われた。

　では、この時代の教会法領域についてみてみよう。

　聖像破壊運動が終息した9世紀には、『14章ノモカノン』はそれまでの教会会議決定を導入することで更新された。この著作は同時代のコンスタンティノープル総主教フォティオスの手によるものと理解されたことにより、『フォティオスのノモカノン』と呼ばれる。

　一方で、教義上の問題を巡る東西教会の分離も彼の在位下での出来事である（フォティオスの分離)。以降東方キリスト教圏と西方カトリック圏との間の溝は埋まることがなく、最終的には1054年の相互破門によってキリスト教圏は2つに分裂した。

　こうして東方キリスト教圏における最高権威として確定したコンスタンティノープル総主教は他の主教たちに対して主導的な役割を果たすようになった。この時期以降、もはや各地の主教を招集して教会会議が開かれることは殆んどなくなり、総主教の判断が法源としての教会会議決定に代わった。

　婚姻締結に際して聖職者による祝福を要求するレオン6世勅法89によって婚姻法実務への関与の途が本格的に開かれたこともあり、結果としてコンスタンティノープル総主教府は12世紀までには、法廷としての機能を持つ教会会議をも常設し、婚姻一般と修道院の土地の様な教会的な事柄についての判決を行うようになっていた。

□ マケドニア朝期以降（11-12世紀）の国家法と教会法

　マケドニア時代の法整備活動は、1045年頃にコンスタンティヌス9世モノマコスがコンスタンティノープルに新しい法学校を設立したことで促進された。11世紀の帝国行政の官僚化に伴い、政府は法律知識を持つ役人をより必要とするようになっていた。この必要性に応えてコンスタンティヌス9世は法学校を設立した。この学校の憲章では、規定の課程を修了し、教授から能力の証明を受けるまでは、法律業務に従事することはできないとされた。皇帝は教授と学校長を任命し、国家から給与を受け取った。また、学校長は国家の要職であるノモフュラクス（法の守護者）の職を兼ねるとされた。こうした学校の出自から、学生となったのは法学研究を志す者というよりも、定員に応じて集った官僚志望者たちであり、そこには西欧における大学のような自治はなかったものと思われる。法学教育においては、ある程度までは「市民法大全」のラテン語テキストの読解も行われたが、ギリシア語による要約や注釈に基づく検討の方が大きな役割を果たした。「バシリカ」に対する「新しい」スコリアも、この環境下で著された。

　私人法律家によるマケドニア時代以降の法整備活動としては、当時の最高裁の1つであったヒッポドローム裁判所の裁判官を務めたエウスタシオス・ロマイオスの手による『ペイラ』が挙げられる。1050年頃に彼の弟子の手によって著されたこの著作は、エウスタシオス自身の経験と判決・判決への意見等からなる覚書を75章にまとめたものであり、当時の裁判の実態を知らせてくれる貴重な史料である。その中では、法規定にない慣習上の処理が常態化していたことや、法は必ずしも一貫した原則としてではなく、法廷弁論的な修辞術と共に事例や主張に応じて解釈を変えられて用いられたことが示されており、この当時のビザンツ帝国において法がどのよう

なものとして捉えられていたのかの一片を示してくれる。

　また、1070年頃にはパツェスと呼ばれる裁判官が、『ティプケイトス（Tipoukeitos）』と呼ばれる著作を著している。「どこになにがあるか？」を示すこの表題は、この著作が論題ごとに「市民法大全」または「バシリカ」の関連法文への誘導が法文番号や法文の冒頭によって示されていることに由来しており、「バシリカ」の現在では失われたテキストに対する多くの洞察を含んでいる。

　しかしこうした文献による教育の努力にもかかわらず、「市民法大全」や「バシリカ」を通じてローマ法の流れを汲む国家法立法とその研究は次第に不活発なものとなり、法学研究の主流は聖職者たちによる教会法研究へと移っていった。この変化は、12世紀以降地方に勢力基盤を持つ軍事貴族たちの政権が常態化したことにより、従来高位高官に求められた法知識は以前ほどの重要性を持たなくなっていったことで説明されるかもしれない。

　コムネノス朝期（1081-1185年）に入ると、勅法による立法以外の形式、すなわち黄金印璽文書による直接的な特権付与の形で皇帝と大貴族たちの関係は取り持たれるようになっていった。そのため、この用途での勅法による立法活動は再び退潮してゆくこととなる。また、黄金印璽文書によって保障された特権（プロノイア）は基本的に一代限りのものであったが、軍事貴族たちによって次第にこれが世襲化されるようになったことにより、帝国の分権化が進むこととなった。

　では、この時代の教会法についてみてみよう。

　12世紀に、ビザンツに帝国における法学研究は教会法学者たちの手によって最盛期を迎えた。10世紀以降婚姻法をはじめとする国家法実務に関与するようになった教会法学は、必然的にその範を国家法に求めたのだが、結果として教会法学者は国家法源から法的

パート2　法学のアプローチとして史学・哲学　195

思考や具体的解決策を導きつつ、その結論を諸々の教会法源と矛盾
しないよう理論立てることを要求されるようになった。こうして教
会法学者は、教会法実務を遂行する上で教会法のみならず国家法に
も精通していることを求められるようになり、教会法学が国家法源
を重視するようになるにつれて、国家法の管轄権と教会法の管轄権
の区別はますます曖昧になっていった。結果として12世紀に教会
法は世俗法の退潮を補う形で進展したのである。

　この時期の代表的な教会法学者としては、ハギア・ソフィアの助
祭であったアレクシオス・アリステノス、プロトセクレティス（帝
国官房長）を務めた後修道士となったヨハネス・ゾナラス、そして
アンティオキア総主教（在位1193-1195年？）テオドロス・バルサ
モンが挙げられる。

　中でもバルサモンは『14章ノモカノン』に聖俗双方の法源に対
して包括的な註釈を付したことにより、ビザンツ法学の大成者とし
ての名声を得ることとなった。マヌエル1世の依頼によって既存の
『14章ノモカノン』を更新することとなったバルサモンはハギア・
ソフィアの文書館を活用し、同時代の総主教ニコラウス3世による
回答や「市民法大全」にまで言及しつつ、既定の要約、誤解を招き
うる表現に対する追記、歴史的背景や立法目的の解説、および関連
する国家法への言及から成る『ノモカノン註釈』を著し、それによ
って個々の教会法が同時代的に有効であるか、有効であるならばど
のように運用されるかを評釈した。

□　ビザンツ法の特徴──「市民法大全」の影響力、手引の重視

　ローマ法を基軸として展開していったこと以外にも、特にビザン
ツ法の発展過程において見られた特徴として、以下の2点を挙げた
い。「市民法大全」の影響力が持続したことと手引という形式が頻

繁に用いられたことである。

□ 「市民法大全」の影響力

ビザンツ帝国における法整備事業には、時折「市民法大全」の規定に遡及できない要素が見られる。例えば『抜粋集』には、厳格な離婚制限や切断刑の導入といった特徴的な法規範が含まれている。また、『法学入門』では、冒頭の数章は皇帝やコンスタンティノープル総主教といった公職者の地位に関する規定に割かれており、専ら私法と刑法に関する規定で構成されている『法律便覧』とは異なる志向が読み取れる。これらの要素は、前者に関しては聖像画破壊運動期を反映したキリスト教の影響や、従来死刑であった刑罰の緩和という観点から、後者に関しては国制の変化に対応した規定の必要性から、それぞれ説明されるものではあるが、これらのことから言えるのは、ビザンツ帝国がローマ帝国の後継国家であるとはいえ、その中で6世紀の「市民法大全」の運用がタイムカプセルのように保管されたわけではない、ということである。このような「市民法大全」の規定に遡及できない要素は、「バシリカ」編纂以降も法実務上の教会法や慣習との折衝として現れてくるようになる。

　一方で、これらの「市民法大全」に由来しない要素は、ビザンツ帝国がローマ時代からの法的遺産を捨て去ったことを意味するものではない。「バシリカ」はその典型であるが、ビザンツ帝国における法整備事業は一貫して「市民法大全」の法文と、それが生み出された6世紀のローマ法学に依拠する形でとして進められてきた。更に、編纂以降「市民法大全」に代わって用いられるようになった「バシリカ」ではあるが、それによって「市民法大全」が価値を失ったわけでもなかった。これは、ビザンツ帝国において法律は、明示的に改廃が行われない限り、継続的に効力を持つものとして観念

されていたことに由来する。そのため、『ペイラ』に「バシリカ」に収録されていない『新勅法』の法文に基づいた主張が法廷において行われた事例が残されていることからも伺えるように、12世紀においても「市民法大全」は依然として依拠すべき規範と捉えられていたのである。

　もっとも、この点に関しては具体的に「市民法大全」の影響力が維持されたというよりも、ギリシア人にローマ人としての自己認識が維持されたことに帰することができるかもしれない。ビザンツ帝国が存続していた期間、ギリシア人たちは自らをローマ人として認識していた。この認識は、ビザンツ帝国滅亡後もオスマン帝国支配下で権限を認められた主教たちの下で、正教会と彼らの用いる法－ビザンツ法－を介して維持された。結果として、オスマン帝国から独立した直後のギリシア人たちも、自ら以てローマ法を使用する者として自認し、西欧のローマ法研究を積極的に取り入れようとしたのである。

　ビザンツ帝国においては、その始点において既に従うべき規範群として「市民法大全」が、いわば前提のように存在していた。とはいえ実態としては、ギリシア語を母語とする人々が大多数を占めるビザンツ帝国において、6世紀の段階ですでにラテン語で書かれた「市民法大全」の利用は維持し難いものとなっていた。そのため、当初は法学教育の中で著されていたギリシア語訳版「市民法大全」テキストは、10世紀に「バシリカ」の編纂によってようやくその全貌をギリシア人に知られることとなった。「市民法大全」や「バシリカ」の様な、私法・刑法・手続法のあらゆる分野に跨る大規模法典は、当時の法生活を支える基盤として機能したであろうことは想像に難くない。

□ 手引の重視

　その一方で、こうした大規模法典については参照や学習の難しさ、簡便な利用の困難といった問題が付随することになる。ビザンツ帝国では、こうした問題に対処するために大規模法典の派生著作としてより小規模な整理を追加することを好んだ。例えば『抜粋集』は、ラテン語で記された「市民法大全」の法文をギリシア語に翻訳したうえで、実務に適した形式へと改編したものであった。一方で『法学入門』は「バシリカ」の教本として著され、その規定は重要な論点ごとに細分化されて示されている。これらの公的な整理においては、中央政府の官僚や現場の裁判官、さらには法学初学者といった目標毎に文体や章構成が使い分けられ、それによって大規模法典の運用をより容易とすることが目途された。

　こうした志向は、私人法律家の著作においても同様に見られる。『法の摘要』、『大梗概』、『ティプケイトス』、『バシリカ抜粋（Ecloga Basilocorum）』といった広範な「バシリカ」派生著作は、60巻555章にもわたり正確な参照が困難であった「バシリカ」を運用するために当時の法学者が苦心した証に他ならない。簡潔な内容整理は勿論、扱う分野の限定、掲載するスコリアの選別、引用形式の工夫等は、等しく大規模法典の運用を容易化することに繋がるものであった。14世紀のブラスタレスの『アルファベット順集成（Syntagma kata stoikeion）』とハルメノプロスの『六巻書（Hexabiblos）』は、こうした努力の1つの終着点であった。

□ ビザンツ法の影響

　最後に「もうひとつのローマ法」であるビザンツ法の影響について述べておこう。ビザンツ法は、そのまま移植されたにせよ、現地の状況に合わせて調整されたにせよ、正教圏を中心とする東欧諸国

にも影響を与えた。

　9世紀以降、キュリロス・メトディオスの宣教によって正教圏に入ったバルカン半島のスラヴ人たちの中では、『抜粋集』をはじめとする簡便な国家法源が「ノモカノン」文献と共に持ち込まれ、9世紀にはブルガリアの法書である『人々の裁判の書（Zakon Sudnyj Ljudem)』の原型となった。また、セルビアでは、13世紀の『聖サヴァのノモカノン』によってビザンツ法源が受容された。セルビア王国を成立させたステファン・ドゥシャンは、1349年に『ドゥシャン法典』を制定したが、その規定の多くはビザンツ法に依拠していた。

　キエフ大公ウラジミール1世の改宗に伴い正教圏に入ったルーシ地域も、教会法分野を中心としてビザンツ法を模範として受容した。『ウラジミール教会憲章』は、聖職者に関する規定や刑法において「ノモカノン」や『抜粋集』の規定を受け入れている。また、13世紀に遡る『舵取りの書（Kormčaja kniga)』は、『14章ノモカノン』をはじめとするさまざまなビザンツ法史料から成っている。

　とはいえ、これらのビザンツ周辺国家におけるビザンツ法の受容は、西欧におけるローマ法継受とは性質の異なるものであった。これらの地域にビザンツ法が持ち込まれた段階ではビザンツ教会法は十分に理論的に整理されたものとは言えなかったし、それ以降の時代においても持ち込まれたビザンツ法源はそれぞれの地域毎に解釈された。国家的制約から自由であった西欧の法学者や法学に比して、ビザンツ帝国の法学者や法学は国家としてのビザンツ帝国と、コンスタンティノープル総主教を頂点とする教会組織を前提とし、またその制度と権威に強く依存していたのである。したがって、これらの国々においてはビザンツ法が受容されたというよりも、単に様々なビザンツ法源が受容されたというのがより適切であろう。

より影響が顕著なのは、故地であるギリシアにおいてである。ビザンツ帝国滅亡後のオスマン帝国支配下においても、総主教府や各地の主教がその担い手となることで、ビザンツ法は正教徒の法として維持された。その際特に依拠されたのは、『アルファベット順構成』と『ヘクサビブロス』であった。以降 16 ～ 17 世紀にはこれらの法源に基づく法整理・私的な法編纂が行われる一方、ギリシア島嶼部においてはこれらの法は土着化し、独自の法発展を遂げていった。その後 1821 年にオスマン帝国からの独立を宣言したギリシア王国においては、1835 年に国王令によって『ヘクサビブロス』をはじめとするビザンツ法源が、従来の慣習的な使用に基づき、民法典制定までの暫定的な法として承認されたのである。

西欧への影響についても述べておこう。残念ながら、西欧領域においてビザンツ法の影響が見られる地域は殆どない。西欧においては正教に依拠するビザンツ教会法は不要であったし、もとより註釈学派においては「ギリシア語は読まれない」ためである。

ただし幾人かの人文主義者・法学者は、「市民法大全」編纂の地としてのビザンツ帝国に、西欧では喪われてしまったローマ法知識を期待した。ビュデ・キュジャスといった人文主義法学者はその典型であったが、その過程でオスマン帝国での史料収集を行い、その成果を『ギリシア・ローマ法』として出版したヨハネス・レーヴェンクラウや、東方教会法への関心から『シノディコン』を著したアサフ司教ウィリアム・ベヴァリッジの様な、ビザンツ法史料への強い関心を示す者も現れた。彼らの事績は、後に歴史法学派によるローマ法史研究の過程で、ツァハリエ・フォン・リンゲンタールやハイムバッハ兄弟によるビザンツ法検討の礎となっている。

■ 読書案内

研究領域としてのビザンツ帝国に関心を持った読者には、導入書として根津由喜夫『世界史リブレット　ビザンツの国家と社会』（山川出版社、2008 年）を勧めたい。また、ジュディス・ヘリン著・井上紘一監訳『ビザンツ　驚くべき中世帝国』（白水社、2021年）にはビザンツ法史に対する簡単な解説が含まれている。ビザンツをはじめとする東欧諸国におけるキリスト教に関しては、教会法に関する言及は少ないものの、ティモシー・ウェア著・松島雄一訳『正教会入門』（新教出版社、2017 年）が基礎的理解を与えてくれる。

【渡辺　理仁】

5 西洋法史（ゲルマン）
◆ 「ゲルマン法」を考える

「ゲルマン法（germanisches Recht）」とは何だろうか。英語の
German という単語と綴りを共有していることからも分かるよう
に、ドイツ語の germanisch という形容詞は現在のドイツ連邦共和
国を中心とした地域に関連した意味を持っている。だが、単に「ド
イツの（deutsch）」という場合と異なり、この形容詞は、より古風
なニュアンスを帯びているように感じられる。それはこの語が、古
代にローマ人と接触し、4世紀以降に西部・中部ヨーロッパの広い
地域に進出し国家を建設した諸民族を指す「ゲルマン人（die
Germanen）」という呼び名に由来しているからである。では、「ゲ
ルマン法」とは単に、そうした諸民族がもっていた法を指す言葉な
のだろうか。実は事態はそれほど単純ではない。げんに現代ドイツ
では、「ゲルマン法」は強いイデオロギー性をまとった表現として
も受け取られ得るのである。本節では、この概念が、現在の法にお
いてなお一定の役割を果たして（しまって）いる現状を確認した上
で、その来し方を振り返り、最後に、この概念がそれでもなお必要
な場合があるとすればそれはどんなものかを考えてみたい。

□ 現代ドイツの判例に見る「ゲルマン法」

「ゲルマン法」という言葉が法史学関連の書籍に現れたとしても
不思議はない。例えば民法の教科書に現れたとしても、法の沿革の
通俗的説明として理解できる。興味深いのは、第二次大戦後のドイ
ツ連邦共和国の裁判所の判例に、この言葉が顔を出すことがあると

204 5 西洋法史（ゲルマン）

いうことである[1]。まず、連邦憲法裁判所から見てみよう。現在の
ドイツの憲法に当たる基本法では、三審制の外にある連邦憲法裁判
所が、法令、判決を含むあらゆる国家の行為について、基本法に適
合しているかに関する判断を下すことになっている。そうした判断
に「ゲルマン法」という語句が用いられた例としては、以下のよう
なものがある。

□　裁判官の承認なき後見人による自由剥奪の合憲性[2]

　1960 年決定のこの事案では、後見人の措置への裁判官の関与の
要否が争点となった。後見人が区裁判所（通常裁判権のうち、少
額、軽微な事件や家事事件などを扱う第一審の裁判所）から、統合
失調症の被後見人を閉鎖療養施設で収容させる必要性を判断するこ
とを拒否されたまま、または単なる「証明書」を発行されただけ
で、被後見人を当該施設で過ごさせたのに対して、被後見人が憲法
異議を申し立てた。区裁判所が、被後見人の収容の適法性を審査す
る、上訴可能な決定を下すことを怠ったことは、自由剥奪の許容と
その継続は裁判官だけが判断でき、これを欠いている場合は遅滞な
く裁判官の判断が下されねばならないとの基本法 104 条 2 項 1、2
文の規定との関係で、基本法 2 条 2 項 2 文で保障された自由権を侵
害しているとの主張である。これに対して連邦司法大臣は、後見人
は居所指定権に基づいて被後見人を当該施設に収容させる権限をも
っており、裁判官による許可を要しないと主張した。基本法が裁判
官の許可を要請しているのは公権力による自由剥奪の場合だが、現
行法では後見人の権力は公的でなく私的なものであるというのがそ
の理由である。

　連邦憲法裁判所は、憲法異議の主張を認める決定を下した。簡潔
に表現すると、後見人自身は家族の構成員ではなく、扶助を行う国

家から公的な任務を委ねられた私人であり、したがって権力の濫用から被後見人の自由を守るために、公務員による自由剥奪の場合と同様に、自由剥奪に関する基本法の当該規定に従って裁判官による許可を必要とするというのが理由である。

この決定では、こうした法解釈論に入る前に、古代にまで遡って後見制度の沿革が次のように説明されている。

後見法はずっと以前から公法的特徴を帯びていた。ローマ法およびゲルマン法——ゲルマン法では後見は元来家族またはジッペ〔引用注：複数の家族を包摂した氏族共同体〕の事柄だった——ですら、既に非常に早くに国家の影響が発展していた。ローマでは、共和政の比較的後期から国家行為による後見人の任命がなされ、帝政期にはそれに国家の監督が加わった。ドイツでは既にローマ法の継受前に、領邦君主の上級後見が成立した。普通法では上級後見は裁判所に移った。

□　遺留分の合憲性[3]

2005 年決定のこの事案では、相続における遺留分が問題となった。刑法上の責任能力のない状態で被相続人を虐待した被相続人の子および被相続人に自分の子（被相続人の孫）との関係を拒否した被相続人の子のそれぞれが、遺言に廃除または遺留分の剥奪の旨が記されているにもかかわらず相続人に遺留分の支払いを請求し、第一審および第二審が、それぞれの行為が民法上の遺留分の剥奪事由に当たらないとして認容判決を下した。これを受けて、敗訴した相続人が、判決または判決と民法の規定に対して、基本法 14 条 1 項で保障されている相続権等が侵害されたとして憲法異議を申し立てた。

連邦憲法裁判所は、憲法異議の主張を一部を除いて退ける決定を

下した。基本法で保障された相続権には確かに遺言の自由が含まれるが、財産権の保障とは別に相続権が明文で保障されていることは、所有権からも導出される遺言の自由が保障されているという以上のこと、すなわち、原則的に剥奪され得ず、経済状況に拘わらない最小限度の遺産への子の関与もまた基本法で保障された相続権に含まれることを意味しているというのが、その理由である。加えて、遺留分は基本法で保障された、被相続人とその子の関係の保護と関連している点、割合や条件の設定については立法府に裁量がある点も指摘している。

　上述のような子の遺産への関与に関して、ここでも歴史的経緯の説明がなされている。

　子の、被相続人の遺産への関与には長い伝統がある。被相続人の意思の制限という意味での遺留分の思想の淵源の淵源は、ローマ法にある。ゲルマン法では、ほとんどの場合、被相続人による財産処分の自由は知られていなかった。遺産は家族内のみにおいて相続されたからである。ローマ法の継受によって初めて遺言の自由が、またそれに伴って被相続人の意思に反しての、子の、少なくとも価値に則っての遺産への関与の原則が重要性を増した。民法典施行前に効力を持っていたすべての地域固有法秩序が、物質的必要相続権、または金銭の請求の承認という形で、子の遺産への強制的関与を有していた。

□　刑罰による近親相姦の禁止の合憲性[4]

　この事案では、血縁関係のある兄弟姉妹間の同衾を禁じる刑法の規定に従って有罪判決を下された被告が、判決と当該規定の違憲性を主張して憲法異議を申し立てた。連邦憲法裁判所の多数意見は憲法異議の主張を退けた。その際、事実認定に入る以前に「文化史的

に伝承されてきた、また国際的に広範に広まっている禁止規範」を
説明する中で、近親相姦の禁止の淵源として、ハンムラビ法典、モ
ーセ法、イスラム法、古代ギリシャの法、ローマ法、カノン法（教
会法）と並んで「ゲルマン法」および初期ドイツ刑事諸法律をも挙
げている。

□　国内法人の登記[5]

　「ゲルマン法」への言及が見られるのは連邦憲法裁判所の判断だ
けではない。21 世紀に入ってからの通常裁判権の下級審の判例に
も、同様の例が見られる。

　2004 年のフライブルク地方裁判所決定の事案では、国内支社の
法人登記が問題となった。イギリスに本社のある有限責任会社がド
イツに支社を設立し、民法上の自己契約（代理人と同一人が相手方
となって締結される契約）の禁止規定から解放されている旨の記載
と併せて法人登記を申請した。登記裁判所（区裁判所の一種）は、
登記自体は認めたものの、自己契約の禁止からの解放の記載は認め
なかった。イギリス法には自己契約の禁止制度はなく、したがって
その禁止からの解放も存在せず、本社の登記において記載されてい
ない事項を支社の登記に記載することはできないというのがその理
由だった。

　地裁は、この処分に対する会社による不服申し立ての主張を認め
る決定を下した。外国法人の支社の登記は確認的意義を持つに過ぎ
ず、外国法の代理関係は属人法（ここでは国際私法上、その国の領
域内で適用される法に対して、どの国においてもその人に適用され
る法を指す）によって決定される。本事案では会社の属人法にはイ
ギリス法が含まれ、ドイツでの登記に自己契約の許容について記載
することは、会社の属人法において記載なしで妥当する以上のこと

を示してはおらず、また債権者保護にも資するというのがその理由
である。

　地裁は、属人法について説明する中で、次のように述べている。
その限りでは、古いゲルマン法原則である「法律は骨に付着する」[6]が妥当する。この原則は最終的には、人の権利、特に自然人の権利（とりわけ親族法および相続法において重要である）は、しかしまた今回のように法人の権利も、その出生地の法または設立地の法を志向するということを述べているのである。

□　妨害排除への賃借人の忍容義務[7]

　2006年のベルリン高等裁判所判決の事案では、住居の違法な改築の解体と賃借人の関係が問題となった。原告である住居の共有者が、もう一人の共有者によって規則に反して全ての住居所有権者の合意を得ずに建設された、バルコニーおよびサンルームの撤去と原状回復を命じる確定判決を得て、代替執行として解体措置を図った。しかし、被告である賃借人はこれを忍容することを拒んだ。第一審は民法上の妨害排除請求の類推適用によって、被告は撤去と原状回復を忍容するよう命じた。これに控訴した被告は、賃借人は民法で定められた妨害者には当たらないと主張した。それに対して原告は、被告に忍容義務がないとすれば、改築された住居を共有者が賃貸することで、共有者は本来許されないはずの改築の解体を事実上妨げることができることになると反論した。

　高等裁判所は、原告の主張を認める判決を下した。被告は自ら妨害を引き起こしたわけではないものの、原状回復の実現がその意思にかかっており、その拒否によって違法状態を維持している。そうである以上、被告は類推ではなく直接適用によって妨害者である。加えて第三者を害する契約、自らの有しない権利の移転のいずれに

よる理解によっても、また比較衡量に従っても、被告による忍容の拒否は正当化されないというのが、その主な理由である。

こうした複数の理由のうち、自らの有しない権利の移転として本事案を理解した場合についての説明の中に、次のような記述がある。

このローマ法原則（何人も自身の持つ以上の権利を移転することはできない[8]）は、確かに善意の保護というゲルマン法原則によって破られる（民法932条を見よ）が、実際の権利者がこの善意を引き起こしたのでない場合、民法典の評価によると善意の保護の余地はない（民法935条を見よ）。

現代ドイツの判例に「ゲルマン法」という概念が現れる頻度は、総じてまれである。また当然ながら、判断を正当化する主要な論拠として挙げられているわけでもない。しかしながら、ここまで見てきた数少ない例からは、裁判官が採用した法解釈を支える一つの論拠として、あるいは少なくとも立法の沿革を解説する上で触れておくに値する要素としては、その概念への言及が今でも許容されているのが見て取れる。これは現代の日本から見ると、特異な現象だと言える。例えば、現代日本の判例において、律令が言及されることが想像できるだろうか。こうした独特の状況が生じるに至った背景を探るために、歴史を振り返ってみたい。まずは、「ゲルマン人」と呼ばれる諸民族が歴史上に現れる古代に遡ろう。

□ 「ゲルマン人」の登場

遅くとも1世紀頃までの間に、現在のノルウェーとスウェーデンの南部、デンマークに加えてドイツ北部からポーランド西部に当たるライン川からヴィスワ川に渡る地域に、多くの民族に分かれて人々が定住していた。これらの人々は、必ずしも共通の言語を持つ

210 5 西洋法史（ゲルマン）

ていたわけではなく、また既にローマの属州に組み込まれていたガリア地方に住むケルト人と、厳密に区別され得る存在ではなかったと考えられている。諸民族の間の出入りも激しく、ある民族が同じ名前で呼ばれ続けていたからといって、その内実も血縁的連続性を保ち続けていたとは現在では考えられていない。

　これらの民族は文字を持っていなかったため、文字史料として現れるのはギリシャ・ローマ世界からの言及がその最初である。特にカエサルの『ガリア戦記』が重要な意味を持つ。カエサルは、ガリアを中心とした地域への遠征の記録を記す中で、同時代人に必ずしも共有されてはいなかった、ライン川を境界として西側に居住するのがガリア人、東側がゲルマン人という区別による集合的な集団の概念を初めて考案したと考えられているからである[9]。アウグストゥス帝の時代になると、ローマはライン川以東のゲルマン人とされた諸民族のもとに繰り返し遠征軍を送り込んで支配地域を拡大したが、トイトブルクの森の戦いでローマの司令官ウァルスが、ローマ側での軍歴も持つケルスキー族の貴族アルミニウスに惨敗した。これをひとつの契機として、ローマはライン川を境にリーメス（防衛線）を設け、西側に「上ゲルマニア」と「下ゲルマニア」の2つの属州を置き、東側の「大ゲルマニア」の征服は放棄することとなった[10]。

　この頃に著されたのがタキトゥスの『ゲルマニア』である。タキトゥスは、カエサルによるゲルマン人の定義を踏襲しつつ、ローマの支配に服しない「大ゲルマニア」に住む諸民族の暮らしぶりを記述した。「ゲルマン人」の飲酒や賭博への放恣が指摘される一方で、全体としてはその素朴さ、自由さ、勇敢さが称揚されている。当時のローマ社会での習俗の退廃に対置する形で、ゲルマニアでの、野蛮ではありつつも名誉が重んじられる生き方を提示する意図があっ

たとも言われている。例えば裁判に関しては、次のような記述が見られる。

　会議においては訴訟を起こすことも、生死の判決を促すこともできる。刑罰の量定は罪状による。裏切りと逃亡犯は木に吊し、臆病もの、卑怯もの、あるいは恥ずべき罪を犯したものは、頭から簀をかぶせて泥沼に埋め込む。処罰の仕方に相違があるのは、「犯行」はその処罰の執行を見せしめにすべきであるが、「恥行」は隠蔽さるべきであるとの建前からである。しかし、より軽い罪も、それに応じた処罰はまぬがれない。この有罪の宣告を受けたものには、馬または家畜の一定の数が課せられる。この償いの一部は王あるいは国に、一部は判決での勝者自身、またはその近縁者に引き渡される[11]。

□　古代から中世へ

　ゲルマン人とされた諸民族は、リーメスが建設された後もローマ世界との交流を続けた。ある民族がローマ世界との境界であるリーメスを乗り越えて略奪を行うこともあれば、別の民族がリーメスを跨いで交易を行うこともあった。加えて4世紀に入ると、皇帝位を狙うローマの有力者たちが特定の民族と同盟を結んだり、帝国領内に暮らすようになった民族が、徴兵が困難になったローマの軍隊の中に組み込まれたりするようになった。さらにフン族が4世紀後半にユーラシア草原地帯を越えて黒海北岸に現れた。当地に定住していたゴート族がこの新たな民族から長い時間をかけて圧迫された末、ドナウ川を越えてローマ帝国領内に入植することを選んだのを皮切りに、5世紀には皇帝権の不安定化に乗じた諸民族の帝国領内への侵入や略奪が相次ぐようになる。各民族は皇帝と同盟を結びつつも、地域の有力者と手を結んで、帝国の行政構造を無視して支配

212　　5　西洋法史（ゲルマン）

領域を形成した。かつて帝国の属州だったヒスパニア、ガリアにおいて各民族による王国の建設が相次ぐ中、もはや意味をなさなくなっていた西ローマ皇帝位は東ローマに返上され、名実ともに西ローマ帝国は消滅した。その後イタリア半島もまた、オドアケルを下した東ゴート王国の支配するところとなった[12]。

　さて、こうして西部から中部ヨーロッパに渡る広い地域に王国を建設した諸民族は、その多くが法典を編纂した。5世紀の終わりから各地で断続的に作られたこれらの法典を、部族法典と呼んでいる。ここまで概観してきたように、王国の建設以前から長くローマ帝国と交流を持っていた諸民族は、既にローマで従われていた法を尊重した。したがって、ローマ人に対してはローマ法の使用を引き続き認めた（属人主義）。従来のローマ法文献が散逸した場合のためには、「ローマ法典」という形で、既存のローマ法源を編集した部族法典が作成されている。加えて諸民族は、既にキリスト教を受け入れていた。こうした背景から、大陸で編纂された部族法典は、いずれもローマとキリスト教の文化的遺産を受け継ぎ、ラテン語で記述されている。ただし、ラテン語を基調としつつも随所にゲルマン語の単語を併用して法制度が定められているのが特徴である。内容としては特に、罪状に対して被害者側の親族に支払われるべき贖罪金の額が羅列されるスタイルが特徴的である。こうした規律によって、自力救済を抑制して当事者間の合意を促し、裁判所での一定の儀式によってその合意を確かなものとすることが意図されていたと言われている[13]。やがてフランク王国が頭角を現して他の民族を支配下に収めるようになると、これまで法の文書化が行われていなかった民族のもとでも、王国の主導で部族法典が編纂された。

　その後しばらくの間、カノン法はともかく、世俗の領域においては、個別の命令や裁定に留まらず、法規範を一定の秩序の下に記述

したり制定したりする法文書は現れなかった。これは、訴訟手続の方式の定めや事案ごとの裁定を超えた、客観的な「法」という観念が希薄になったり、口頭での伝承が法を伝える主な媒体となったりしたことの結果と見ることができるだろう。

こうした時期の終わりを告げるのが、1220年から1235年の間にアイケ・フォン・レプゴウによって著された『ザクセンシュピーゲル・ラント法』である。アイケはこの本を、ザクセンの地で行われていた慣習を鏡のように写し取って記述したものであると説明している。このように、君主による制定という形式をとらず、私人が現地で行われている慣習を記録したという建前で作成され、流布した法文書のことを、法書と呼んでいる。序文によれば、アイケは初めこの法書をラテン語で著したが、主君の求めに応じて後からそれをドイツ語に翻訳した。当時、証書を初めとして法文書はほとんどがラテン語で記述されていたことから、これは画期的だった。『ザクセンシュピーゲル』は成立後すぐに各地に流布することとなる。ドイツ南部に広まったいわゆる『シュヴァーベンシュピーゲル』のように、規定が一部流用された派生作品も著された。法書という形式が採られたのは、ラント法（領主による支配を受ける、主に農村からなる社会に適用される法）だけではない。同じく13世紀には、近隣の都市マクデブルクにおいて、都市の特許状や慣習などを収集した『ヴァイヒビルト』が編纂された。これもまた、あくまで既存の法の記録に過ぎず、新たな法を制定したり、効力を持つ法を網羅したりといった意識で作成されたものではなかった。数ある都市法の中でも、『ヴァイヒビルト』は『ザクセンシュピーゲル』と次第に一体のものとして受け入れられ、東方へと伝播していった点で特徴的である。この「ザクセン・マクデブルク法」は、東欧ではウクライナ、南東欧ではハンガリーに当たる地域にまで広まった[14]。

214　　5　西洋法史（ゲルマン）

□　法継受からドイツ私法まで

　時間は前後するが、ローマ法を巡る状況も 11 世紀以降、劇的に変化していた。ユスティニアヌス法典を構成する一連の法典、すなわち『学説彙纂』、『法学提要』、『勅法彙纂』および『新勅法彙纂』のうち、古代ローマの法学者たちの見解を伝える最重要の部分である『学説彙纂』が、11 世紀に再発見された。12 世紀にはこの大部のテクストを理解するための解釈技術を出発点として、ボローニャを発祥とする法学が生まれたのである。法学部を擁する大学はイタリア半島を発信地にしてヨーロッパの各地に設立されていくが、神聖ローマ帝国内で最初に大学が設立されるには 1348 年のプラハ大学を待たねばならず、カノン法だけでなくローマ法も恒常的に教えられたのは 1388 年設立のケルン大学が最初だった。もっとも、既にそれ以前から、現在のドイツからイタリアやフランスの大学へと遊学した学生たちの存在が記録されている。これらの学生は多くが聖職者であり、大学でもカノン法とローマ法を習得して帰郷した。後には、これら二つの法がセットで「学識法」として理解されることになる。

　聖職者ではなく貴族としてだが、この早い段階でのドイツでの学識法の継受を象徴しているのが、ヨハン・フォン・ブーフ（c.1290－c.1356）である。ブーフはボローニャ大学で学んで帰郷した後、ブランデンブルク辺境伯の下で裁判官や顧問を務めた。ブーフを有名にしているのは、1325 年から 1333 年の間に執筆されたと推定されている、ザクセンシュピーゲル・ラント法への註釈である。ブーフはこの中で、ザクセンシュピーゲルの規定をローマ法やカノン法を典拠にして解説している。つまり、学識法の枠組みの中でザクセンシュピーゲルを理解しようと試みているのである[15]。この成果は広く受け入れられ、以降のザクセンシュピーゲルの写本や印刷本に

パート 2 　法学のアプローチとして史学・哲学　　215

は、ブーフ註釈やそこから派生した註釈がほぼ必ず付されるように
なった。

　より後の段階のドイツでのローマ法継受を代表するのは、ウルリ
ヒ・ツァジウス（1461－1535）である。15世紀後半以降のドイツ
では、都市やラントで改革法典を編纂する動きが数多く見られた。
改革法典とは、学識法を学んだ法曹が、古くなった法を学識法の理
論と調和させることによって改善しようという意図の下で編纂され
たもので、扱われる法分野や形式、素材にはヴァリエーションがあ
る。制定法の形を取って効力を与えられることが多かった。ドイツ
国内のフライブルク大学で法学博士となったツァジウスが携わった
1520年のフライブルク都市法の改革法典は、伝来の都市慣習法と
ローマ法の両法源をバランスよく組み合わせたものとして、高く評
価されている。またツァジウスは、ヨハン・ジッヒャルト（1499－
1557）とヨハン・フィッヒャルト（1512－1581）という二人の後
進の法曹を育てた点においても、16世紀ドイツの大学での学識法
教育の広がりを体現していると言える[16]。

　ツァジウスも代表者の一人である人文主義とは、近世イタリア・
ルネサンスに発する、ギリシャ・ローマの古典古代に理想を見出し
てその生き方に近づこうとする思想潮流を指す。法学においては、
ローマ法の中世以来の解釈を批判して古代のコンテクストに即した
歴史的理解を試みる態度や、複雑な法体系をシンプルな体系の下に
整理して理解しやすくする志向として現れた。しかし、ことドイツ
においては、その同じ人文主義の思潮が、ドイツの固有性を強調す
る発想にも通じることとなった。直接の原因は、先述のタキトゥス
『ゲルマニア』の再発見である。この本は、中世の間ほとんど知ら
れておらず、1425年にようやく、唯一現存する写本がイタリアの
人文主義者によって言及された。15世紀後半に広く知られるよう

216　　5　西洋法史（ゲルマン）

になったのは、教皇派のイタリアの人文主義者が、古代のゲルマン人の野蛮さを強調し、キリスト教への教化がいかにその文明化に貢献したかを喧伝するために利用したからである。しかし16世紀に入ると、今度はドイツの人文主義者たちが、古代ゲルマン人の高潔さを称え、教権に対してドイツの独自性を主張するために、その同じ本を持ち出し始めた[17]。例えば人文主義者として知られる騎士ウルリヒ・フォン・フッテン（1488－1523）は、イタリア人に対するドイツ人の優位性を訴え、中世以来の学識法を学んだ法曹たちが裁判所で活躍していることに異を唱え、翻ってザクセンでは（恐らくザクセンシュピーゲルを念頭に）固有の法が生き続けていることを称揚している[18]。

　16、17世紀に『ゲルマニア』はドイツで何度か印刷本になっているが、1635年に出版された本の編集・註解に携わったのが、ヘルマン・コンリング（1606－1681）である。コンリングは、1643年の著書『ゲルマン法の起源』によって、当時の法源論に見直しを迫った。当時、ドイツでローマ法が効力を持っている根拠は、神聖ローマ皇帝ロータル3世がそう命じる法律を制定したからであるという見解が広く信じられていた。コンリングはこれを裏付ける史料的根拠が存在しないことを示し、実際にはローマ法は、その有用性ゆえに漸次的使用によって継受されたに過ぎず、したがって慣習や条例に対して排他的効力を有するわけではないと明らかにしたのである。この結果、ドイツの法学や法実務において、無前提にローマ法に依拠することは許されなくなり、法曹たちはローマ法と地域固有法という複数の法源の間でのその都度の選択を迫られた。この転機は、学識法を当時の現実に適応させるとともに、地域固有法を学識法曹に理解できる形に成文化・整理し直すことで、実務で適用しやすい法学説を形成しようとする当時の動きの中に位置づけられ

る。この動きを、「パンデクテンの現代的慣用」と呼んでいる。

　このように、学問や実務においては法学者や法曹が地域固有法に取り組むことが当然のように行われるようになっていたものの、大学での教育課程においてはそうではなかった。大学の講義で学識法以外の法について教えられる機会はほぼ無かったからである。しかし、18 世紀に入ると、ローマ法の地位の相対的な低下という背景も受けて、「ドイツ私法」という新たな分野が登場し、大学でもその講義がなされるようになる[19]。これは、ドイツに由来する法源を法学的議論の素材にして、場合によってはそこからローマ法に伍するような独自の法体系を形成しようとする私法学の一派である。クリスティアン・トマジウス（1655－1728）は 1701 年にハレで、ドイツ法由来だと思われたものだけを法素材として取り上げた講義を行っている。その教え子であるゲオルク・ドライアー（1665－1714）もまた、ローマ法とは異なる性質を持つドイツ法の法制度を紹介する趣旨の講義を行った。

　ローマ法に対比され、また並び立つような存在としてドイツ法を位置づけようとするとき、障害となったのは、ドイツ法を構成するはずの法素材の多くが、一定の地域に限定された効力しか持っていないことだった。これを克服するために考案されたのが、複数の地域の法に見られる法制度から共通する法原則を抽出し、その積み重ねによって独自の法体系を編み出そうとする手法である。ヨハン・ゴットリープ・ハイネクチウス（1681－1741）は、こうした手法で得られた法規範は、たとえ法記録が存在しない地域でも、ドイツであれば普遍的な効力を有すると主張し、ヨハン・シュテファン・ピュッター（1725－1807）もまた、個々の地域ごとの異なる法の間にも大きな共通点は存在するという点に言及している。このように 18 世紀以降、カリキュラムの整備と連動して、大学の法学部で

ドイツの地域固有法に学問的検討が加えられる機会が増えていった。その関心は、好古趣味の類というよりもむしろ、現在も適用されうる法規範を発見することにあったのである。

□　歴史法学派のゲルマニステンによる「ゲルマン法」の構築

　フリードリヒ・カール・フォン・サヴィニー（1779―1861）が1814年に発表した『立法と法学に対する現代の使命』は、ドイツ法を研究する分野にも一つの転機となった。サヴィニーは民族精神論を唱えつつ自らはローマ法の研究に向かっていったものの、大学でドイツ法を扱う法学者を、歴史法学派の中のゲルマニステンという枠組みへと再編成し、歴史研究に向かわせる効果をもたらしたからである。サヴィニーの教え子だったヤーコプ・グリム（1785―1863）は、ドイツの実務に供するような法学研究からは距離をとり、法判告録の収集や法古事学の研究に取り組んだ。しかしながら同時に、サヴィニー以前のドイツ法研究の動きからの連続性も意識されねばならない。例えば、サヴィニーと共同で『歴史法学雑誌』を立ち上げて歴史法学派の始祖の一人とされるカール・フリードリヒ・アイヒホルン（1781―1854）は、その創刊号に寄稿した論文「ドイツ法の歴史的研究について」で、一つの地域固有法ではなく全ての地域の法から導き出される普通ドイツ私法を構築することこそが、学問的研究に値するのだと主張している。こうした記述に「ドイツ私法」の問題意識の継続を見出すのは容易である。実際、ドイツ法的と目された多くの異なる法素材から共通する記述を抽出し、ローマ法とは異なる独自の法制度を構成しようとする関心は、その後の研究にも共通している。代表的なのが、ヴィルヘルム・エドゥアルト・アルプレヒト（1800―1876）による1828年の『ゲヴェーレ』である。アルプレヒトはザクセンシュピーゲルを初めとす

る中世後期の史料を用いて、占有それ自体に物権に準じる権利性を認めるドイツ独特の法制度としてゲヴェーレを構築した。また同時にそれは、ローマ法についてサヴィニーが著した『占有権』と対になるべき著作としても受け止められた[20]。

　ゲルマニステンがドイツに妥当するべき法の構築に努力したところで、私法学におけるローマ法の優位は揺るがなかった。そこでゲルマニステンは次第に、歴史研究から汲み取られたドイツ法の特徴を引き合いに出して、法政策論を繰り広げるようになっていく。オットー・ギールケ（1841－1921）が民法典第一草案を批判したのは、こうした流れの中でである。ギールケは民法典草案批判の中で、ゲヴェーレの学説から派生した、内在的な制約に服するゲルマン的所有権の像を、ローマ法における絶対的な所有権に対置し、こうした制約が民法典に規定されるべきである旨を主張した[21]。

□　ナチスと戦後の「ゲルマン法」概念への批判

　既に政権掌握前の1920年の党綱領で「我々は唯物主義的な世界秩序に奉仕するローマ法のドイツ普通法への転換を要求する」と謳っていたナチスは、以前から歴史研究において古代ゲルマン社会にあったとされていた従士制等、ゲルマニステンがゲルマン的法制度として構築してきた制度をプロパガンダに利用し始めた。その中で、ナチスに協力した法学者たちは、ゲルマン法の精神に由来するとされた、義務によって制限された所有権をも、個人主義的な所有権概念に代わるものとして提唱した。こうした所有権に付随する義務観念は、ナチスの支配体制を支えるイデオロギーとして喧伝された。「個人が共同体に対して義務に拘束されていること」ことの現れである、「共同の利益が自身の利益に優先する」という根本的価値観に由来するとされたからである[22]。

220 5 西洋法史（ゲルマン）

　戦後の歴史学や法史学では、古代・中世の資料を基に再構成された法制度や思想がナチスに利用されたことへの反省を経て、ゲルマニステンによって中世ゲルマン社会に存在したとして構成された法制度には、実のところ充分な史料的根拠がないのではないかという疑問が数多く提起された。ジッペ、誠実、従士制など、その対象となった法制度は多岐に渡る。ゲヴェーレ概念についても、まずゲルハルト・ケープラー（1939－）が、キリスト教文書の用語法からの連続性を指摘して、そのゲルマン的性格に疑問を呈した[23]。その後カール・クレッシェル（1927－）が、アルプレヒトが構築したゲヴェーレ概念から、ローマ法と対比される制限された所有権という理念が導き出された過程を詳らかにした[24]。さらに石川武は、ザクセンシュピーゲルを集中的に検討し、アルプレヒトとは異なるゲヴェーレ解釈を提示した[25]。

□ 「ゲルマン法」概念は今でも有用か

　「ゲルマン法」という概念が先入主となって法史家の目を曇らせ、あるいはイデオロギーに奉仕してきた歴史を振り返るとき、そもそも「ゲルマン的」や「ゲルマン人」という概念は必要なのだろうか、という当然の疑問が湧いてくる。これらの概念そのものを廃止するよう提唱しているのが、歴史学者のイェルク・ヤルヌート（1942－2023）である[26]。ヤルヌートは、誠実、ジッペ、従士制および神聖王権といった、ゲルマン人研究においてかつて鍵になっていた、そして戦後反駁された概念を例に挙げて、これらの概念は、「ゲルマン人の一体性というこれから証明されるべきことを、既に前提している」という点で共通していると指摘する。そして、ゲルマン人という上位概念を用いるのではなく、個々の民族を名指すか、どうしても一括して呼ぶ必要がある場合は、「ゲルマン的な

（germanisch）」に代えて「ゲルマン語を話す（germanischsprachig）」、「蛮族の（barbarisch）」や「種族の（gentil）」といった形容詞を用いることを提案している。

　これに真っ向から反対するのが、法史学者のゲルハルト・ディルヒャー（1932－2024）である[27]。今日では「ゲルマン的」という概念は、理解を助ける理念型として用いられているに過ぎず、検証可能であり、例えば「ゲルマン的なのでスラヴ的ではない」とか「ゲルマン的なのであらゆるゲルマン人に当てはまる」といった意味合いで用いられているわけではないという理由から、ヤルヌートの「ゲルマン人」概念廃止論に異を唱える。ディルヒャーが理念型としての「ゲルマン法」概念を未だ有用とするのは、民族学の知見をも応用した歴史研究に刺激を受けて、文字ではなく、口頭で法が伝承されていたという点を、ローマ人の法に対するゲルマン人の法の際だった特徴として重視しているからである。ディルヒャーによれば、中世は、ドイツで通例となっている初期・盛期・後期の三期ではなく、イタリアでなされているように、ローマ法学が成立する12世紀を境に前期と後期に分けるべきであるという。そうすることで、口頭の伝承による慣習が支配していた時代から、法の記録が進み、学識法によってそうした慣習の当否が判断される時代への転換がより良く理解されるというのである。

　本節の関心から注目すべきは、こうした主張の当否そのものではなく、ディルヒャーはゲルマン法概念を支持しているものの、ある民族固有の特質というニュアンスはもはやそこにはなく、どちらかというと一つの文化段階としてこの概念を使用していることである。特定の法制度がある民族に固有のものであるという見方は、現在では受け入れられていない。しかし、法には本来そのような「色」が付いていないのだとすると、それにもかかわらず、個々の法制度

に民族的な特徴付けがなされるに至ったのは、なぜなのだろうか。恐らくこれは、19世紀のゲルマニステンによる概念構成よりも時間を遡ってアプローチする必要のある問題である。筆者は以前、ザクセンシュピーゲルの規定が、14世紀の註釈によって学識法の枠組みの中で一つの法制度として理解された後に、その法制度が16世紀に学識法の法制度と対比されることで「ザクセン的な」法制度として認識されるに至った過程を明らかにしたことがある[28]。これはあくまで、上述のような特徴付けの過程を説明するためのモデルの一つに過ぎないが、このような形で、ある法制度が一定の集団に帰属するという意識がどのように形成されたかを辿るための糸としてであれば、「ゲルマン法」の概念は未だ有用といえるかもしれない。

■　読書案内

　今野元『ドイツ・ナショナリズム』（中公新書、2021年）は、近代以降がメインだが、民族固有という特徴付けに関して本節と関心を近しくしている。村上淳一『ゲルマン法史における自由と誠実』（東京大学出版会、1980年）は晦渋な箇所、古くなった箇所もあるが、今日でもなお19世紀ゲルマニステンの歴史記述の裏にあるイデオロギーをえぐり出す比類なき書であることに変わりはない。

【勝又　崇】

注

1　以下で取り上げる判例の内、ベルリン高等裁判所判決以外は、既に
Bernd Kannowski: Germanisches Recht heute, JuristenZeitung, 67 (7)
(2012), 321-327 で紹介されている。

2　BVerfG, Beschluss vom 10. Februar 1960 - 1 BvR 526/53 -, BVerfGE

10, 302-331.

3　BVerfG, Beschluss vom 19. April 2005 – 1 BvR 1644/00 –, BVerfGE 112, 332-363.

4　BVerfG, Beschluss vom 26. Februar 2008 – 2 BvR 392/07 –, BVerfGE 120, 224-273. 本決定は、武市周作「血縁の兄弟姉妹間の近親相姦罪の合憲性 近親相姦罪決定」ドイツ憲法判例研究会『ドイツの憲法判例Ⅳ』信山社、2018年、59-63頁でも紹介されている。

5　LG Freiburg (Breisgau), Beschluss vom 22. Juli 2004 – 10 T 5/04, juris.

6　地裁決定の原文ではラテン語（leges ossibus inhaerent）とそのドイツ語訳（die Gesetze haften in den Knochen）が併記されている。

7　KG Berlin, Urteil vom 21. März 2006 – 4 U 97/05, juris.

8　高裁判決の原文ではラテン語（nemo plus juris transferre quam ipse habet）で記されている。

9　Mischa Meier: Caesar hat die Germanen erfunden — oder doch nicht?, in: Martin Langebach (Hg.): Germanenideologie. Einer völkischen Weltanschauung auf der Spur, Bonn 2020, S. 14-38.

10　佐藤彰一『フランク史Ⅰ クローヴィス以前』名古屋大学出版会、2021年、80-105頁。

11　タキトゥス『ゲルマーニア』泉井久之助訳注、岩波文庫、1979年、68-69頁。

12　佐藤彰一（注10）207-210頁；マガリ・クメール／ブリューノ・デュメジル『ヨーロッパとゲルマン部族国家』大月康弘／小澤雄太郎訳、白水社、2019年、第2・3・5章。

13　西川洋一「法が生まれるとき 初期中世ヨーロッパの場合」林信夫／新田一郎編『法が生まれるとき』、創文社、2008年、61-94頁。

14　佐藤団「EU拡大とヨーロッパ都市法研究 ザクセン・マクデブルク法研究を例として」『法制史研究』59号（2009年）191-221頁。

15　ベルント・カノフスキ「法のクレオールとしてのブーフの註釈？」田口正樹訳『北大法学論集』60巻3号（2009年）31-59頁。

224 5 西洋法史（ゲルマン）

16 勝田有恒「ウールリッヒ・ツァジウス」勝田有恒／山内進編著『近世・近代ヨーロッパの法学者たち』ミネルヴァ書房、2008 年、65-80 頁。

17 Christopher B. Krebs: A Most Dangerous Book. Tacitus's Germania from the Roman Empire to the Third Reich, New York ／ London 2011.

18 村上裕「ドイツ人文主義と固有法意識の萌芽 ウルリッヒ・フォン・フッテンの法律観」『一橋論叢』第 99 巻第 1 号（1988 年）104-122 頁。

19 Klaus Luig: Art. Deutsches Privatrecht, in: Albrecht Cordes u.a. (Hg.): Handwörterbuch zur deutschen Rechtsgeschichte (HRG), 2. Aufl. Berlin 2004 ff., Bd. 1, Sp. 993-1003; Frank L. Schäfer: Juristische Germanistik, Frankfurt a. M. 2008, S. 93-166.

20 Schäfer (Fn. 19), S. 494–496.

21 カール・クレッシェル「『ゲルマン的』所有権概念説について」和田卓朗訳『ゲルマン法の虚像と実像』石川武監訳、創文社、1989 年、267-338 頁。

22 Andrea Nunweiler: Das Bild der deutschen Rechtsvergangenheit und seine Aktualisierung im Dritten Reich, Baden-Baden 1996, S. 312 f.

23 ゲルハルト・ケープラー「ゲヴェーレの起源」岩野英夫訳『同志社法学』29 巻 6 号（1978 年）73-98 頁。

24 クレッシェル（前掲注 21）。

25 石川武「ザクセンシュピーゲルにおけるゲヴェーレ」『北大法学論集』37 巻 2 号（1986 年）1-107 頁。

26 Jörg Jarnut: Germanisch. Plädoyer für die Abschaffung eines obsoleten Zentralbegriffes der Frühmittelalterforschung, in: Gerhard Dilcher / Eva-Marie Distler (Hg.): Leges – Gentes – Regna. Zur Rolle von germanischen Rechtsgewohnheiten und lateinischer Schrifttradition bei der Ausbildung der frühmittelalterlichen Rechtskultur, Berlin 2006, S. 69–77.

27 Gerhard Dilcher: Mittelalterliche Rechtsgewohnheit als methodisches-theoretisches Problem, in: ders. u. a.: Gewohnheitsrecht

und Rechtsgewohnheiten im Mittelalter, Berlin 1992, S. 21-65; Ders.: Leges – Gentes – Regna. Zur Rolle normativer Traditionen germanischer Völkerschaften bei der Ausbildung der mittelalterlichen Rechtskultur. Fragen und Probleme, in: ders. / Distler (Hg.) (Fn. 26), S. 15-42, hier S. 39 Fn. 80; Ders.: Zur Entstehungs- und Wirkungsgeschichte der mittelalterlichen Rechtskultur, ebd. S. 603-637, hier S. 606.

28　拙稿「『ザクセン訴訟手続』の形成と差異文献　命令不服従を一例に」『法と文化の制度史』1号（2022年）、177-216頁。

6 法哲学
◆ 法概念論の一歩手前まで

　法哲学を専門分野としない法学者や学生に、名前を耳にしたことのある法哲学者がいるかと訊いてみれば、まずはケルゼン Hans Kelsen やハート H.L.A. Hart（そしてときにドゥウォーキン Ronald Dworkin やラズ Joseph Raz）といった名前が挙がるのが常である。彼らの著作はいずれも正義論と法概念論にわたっているが、その主戦場は法概念論であるといってよいだろう。法概念論は簡単に言えば「法」とはなにか、を問う分野であるが、しかし、法概念論がなにをやっているのかを説明するのはそう簡単ではない。もちろん読者が独力で彼らの著作に自ら取り組んでみるのは重要なことだが、現代の法概念論の問題意識をそこから独力で汲み取るのはそう容易ではないと言わざるを得ない。

　法は我々に何らかの行為を要求したり禁止したり許可したりするものであるという意味において規範 norm の体系である。道徳もまた、同様の性格を有している。道徳において用いられる諸概念——たとえば「価値 value」や「当為 ought」や「理由 reason」がそれであるが——の哲学的分析を主題とする分野を「メタ倫理学 metaethics」というが、「価値」や「当為」や「理由」が現れるのは道徳だけではない。法の話をしているときも、これらの語彙は頻繁に現れてくる。あるいは、他には考古学者がある考古学的証拠を「理由」としてそれに基づいて「かつてここに棲息していた恐竜は X であって Y ではなかったと考えるべきである」と主張するときの「べし ought」は認識的当為と呼ばれるが、この「べし」は道徳

228 6 法哲学

のそれではない（考古学者は道徳的判断をしているわけではない）。一般に、様々な規範的領域（道徳・法・認識 etc.）に現れる価値や当為や理由といった諸概念を分析する分野を「メタ規範理論 meta-normative theory」という。法概念論もメタ規範理論のひとつであるが、その前に読者にとってより馴染みやすい対象である道徳についてのメタ規範理論——すなわちメタ倫理学——を扱うことによって、法概念論の入門の一助とできないだろうか、というのが本節の目的である。

□ 「開かれた問い」論証

私が「太郎は二郎に謝るべきである」と判断した、ないし、言明したとしよう。このとき、私は太郎が二郎に何をしたか、何をしているか、何をするだろうかという現実世界の有り様や成り行きについて述べているわけではない。私はあくまでも太郎の行為がどうである「べき ought」かについて述べているのであり、太郎の行為がどう「である is」かについて述べているのではない。だが、「べし」が現実世界の有り様について述べているのではないとしたら、それを用いて我々は何をしていることになるのだろうか。

ラッセル Bertrand Russel とともに 20 世紀以降の英語圏の分析哲学の創始者として扱われる倫理学者ムーア George Edward Moore は現代的なメタ倫理学の始祖であるが、その主著『倫理学原理 *Prinicipia Ethica*』において、この問題に関して概ね次のような議論を提出したとされる（実際に同書の関連箇所（§13, §26）を読んでみると、以下のような話が本当になされているのかは大いに疑う余地があるが、以下のような理解に基づいてその後のメタ倫理学が展開したことは事実である）：

パート2　法学のアプローチとして史学・哲学　　229

「開かれた問い」論証 Open Question Argument

1. 述語「〜は善い」が、一般に「〜は快い」や「〜は生存に有利である」のような何らかの自然的——一般に自然科学で扱われうるような——述語「〜はNである」と意味において等しいと仮定せよ。

2. 任意の2つの述語「〜はAである」と「〜はBである」について、両者が意味において等しいならば、「これはAであるが、本当にBだろうか？」という問いは、その答えが「もちろんそうである」でしかありえないような、閉じた空虚な問いである（たとえば「独身者というものには本当に配偶者がいないのだろうか」と問う場合のように）。

3. 他方で、「これはNであるが、本当に善いものなのだろうか？」という問いはどのような自然的述語「〜Nである」についても、開かれた、問う意味のある問いである。

4. 1と2から「これはNであるが、本当に善いものなのだろうか？」という問いは閉じた問いであることになるが、これは3と矛盾する。

5. それゆえ、仮定した1が誤りであった。すなわち、「〜は善い」は自然的述語と意味において等価でない。したがって「〜は善い」は自然的述語によって分析できない。

　ムーアは「べし」ではなく「善い」を扱っているが、前者についても、同様にして自然的述語によって分析したり定義したりはできそうにはない、ということになるだろう（なお「分析」とは対象の語ないし概念を、意味を保ったまま既知の語ないし概念を使って言い換えることで対象の意味を明らかにする作業のことをいう）。ムーアは「善い」が指している性質、すなわち「善さ」は自然科学が扱いうるような自然的性質ではありえない（その意味においてこの自然的世界に属していない）非自然的性質であると論じる。道徳的事実は自然的事実に還元できないのである。だが、道徳が自然的世界に属しない何らかの実在について語っている、という見解はただちに疑問を招き

寄せる。それは幽霊のようなものと何が違うのだろうか。ある対象xが備える、我々の五感と物理的に相互作用しない「善さ」なるものが（というのももし物理的作用があれば自然科学の対象になってしまうからだが）、「x は善い」という道徳的判断という心理学的事象（したがって物理的事象）をどのようにして惹起しうるのだろうか。我々はどのようにして対象の「善さ」を知覚するのか。知覚対象によって惹起されていない知覚とはまさしく幻覚ではないだろうか、道徳的判断は幻覚の報告なのだろうか。ムーアと同時代の分析哲学者たちはこうした帰結を受け入れることができなかった。そこで、「x は善い」「私は φ すべきである」のような道徳的判断や言明は、この自然的世界に属しない得体のしれない実在について述べるものではなく、まったく別のことをしているのだという立場が生まれてくる。道徳的判断や道徳的言明がそもそも世界の有り様について述べようとしていないとしたら、何をしているというのだろうか。そのことを考えるために次に進もう。

□　道徳的判断のテトラレンマ

そのための手がかりとして、本節では次の問題を考えよう。

道徳的判断のテトラレンマ

以下のそれぞれ説得的な 4 つのテーゼは矛盾する：

1．認知主義 cognitivism
2．動機付けの判断内在主義 motivational judgement internalism
3．動機付けのヒューム主義 motivational Humeanism
4．道徳的判断の、外部の動機づけからの独立性 motivational independence

それゆえ、少なくともいずれかが棄却されなければならない。

だが、どれを棄却すればよいのだろうか。それを検討するために、まずはそれぞれのテーゼの意味から説明しよう。

第1に、認知主義は次の2つの主張からなる：

> （1）道徳的言明は、対象がしかじかの道徳的性質を有する、という現実世界についての記述的・表象的な内容（＝命題）を意味内容とする言明である
>
> （2）道徳的判断は、上記のような内容を有する認知的判断（＝信念）である

（1）は道徳的言明が世界の有り様によって真になったり偽になったりするということを含意する。（2）は道徳的判断が世界に対して受動的な表象的作用であることを含意する。表象的作用とは、世界を描写しようとする心の働きである。「今日は晴れているなあ」という判断をするとき、私は自身の心というキャンバスに世界の有り様を描き出し、写し取ろうとしている。世界と心のキャンバスの内容が一致していれば、その描写内容とそれを描写した心のキャンバス＝信念は真 true であり、正しい correct ことになる。世界の側では晴れているのに心のキャンバスに雨天の絵を書けば、その描写は偽 false であり、誤り incorrect である。心と世界の離齬が生じた場合には、心の側が修正されなければならない（間違っているのは心である）。（1）は、道徳的言明には真偽や正誤が帰属されうる、という常識的把握を説明するテーゼであり、（2）はそれを内容とする心の働きにも真偽や正誤が帰属されることを説明する。

このことを踏まえたうえで、我々の心的状態やそれを伝達する発話を次の図表のような二大陣営に分けることができる。前者は心の知性作用に属する陣営であり、後者は意志作用に属する陣営であ

232　　6　法哲学

る。

心的状態の種類	代表的態度	発話の意味内容	適合方向	適合性評価
認知的 cognitive	信念 belief	命題（平叙文） proposition	心が世界に	正／誤 真や偽になる
動能的 conative	欲求 desire	命法（命令文） imperative	世界が心に	充足／不充足 真や偽にならない

　後者の動能的陣営は、前者の認知的陣営と対照的である。欲求は
世界を描写しようとしておらず、それゆえ「窓が開いていればな
あ」という欲求は窓が閉じていることによって偽になったりするこ
とはなく、それを伝達する「窓を開けろ！」という命令文の意味内
容は真偽を問題にしうる命題ではなく、命法と呼ばれる。世界と心
の離齬が生じた場合には世界の側が修正されねばならず、我々は欲
求によって、自分であるいは他人によって、窓を閉じた状態から開
いた状態へと修正すべく駆り立てられる。我々の行為は世界への働
きかけであるから、動能的な欲求や意図によって惹起されるもので
あることになる。

　こうしてみると、認知主義とは、道徳的判断やそれを伝達する言
明が認知的陣営に属しているという主張である。それとは反対に、
それらを動能的陣営に属すると考える立場を「非認知主義　non-
cognitivism」という。先に述べた、ムーアの問題提起に対する同
時代の哲学者たちの答えがこれであった。「x は善い」「φ は正しい」
のような道徳的判断は「善さ」や「正しさ」という自然世界に属し
ない得体のしれない実体に関する信念・認知的状態ではなく、「x
があればなあ」「φ がなされればなあ」といった欲求・動能的状態
である。そうだとすれば「x は善い」が「x は N である」に還元で
きなかった理由がわかる。前者はそもそも世界を描写しようとして
いないのだから、世界を描写しようとする後者と意味が同じである

はずがなかったのである。他方、その代償も明らかであるように思われる。もし非認知主義が正しければ、道徳的判断は世界を描写しておらず、それゆえ真でも偽でもないし、正誤を問うこともできないと言わなければならないのではないだろうか（ただし、現代の非認知主義は真理のデフレ主義を採用することによってこの問題を回避する戦略を取る）[1]。

　次に扱うのは動機づけの判断内在主義である（以下、判断内在主義と呼ぶ）。これは道徳的判断には、ほかの一般的な判断と異なった特別な特徴がある、という主張である。たとえば「雨が降っている」という認知的判断をした際に、そのことによって直ちに「〜しよう」という、なんらかの行為への動機づけを得ることはないだろう（洗濯ものを取り込もうとか、外出を差し控えようということがあるとしても、それはその人の置かれた偶然の状況次第である）。これに対して、一人称で行われた「道徳的にいって、私は○○に寄付すべきだ」という判断は、ただちに「寄付しよう」「寄付しなきゃ」という動機づけを必ず（少しは）もたらすはずである。三人称で行われた「道徳的にいって、太郎は次郎に謝るべきだ」の場合でも、私は太郎が次郎に謝るように働きかける（そして謝らないならば太郎を非難する）といった動機づけを得るだろう。もちろん、我々はさほど意志の強い生き物ではないから、「○○に寄付しなきゃ」という動機づけが「自分の懐を痛めたくない」という自己利益的動機づけに敗北することも少なくない（これを意思の弱さ *akrasia* という）。だが、「寄付すべきだ」と言いつつ最初からまったく「寄付しよう」という気持ちが欠けているのであれば、その人は誠実に道徳的判断をしているのでないか、あるいは道徳的判断ではないなにか別のことをしているはずである。道徳的判断には必然的に動機づけが伴う。これが判断内在主義である。

第3に、動機づけのヒューム主義は、受動的な心的作用である認知的な心的状態は動能的な心的状態とは同じものではありえず、単体で人を動機づけ、突き動かすのは、後者に限られると主張する。認知的な心的状態は、動能的な心的状態に支えられずにそれ単独で動機づけることはない。知性作用としての理性は意志作用としての情念の奴隷であって主人ではない、といった立場を取ったとして有名な18世紀スコットランドの哲学者ヒューム David Hume にちなむ命名である。ある心的状態と世界の間に齟齬が生じた場合に、両者で適合方向が異なっている以上、それが認知的であると同時に動能的であることはありえない、とする議論がヒューム主義の根拠としてよく取り上げられる（適合方向からの論証）。

第4は道徳的判断の、外部の動機づけからの独立性である。「道徳的にいって、私はφすべきでない」という判断は、判断者である私がこの道徳的判断の外部で（それに先行して）「φしたい」あるいは「φしたくない」と思っているかと無関係に行われる。私がある約束を守ることに負担を感じ、約束を破りたいと思いつつ「だが、道徳的にいって、約束を破るべきではない」という道徳的判断を行う。道徳的判断はむしろ先行する非道徳的な動機づけに真っ向から衝突してそれを（意志の強さによって）打ち負かすことが期待される。もし私が道徳的になすべきことが、既に私がしたいと思っていることに限定されてしまうならば、道徳的判断のこうした機能は致命的に毀損されるだろう。

さて、これで4つのテーゼが揃ったが、残念なことにこれらは矛盾を招き寄せる。先行して「φしたい」となんら思っていない状況で私が「φすべきである」という道徳的判断を行ったとしよう（これが可能であることは独立性によって保証されている）。判断内在主義から、いまや私には「φしたい」という動機づけが存在しなければな

らないが、先行する外部の動機づけが存在しない以上、これは道徳的判断単体に由来するものでなければならない。しかし、道徳的判断は認知的な心的状態であるのだから（認知主義）、外部の動機づけ抜きに単体で「φしたい」という動機づけをもたらすことはできない（ヒューム主義）。それゆえ、矛盾が生じた。

　少なくともこの４つのいずれかを棄却しなければならない。だが、認知主義を捨てれば道徳的判断の真偽や正誤を問うことが意味をなさなくなるだろう。判断内在主義を捨てれば、我々の行為にまったく影響を及ぼさない道徳的判断を認めることになるが、これは道徳的な「べき」が持つ特異な力を否認するに等しい。動機づけのヒューム主義も棄却しようがないように見える（本節ではこの可能性は扱わない）。独立性を捨てれば、道徳に先行する私の動機づけ状態がどうであるかという主観的事情が道徳的判断の内容とそれゆえ真偽を決定するという主観主義がでてきてしまう（万人に共通の動機づけ状態がある、というのでない限り、これは評価者相対主義を導く）。果たしてどれを選ぶべきだろうか。この問題の解決は容易ではない。実際に、現在のメタ倫理学のかなりの部分は、これらの対応のいずれがほかよりマシな選理論的選択であるかを巡る議論として行われているのである[2]。

□　法的判断のテトラレンマ？

　道徳をいったん脇に措いて、法的判断について、道徳の場合と同様のテトラレンマが生ずるかを考えてみよう。法的判断が真偽や正誤を問いうるものであることを疑うのは難しい。もしそれらが正誤を問えないようなものであるなら、自動車運転免許の学科試験に我々が悩まされることはそもそもないはずである。したがって、法的判断についての認知主義は捨てたくない。動機づけのヒューム主

236 6 法哲学

義は判断対象が法か道徳かとは関係のない話だから、ここでも同様に成立する。独立性も棄却できない。法的判断が、判断主体が法に先行してφしたいと思っているかいなかという主観的事実に依存してしまえば、法の機能は完全に毀損されるだろう（φしたくないと思っている私がそのことによって「法的にいって法は私にφするよう命じている」という法的判断が偽であると考えてよいことになる）。判断内在主義はどうだろうか。「この国の法はここに駐車することを禁じている。それゆえ、君は法的にいってここに駐車すべきでない。だが、そんなことはまったくどうでもいい。しかも、どうせ警察はここには来やしない。君はここに駐車したまえ。」と言うとき、我々はなにかおかしなことをしているだろうか。読者の判断は割れるかもしれない。だが、道徳について同様のことを言った場合のおかしさと比べてみれば、法についての判断内在主義の説得力は大幅に小さなものであるだろう（違和感のある読者は、当該国家がろくでもない国家であり駐車違反とその検挙がもっぱら警察官の私腹を肥やすためのものであるという状況だったらどうかを考えてみよ）。そうすると、法的判断についてのテトラレンマは、判断内在主義を棄却することで容易に脱出できるように思われないだろうか。

だが、話はそう簡単ではない。上記と同様のことを裁判官や警察官が言ったらどうなるだろうか。我々は、たとえ当該国家がろくでもないものであったとしても、強い違和感を覚えるはずである（とりわけ私人としてこっそり耳打ちするのではなく公然と発された場合には）。彼らは法的判断に動機づけられ、法的判断に基づいて違反者に非難を行う形で振る舞うことが制度上期待されている。公職者の立場で振る舞う公職者には判断内在主義が成立するという事自体が法制度の本質的要請である。したがって、判断内在主義を保持するためには、認知主義か独立性を棄却する必要がある。だが、前

者の場合、厄介な問題が起きる。非認知主義を採用するということは、裁判官や警察官の「あなたは法的にいってφすべきである」という法的言明は法的事実について述べようとするものではなく、端的に「φせよ！」という欲求や命令を伝達しており、真理値を持たず正誤を争い得ない。他方で、一般人の場合には判断外在主義が成立するから、一般人の法的判断については、非認知主義は採用できない（非認知主義は判断内在主義を帰結するから）。そうすると、一般人は法的判断において真偽や正誤を争いうるなにかをしており、公職者はそうではないことになる。ということは、両者で法的判断の意味が異なってしまっていることになるだろう。これは公職者と一般人の間では法的判断を巡る会話が成立しないことを意味する（あたかも「ノウガク」という語を「能楽」として使う人と「農学」として使う人々の間で「ノウガク」を巡る会話が有意味に成り立たないように）。だが、明らかにこれはおかしな話である。

□ テトラレンマの解決とハートの法理論

　この問題を解決する鍵は、最後の選択肢、独立性の棄却にある。簡単に言えば、法的判断が公職者の動機づけという公職者の動能的状態についての認知的判断であると考えれば、公職者についての判断内在主義、一般人についての判断外在主義、法的判断の認知主義を両立させることができる。どんな法体系でも、あるルールが法のルールなのかそうではないのかを決めるメタレベルのルールがあるだろう（たとえば議会がそのルールを採択した、とか憲法上一定の手続が取られたとかである）。このルールそれ自体は法のルールではないことに注意しておこう（もし法のルールだとするとあからさまな循環が生ずるだろう）。さて「あるルールが法のルールである」ということを「公職者たちが、それによって認定された諸ルールに動機

づけられ自他の行動をそれらに照らして評価し、違反の場合にはそれを非難したりするような、そういうルール——このようなルールは「認定のルール rule of recognition」と呼ばれる——によって認定されていること」であると考えてみよう。そうすると、「あるルール R が法のルールである」という法的判断は公職者たちの動能的状態いかんに依存する認知的判断であることになる。もっと一般的に、「法的にいって φ すべきである」という法的判断は「φ を要求するルール R が法のルールである」ということを意味し、公職者たちの主観的状態に依存する認知的判断である。

　さて、公職者たちがあるルール R が法のルールであるという法的判断、すなわち R が認定のルールによって認定されているという判断をするならば、上述の認定のルールの意味から必然的に、公職者たちは実際に R に動機づけられていることになる。したがって、判断内在主義が成立する。他方で、一般人の法的判断の場合、それは一般人の動機づけについては何も関係していないから、判断外在主義が成立する。認定のルールの中身がどのようなものか、また、あるルールがそのような内容を持つ認定のルールによって認定されているか否か（たとえば議会を通過したか否か）は、社会的事実の問題なので、法的判断は一般的な認知的判断であり、真偽と正誤を問いうるものであることになる。

　実は、ハートの法概念論に関する主著『法の概念』において展開された立場は（細かいことを抜きにして言えば）、概ね上に述べた通りのものである[3]。彼は法的判断のテトラレンマを解決しようとしていたわけではなかったが、法的事実とは公職者の動機づけ状態を必然的に含む非道徳的な社会的事実である、とするハートの法実証主義的見解が、法についてのメタ規範理論的検討からスムーズに導かれてくることは注目に値しよう。

□　ドゥウォーキンの法実証主義批判：理論的不同意問題

　さて、やや長いが「〜はその社会の公職者たちが、それによって認定された諸ルールに動機づけられ自他の行動をそれらに照らして評価し、違反の場合にはそれを非難したりするような、そのようなルールによって認定されている」という社会的述語（それゆえ自然的述語）N を考えてみることにしよう。上述の理論によれば、「〜は法である」という述語は「〜は N である」という述語へと分析できることになる。

　N が指す社会的事実は「〜は法である」という述語が用いられた社会によって変動する。「私は祖国を愛する」の「私」と「祖国」の指すものが発話者によって変わるのと同じである（このような語は「指標詞 indexical」と呼ばれる）。N の指す社会的事実は、社会ごとにその社会の公職者たちが実際に受け入れており動機づけられている具体的な認定基準、たとえば「そのルールは議会によって裁可されているか」などによって与えられることになる。ある社会 S のそれを充当した述語（たとえば「〜は議会によって裁可されている」という述語）を「〜は NS である」としよう。もし上述の法理論が正しければ「〜は法である」という述語の意味は「〜は N である」や「〜は NS である」といった社会的述語によって与えられるだろう。S で N がどのような NS を指しているかは S に関する社会的事実の問題であり、あるルール R が NS であるかどうかも S に関する社会的事実の問題であるから、R が法であるかどうかは社会的事実の問題に帰着する（法的事実の社会的事実への還元）。

　ドゥウォーキンはハートが担当していたオクスフォードの法哲学講座の後継者であったが、ハートの法理論に熾烈な批判を加えたことで知られている。ハート型の法理論──「〜は法である」という法的述語の意味は N や NS といった社会的述語へと分析・還元で

240 6 法哲学

きる──に対して彼が提出する不満の一つは次のようなものである[4]。社会的事実について争いのない判事たちの間でも、あるルール R が法のルールか否か、あるいは、ある当事者 P がある法的権利を有するか、すなわち、ある権利を当事者 P に賦与するようななんらかのルールが法のルールとして存在するか否か、といった問いをめぐって不同意、すなわち意見の不一致が生ずるというのである（これを理論的不同意 theoretical disagreement と呼ぶ）。理論的不同意の存在自体は各法域の判事たちの様子を観察すれば発見できる端的な事実である。だが、ハート型の法理論ではこのような不一致の存在は説明できない。なぜなら、あるルール R が法のルールかどうか、あるいは P がある法的権利を有するかどうかは、R が NS であるかどうかという社会的事実の問題だからである。社会的事実に関する争いのない判事たちの間に R が NS であるかどうかに関する争いは生じ得ない。ということは、「〜は法である」という述語の意味が N や NS へと分析・還元できるという前提が誤っていたのである。したがって、あるルールが法のルールであるかどうかは、社会的事実に関する問題ではありえず、法的事実が社会的事実に還元できるとする法実証主義は誤りである。大要、これがドゥウォーキンの法実証主義批判の中核にある議論である。もちろん、法実証主義者からは様々な反論が提出された。

　だが、読者は奇妙な既視感を感じなかっただろうか。実は、冒頭で扱ったムーアの「開かれた問い」論証と、この議論はそっくりなのである。「R は NS である。それゆえ R は法である」という裁判官に対して「R は NS である。だが、R は本当に法だろうか？　R は法ではないと私は思う。」という別の裁判官の不同意が有意味なのは、この「この NS である R は本当に法だろうか？」という問いが開かれた問いだからこそである。ムーアが「〜は善い」は自然的

述語へと分析できないとした議論と、ドゥウォーキンが「〜は法である」を社会的述語へと分析できないとした議論は本質的に同じだったのだ。だとすれば、法概念論はどちらに進むべきだろうか。ドゥウォーキンは「解釈的概念」という概念を持ち出して「法」は解釈的概念である、という方向に進むが、その支持者はさほど多くはない。ムーアに対し同時代の哲学者がそうしたように非認知主義を採用してみるべきだろうか？　しかし、法的判断が真偽や正誤を問いえないというのは、道徳判断の場合より一層もっともらしくなさそうである。翻って言えば、「開かれた問い」論証に対するこれまでのメタ倫理学者たちの反論——そうした反論は幾つもあり、それゆえ「開かれた問い」論証は一般には成功していないと考えられることが多い——を検討すれば、同じことがドゥウォーキンの理論的不同意論証についてもできそうである。そうだとしたら、法的事実を社会的事実に還元する法実証主義の命脈はなお絶たれてはいないかもしれない[5]。

□　規範性の問題：理性的行為者性と理由

　法概念論とメタ倫理学の間に存在する並行的関係を最後にもう少し見ておこう。ここで扱いたいのは「規範性 normativity」の問題である。まず、道徳の規範性の問題を確認しておきたい。

　やや唐突だが、人間の古典的定義を思い出そう。「羽のない二足歩行動物 featherless biped」という有名な冗談はさておき、アリストテレス以来の「理性的な動物 rational animal」という、類 *genus* と種差 *differentia* による定義を考える。スコラ哲学風に言えば（自由意志のお蔭で）人間は感情のみによって駆り立てられるのではなく、理性的に思考し、行為することができる。動物一般と人間の本質的な差異は理性性 rationality にあるわけだから、動物一般が道

242 6 法哲学

徳を考慮する能力を欠き、動物の中では人間のみが道徳的行為者であることは、理性性の有無に由来しているのでなくてはならない。したがって、こうした考え方に従えば、我々の道徳性は理性によって基礎づけられているはずである。

次に、我々が動物とは異なった理性的行為者 rational agent であるとはどういうことかを考えよう。様々な考えがありうるところだが、これまたよくある考え方に従えば、我々が様々な事実を、ある行為 φ を為すことの（あるいは差し控えることの）理由として考慮にいれ、そうした理由群の比較衡量などの（実践的）熟慮の結果として「φ すべきである ought to do」と判断し、この判断に動機づけられて φ する意図を形成し、この意図によって惹起される形で、φ という身体の動静という事象が生起する、ということである（単なる出来事一般と行為の差は、行為という出来事が行為者の行為者性によって生起する点にある）。

さて、改めて、行為を為す（あるいは差し控える）「理由 reason」とはなんだろうか。なんらかの行為 φ に対し「有利／不利に働く count in favor/disfavor of」ような事実である、というのがこれまたよくある考え方である。だがこの「有利／不利に働く」は、理性的行為者の実践的──すなわち行為の選択と生起に関わる──熟慮において有利／不利に働くということにほかならないだろう。すると、理由とは理性的主体の実践的熟慮において行為に対し有利／不利に作用する（ことになっている）事実であるということになる。

道徳は一定の事実（たとえば「φ すると約束した」という事実）を一定の行為（たとえば「約束を守って φ する」という行為）に対する理由にする。道徳によって理由となった事実を道徳的理由という。法についても事情は同様である。たとえば、法が N な行為を禁止しているとき、行為 φ が N であるという事実は、行為 φ を差

し控えることの理由——法的理由——である。およそ規範ないし価値の体系は一定の事実を一定の行為の理由とする。チェスとそのルールは、ある手がその指し手の勝利の確率を上げるという事実を、その手を指す理由とするし、ある手が反則手であるという事実を、その手を指すのを差し控える理由とする。だが、私がチェスの反則手となるようなやり方でチェスの駒を動かすこと自体に、なにか非理性的・反理性的なところがあるだろうか。もし私がチェスを指すつもりがなければ、チェスの定める「チェス的理由」は私の理性に働きかけないだろう。様々な「○○的理由」の類はそれだけでは理性を拘束しない。なんらかの○○的理由を無視することが理性性に反する、すなわち反理性的である場合に、それを「良い理由 good reason」と呼ぶことにしよう。「良い理由」のみを「理由」と呼ぶやり方（理由の濃厚な理解）もあるが（そしてそれが通例だが）ここでは敢えて「理由」を前者の希薄な意味で用いることにする。

　さて、法や道徳などの、ある領域Rの「規範性」とはRが理由を定めることを言う。希薄なR的理由のみを定めるということが希薄な規範性であり、それらが良い理由でもあるということが濃厚な規範性である（ここでも単に「規範性」とだけ言う場合にはこちらを指すことが通例であり、以下ではこの意味で用いる）。問題は、理性的行為者によって必然的に考慮されるような事実があるか、である。たとえば、ある浜辺に摩耗によって丸くなったすりガラス調の不透明なガラス玉が落ちているという事実は、シーグラスの蒐集家などにとっては、それを拾いに浜辺へ出かける良い理由だが、そうでない人にとってはおよそどんな行為の良い理由でもないだろう。それが良い理由であるかどうかは、行為者がシーグラスの蒐集のような目的を持っているかどうかという偶然的事情に依存する。これに対し、道徳的理由は行為者の偶然的目的などの事情に依存せず、必然

244 6 法哲学

的に良い理由であると思われないだろうか。これが道徳の（濃厚な意味での）規範性である。一般に、R的理由を定めるようなRの規範性とはR的理由が必然的に良い理由である、ということを意味する。なお、R的理由が必然的に良い理由であり、かつその他のR′的理由に対し理性的熟慮において必然的に優越するということをRの「至高性 supremacy」というが、道徳に至高性を認める論者もいれば、規範性のみを認める論者もおり、さらには規範性をすら認めない論者もいる。

□ ヒューム主義的な理性の理解

　先にも登場したヒュームは理性（ないし知性）についての特徴的な理解を有していたことで知られる。ヒュームによれば、理性はそれ自体では目的を与えない。目的を定めるのは情念であって、理性は情念が定めた目的を所与としてどうすればそれを達成できるかを告げるのみである。理性が定める良い理由は必然的に、理性によって統制されない偶然的な目的に依存する道具的理由でしかない（この道具的理性性概念は動機付けのヒューム主義にも現れている）。ヒュームのこの思想は「指に掻き傷を作ることよりも全世界の滅亡を欲するということは理性に反しない」という有名な言明によってよく知られている。注意すべきは、ヒューム主義的理性理解の下では、規範性などというものはほぼ成立しない、ということである。かろうじて、理性の関与しない目的——目的を有するとは動能的な心的状態である——を所与とした道具的理由のみが規範性を有していると言えるだろうが（異論もある）、そうだとすると、道徳の規範性は道徳が当該行為者の目的に奉仕する道具的存在であるときに限って成立し得るということになるだろう。つまり、道徳が行為者の動能的状態としての偶然的な目的の存在に依存し、それに左右さ

れることになる（万人に共通の動能的状態としての目的がある、と
いうのでない限り、行為者相対主義となる）。だが、多くの論者は
相対主義を嫌い、それゆえヒューム主義的理解を退けるべく手立て
を尽くすか、むしろ敢えて道徳の規範性自体を否定することにな
る。

□　法の規範性

　とはいえ、道徳がチェスと異なり理性的行為者を必然的に拘束す
るということに違和感を覚える向きは少ないだろう（ただしそれに
は上述のヒューム主義的理性理解に対する反駁が必要であり、私自身はそ
の可能性について悲観的である）。これに対して、法はどうだろうか。
法的理由はチェス的理由と同様に、たまさかにその実践に対する欲
求を持つ人をしか理性的に拘束し得ないのだろうか。多くの法概念
論の研究者は、法の規範性は少なくともチェスよりは濃厚なものだ
と考える。だが、このことが法実証主義的法理論にまたもや問題を
もたらす。

　「～は法である」という述語が必然的に「～は概ね正義にかなっ
ている」「～は著しく不正でない」のような道徳的述語を構成要素
として含んでいるならば、道徳に規範性があるかぎり、法の規範性
も少なくともチェスを超える程度には確保できるだろう。だが、こ
れは法的事実が必然的に道徳的事実を構成要素とする、という自然
法論的見解に導く。法的事実は社会的事実のみを必然的な構成要素
とする、という法実証主義的見解を取ろうとすれば、法の規範性は
社会的事実のみによって基礎づけられなければならない。だが、そ
のようなことが可能だろうか。法的事実が必然的に有する社会的事
実の部分を社会的述語Ｎで表そう。すると「あるルールＲが法の
ルールでありそれゆえにそれを無視することは必然的に非理性的で

ある」ということは「Rは法であり、それゆえNであり、それゆえにそれを無視することは必然的に非理性的である」ということである。だが、「RはNである。だが、Rを無視することは本当に必然的に非理性的だろうか？」という問いは、どんな社会的述語Nについても開かれた問いであるように思われる。ということは、Nの意味のみによっては法的理由が必然的に良い理由であることを、保証し得ない、ということになろう。「開かれた問い」論証はここでも再び法実証主義の躓きの石となる（と同時にメタ倫理学での応答がここでも参考になる）。現代的メタ倫理学の誕生時に生まれた論証が現在でも議論に影響を与え続け、メタ倫理学を超えて法概念論に影響を及ぼしている。本節が法概念論の一歩手前と題してメタ倫理学を扱うゆえんである。

■ 読書案内

アンドレイ・マーモー（森村進　監訳）『現代法哲学入門』（勁草書房、2023 年）。本書は Andrei Marmor, *Philosophy of Law*, (Princeton University Press, 2011) の邦訳である。『現代法哲学入門』という邦題にもかかわらず、扱われているのがもっぱら法概念論のみである点はむしろ貴重であろう。ただし、メタ規範理論に不案内な法学部生が徒手空拳で挑んでも理解は覚束ないであろう。本節の内容を踏まえ、また本節では扱えなかったハンス・ケルゼンの所説についての基礎的な理解を得たあとであれば、理解も多少は容易になるはずである（なお、理解のためにはできれば英語原書を薦める）。この意味においても本節は「法概念論の一歩手前」なのであった。

【安藤　馨】

注

1 相手が述べた文Sについて「それは真である」と述べることは、S を長々と繰り返すことなく「S」と述べる手段に過ぎず、それはSが世界を描写しようとしているか否かといった問題にかかわらないという見解を「真理のデフレ主義」という。Paul Horwich, *Truth* (second edition), OUP (1998) ポール・ホーリッジ（入江幸男, 原田淳平 訳）『真理』（勁草書房、2016 年）を見よ。

2 このような見方は、Michael Smith, *The Moral Problem*, Blackwell (1994) マイケル・スミス（樫則章 監訳）『道徳の中心問題』（ナカニシヤ出版、2006 年）によって提示されたものである。

3 H.L.A. Hart, *The Concept of Law* (third edition), OUP (2012) H.L.A. ハート（長谷部恭男 訳）『法の概念』（第 3 版）（ちくま学芸文庫、2014 年）を見よ。

4 Ronald Dworkin, *Law's Empire*, OUP (1986) ロナルド・ドゥウォーキン（小林公 訳）『法の帝国』（未来社、1995 年）を見よ（esp. pp. 3-11（邦訳 18-30 頁））。

5 この問題については更に、安藤馨「メタ倫理学と法概念論」論究ジュリスト 2013 年夏号（6 号）86-93 頁を参照のこと。

パート　3　　法と社会と言語

1 英語を学ぶ
　◆　民主主義を支える教養として

　筆者は、アメリカ文学研究を専門としながら、一橋大学の法学研究科の専門科目と、共通教育の英語科目や英語圏文学等の科目を担当する一教員であり、本節では英語科目のうち、リーディング・スキルとライティング・スキルの授業で、どのようなテクストをいかなる目的をもって教えているのかの一端を紹介したい。一橋大学の英語エリアのカリキュラムは、グローバル化が進む今日の世界を生き抜いていくために必要な英語力を、一人でも多くの一橋大生に身に付けてもらうことを目標に設計されていて、本学の英語教育は学問的かつ実践的なものとなっている。筆者の行う英語の授業では、それらが一般教養教育の一環であることも重視している。

　米国では伝統的に大学における一般教養教育は民主主義を支え、善き市民性を育んできたと、マーサ・ヌスバウムや、ウェンディ・ブラウンといった哲学者らは述べている[1]。市民が公共生活の問題について考えるためには、権力、歴史、正義、弱者に対する配慮のあり方をある程度理解していることが必要である。ヌスバウムは、民主主義の維持のため、また、世界の諸問題に建設的に対処するために不可欠な能力は、人文学および芸術と密接に結びついていると指摘する[2]。そうした能力とは、①批判的に思考する力　②ローカルな視点を乗り越えて、「世界市民」として世界の諸問題に取り組む力　③他人の苦境を共感をもって想像する能力のことであると、ヌスバウムは述べている[3]。筆者の英語の授業では、実践的な英語運用能力の向上とともに、これらの3つの能力を涵養することも目

252   1 英語を学ぶ

指している。

□　キング牧師の手紙から英文の構成の基本を学ぶ

　下記引用は筆者の英語科目でしばしば取り上げる英文の一例である。

　　　You express a great deal of anxiety over our willingness
to break laws. This is certainly a legitimate concern. Since
we so diligently urge people to obey the Supreme Court's
decision of 1954 outlawing segregation in the public schools,
at first glance it may seem rather paradoxical for us
consciously to break laws. One may well ask: "How can you
advocate breaking some laws and obeying others?" The
answer lies in the fact that there are two types of laws:
just and unjust. I would be the first to advocate obeying
just laws. Conversely, one has a moral responsibility to
disobey unjust laws. I would agree with St. Augustine that
"an unjust law is no law at all."

　　　Now, what is the difference between the two? How does
one determine whether a law is just or unjust? A just law
is a man-made code that squares with the moral law or the
law of God. An unjust law is a code that is out of harmony
with the moral law. To put it in the terms of St. Thomas
Aquinas: An unjust law is a human law that is not rooted
in eternal law and natural law. Any law that uplifts human
personality is just. Any law that degrades human
personality is unjust. All segregation statutes are unjust

パート3 法と社会と言語　253

because segregation distorts the soul and damages the personality. It gives the segregator a false sense of superiority and the segregated a false sense of inferiority. Segregation, to use the terminology of the Jewish philosopher Martin Buber, substitutes an "I-it" relationship for an "I-thou" relationship and ends up relegating persons to the status of things. Hence, segregation is not only politically, economically, and sociologically unsound, it is morally wrong and sinful. Paul Tillich has said that sin is separation. Is not segregation an existential expression of man's tragic separation, his awful estrangement, his terrible sinfulness? Thus it is that I can urge men to obey the 1954 decision of the Supreme Court, for it is morally right; and I can urge them to disobey segregation ordinances, for they are morally wrong. (Martin Luther King Jr. "Letter from Birmingham Jail"[4])

　上記引用の英文の著者であるマーティン・ルーサー・キング・ジュニア牧師は、1955 年にアラバマ州モンゴメリーで起きたアフリカ系米国人による乗車ボイコット運動を支援したのを契機に公民権運動の指導者の一人となった。この当時のアメリカでは、アフリカ系の人々の選挙での投票は妨害され、彼らは特に南部を中心に、白人と同じ学校に通うことが許されず、公共の交通機関やレストランで白人と同じ席につくことができなかったし、彼らへのリンチ事件も頻繁に起こっていた。キング牧師は、度重なる脅迫にも屈せず、人種隔離政策と法律上の不平等の撤廃を訴え続け、組織的な市民的不服従の運動を指導した。市民的不服従とは、自らの良心が不正で

あると判断した法律に対する、非暴力的で、政治的に動機づけられた、公然たる不服従のことである。1963年5月に、アラバマ州バーミンガムで、商店やレストランにおけるサービスや雇用上の人種差別の撤廃を求めたデモを、キング牧師は指導した。この運動の中で、逮捕されて8日間収監されていたとき、「バーミンガム刑務所からの手紙」を書いたのであるが、この手紙は広く公開され、市民的不服従の精神について著された最も重要な文書の一つとされている。この時、キング牧師と運動の参加者らは、市の警察と白人の人々に反対され、キング牧師は彼らに「よそ者」の介入者として批判された。キング牧師は「バーミンガム刑務所からの手紙」の中で、市内の白人の聖職者らに対して、人種隔離制度の撤廃を目指した自らの市民的不服従の行動の意義を説明し、デモを止めさせようとする人々に応答している。このデモに対する警察の暴力的な抑え込みが、国内外でテレビ放映されたことは、キング牧師の率いる市民的不服従の運動が広く公的な支持を引き付けることに繋がった。この運動の収拾のために、当時のケネディ大統領は連邦軍をバーミンガムに派遣して、さらに、人種差別をなくすために、新しい公民権法案を議会に提出することを全国民に約束する声明を出すことになった。

　キング牧師の「バーミンガム刑務所からの手紙」は、歴史上の重要な文書であるだけでなく、英語のアカデミック・ライティングとリーディングを学ぶのにも良いテクストであり、今日、アメリカで多くの高等教育レヴェルの英語の読み書きの教科書に掲載されている。上記のキング牧師の手紙の引用部分の1段落目では、彼の率いる非暴力抗議運動は、なぜある法律を破りながら、他の法律を守るなどと主張できるのかという問いに対して、それは法律には正しい法と不正な法とがあるためであるとし、人は正しい法には従うべき

法律上および道義上の責任があるのに対して、不正な法には従わない道義上の責任があるのだと述べている。この1段落目では、英文の基本的な展開パターンの一つの「分類」（division）の論理が用いられている。「分類」という論理展開パターンでは、一つの全体的カテゴリーがより小さなカテゴリーへと分類される。次の段落では、道義的に正しい法と不正な法とはそれぞれどのようなものであるのか、定義づけられ、両者の違いが明らかにされている。このように、ある語の意義を説明する「定義づけ」（definition）や、二つ以上のものの違いについて明らかにする「対照」（contrast）について論じるのも英文の代表的な展開パターンである。授業では、「叙述」（narration）、「過程」（process）、「描写」（description）、「例示」（exemplification）、「因果関係」（cause and effect）、「比較・対照」（compare and contrast）、「カテゴリー化と分類」（classification and division）、「立論」（argumentation）といった他の論理展開パターンについても、米国人が高等教育の中で触れるような著名な文章を模範として参考にしながら、それぞれの論理展開パターンに伴って使用する接続語句とともに学習する。

　また、上記引用の第2段落目は十分に展開されている段落の好例である。読み手が、ある段落の本旨を理解するために必要な、具体例、理由、事実などの支持文を含んでいれば、その段落はよく展開されていると言える。正しい法とは、道徳律ないしは神の掟に合致する、人間が作った法典であり、不正な法とは、道徳律とは相いれないちぐはぐな法規であるというこの段落の本旨を支持するために、キング牧師は、聖トマス・アクィナス、マルチン・ブーバー、パウル・ティリッヒら学者の言葉を引いている。一つのパラグラフにおいて、本旨を支持する文章が充実していれば、書き手の主張の説得力も増すことになる。支持文の中では、具体例、理由、事実、

統計などの数値的データ、専門家の意見などを示すとよい。

　筆者のリーディングとライティングの授業では、実践的な英語の読み書きの基本として、英文の論理展開パターンとパラグラフの構成について学習する。これらの英文の基本的構成を理解していれば、一見難解に思われるような長文を読み解く際に、文章の流れや本旨を的確に把握することが容易になる。また、自分で英文を書く際にも、英文として自然で適切な構成で、文章を展開することが可能となる。

□　人文学的教養のために読む

　筆者は、その明快な論理展開とパラグラフの構成が、実践的な英語力を身に付けるための教材として適切であると考え、キング牧師の「バーミンガム刑務所からの手紙」を、リーディング科目とライティング科目でしばしば取り上げるが、この選択は人文学的観点によるところも大きい。この手紙に読み取れるキング牧師の卓越した批判精神や、同胞の苦境を共感をもって想像し、それを表現する能力は、現代を生きる我々がよりよい民主主義と社会を築くために学ぶところが多いものである。また、この手紙を読めば、米国の歴史や社会について知るにとどまらず、許されてはならない人種差別とは、暴力とは、社会的不公正とはどういうものなのか、守らなければならない人間の尊厳とはどのようなものなのかといった人文学的な問題に触れられる。

　グローバル化が進展する今日、私たちは日々様々な局面で、自分とは国籍、言語、宗教、民族、文化の異なる人々と相互に結びついて生活している。経済、環境、政治などの分野でも、取り組むべき問題の解決のためには、多国間での議論と協力が必要になってきている。世界の諸問題に取り組むうえで、今日求められている二つ目

の力は、自国内の多様性だけでなく、世界各国の多様な人々の歴史と文化について理解する能力である。このような世界の文化多様性について学ぶのに、英語の授業の中で、米国の多文化性について取り上げるテクストを読むことはよい備えになるであろう。1960年代以降、アフリカ系アメリカ人の公正を求める訴えに先導されるかたちで、先住アメリカ人やアジア系アメリカ人などの多くの民族的マイノリティが社会平等を求めて運動を起こすようになった。さらに、女性政治運動も公民権運動に刺激を受け、雇用や教育機会における男女平等等、1960年代から70年代にかけて、女性の社会参画が促進された。このようにして1960年代以降の米国では、あらゆる人びとの社会的平等を追求する気運が高まる中、それまでのように、白人男性の社会的優位性を当然とする既存の価値観や文化、歴史の見直しがなされた。このような中、学校や大学などの教育機関でも、それまでは見過ごされてきた、民族的マイノリティや女性の観点から語られる歴史や文学などの研究や教育が求められるようになった。キング牧師の手紙も、このような教養や文化の見直し、書き直しの中で、米国で高等教育における教材として取り上げられるようになっている。女性、民族的、性的マイノリティの米国人の優れた著作を読むことを通して、語学力に止まらず、多様な文化についての知識、文化的多様性から学ぶ力、異なる文化を同等に尊重する力などを身につけることはグローバルな時代に対応する備えとなるであろう。

　人文学的な観点から、民主主義を維持し、今日の世界の諸問題に対処するのに必要と思われる第3の力は、他人の苦しみや痛みを共感をもって理解する能力である。こうした能力は、経済開発を優先するような教育の中では重視されることが少ない。キング牧師の「バーミンガム刑務所からの手紙」を再び例にとって見れば、公民

258 1 英語を学ぶ

権法成立前のアフリカ系アメリカ人が日常的に経験せざるを得ない人種差別の苦痛については、次の手紙の中の引用部分における具体例の列挙を通して実感させられるであろう。

We have waited for more than 340 years for our constitutional and God-given rights... Perhaps it is easy for those who have never felt the stinging darts of segregation to say, "Wait." But when you have seen vicious mobs lynch your mothers and fathers at will and drown your sisters and brothers at whim; when you have seen hate-filled policemen curse, kick, and even kill your Black brothers and sisters; when you see the vast majority of your twenty million Negro brothers smothering in an airtight cage of poverty in the midst of an affluent society; when you suddenly find your tongue twisted and your speech stammering as you seek to explain to your six-year-old daughter why she can't go to the public amusement park that has been advertised on television, and see tears welling up in her eyes when she is told that Funtown is closed to colored children, and see ominous clouds of inferiority beginning to form in her little mental sky, and see her beginning to distort her personality by developing an unconscious bitterness toward white people; . . . when you are humiliated day in and day out by nagging signs reading "white" and "colored"; when your first name becomes "nigger," your middle name becomes "boy" (however old you are), and your last name becomes "John,"

and your wife and mother are never given the respected
title "Mrs." . . .then you will understand why we find it
difficult to wait. ("Letter from Birmingham Jail"[5])

上記の引用の中で、キング牧師は、アフリカ系米国人が憲法に明記
された諸権利を獲得できていなかった1963年当時の状況を示唆し、
米国に残り続けていた人種差別の例を挙げている。同胞が猶も、リ
ンチや警察官による暴力的な取り締まりの被害に遭っていること、
さらには、彼らの多くが貧困に取り残されていること、人種隔離に
より、遊園地に入ることを許されないアフリカ系の少女の目に涙が
滲み、少女の人格形成に影響が生じていること、人種隔離を示す標
識を日々目にすることからくる屈辱感、人種隔離制度に伴う、白人
によるアフリカ系の人々に対する蔑称の数々が上記のように細かに
示されれば、読み手は、彼らの心の痛みを我が事のように感じざる
を得ないであろう。このように、他者の痛みや苦しみに対しての理
解を深める文章に触れることにより、尊重しなければならない他者
の人間性について実感を深めていきたい。このように、自分とは属
性の異なる他の市民を、敬意をもって見る能力を涵養することは、
民主主義を維持する上で欠かせないことであるとヌスバウムは指摘
している[6]。
　米国内の多様な文化的見地から書かれた名文との出会いを楽しみ
ながら、英文の構成や論理展開パターンの学習を中心に実践的な英
語の読み書きの力の向上を目指し、さらには、人文学的教養によっ
て引き出される上記の3つの力を育んでいくことができればという
思いで、筆者は、日々の英語ライティングとリーディングの授業に
取り組んでいる。

260　　1　英語を学ぶ

■　読書案内

　アフリカ系米国人には、言葉の力で非人道的な人種差別と闘ってきた伝統がある。文学とアフリカン・アメリカン研究の学者であるヘンリー・ルイス・ゲイツ・ジュニアによれば、読み書き能力はアフリカ系米国人にとって、白人と同等の人間性を自分たちが有していることを証明するものであり、自分たちを抑圧する体制を批判するための手段であったのだということである[7]。そして、ゲイツはそうした目的でアフリカ系アメリカ人が著した本の一例として、19世紀半ばの北部で刊行された、元奴隷が自身の奴隷としての体験を語った奴隷体験記を挙げている。フレデリック・ダグラス『アメリカの奴隷制を生きる　フレデリック・ダグラスの自伝』（2016年）や、ハリエット・アン・ジェイコブズ『ある奴隷少女に起こった出来事』（2017年）等の奴隷体験記が本邦でも翻訳刊行されている[8]。また、米国における最も古い公民権運動団体の一つである全国黒人向上協会を創設した活動家であり、同国を代表する思想家、歴史学者、社会学者であったW・E・B・デュボイスも、数多の著作を通して、人種差別制度が資本主義、帝国主義、白人優越主義と密接に関連していることを分析し、論じ続けた。彼の著作のうち、初期の代表論集『黒人のたましい』（岩波文庫、1992年）を読めば、キング牧師も影響を受けたというデュボイスの精神性と彼の初期の批判理論に触れることができる。

【早坂　静】

注

　1　ウェンディ・ブラウン（中井亜佐子訳）『いかにして民主主義は失われていくのか』（みすず書房、2017年）、203-205頁。マーサ・C・ヌ

スバウム（小沢自然・小野正嗣訳）『経済成長がすべてか？：デモクラシーが人文学を必要とする理由』（岩波書店、2013年）、9-15頁。

2　　ヌスバウム、前掲9頁。

3　　ヌスバウム、前掲9頁。

4　　Martin Luther King Jr., "Letter from Birmingham Jail." The Martin Luther King, Jr. Research and Education Institute, Apr. 16, 1963. https://okra.stanford.edu/transcription/document_images/undecided/630416-019.pdf.

5　　King, "Letter from Birmingham Jail."

6　　ヌスバウム、前掲33頁。

7　　Henry Louis Gates Jr., "One Internet, Two Nations." *New York Times.* Oct. 31, 1999.

8　　フレデリック・ダグラス（樋口映美監修、専修大学文学部歴史学科南北アメリカ史研究会訳）『アメリカの奴隷制を生きる　フレデリック・ダグラスの自伝』（彩流社、2016年）。ハリエット・アン・ジェイコブズ（堀越ゆき訳）『ある奴隷少女に起こった出来事』（新潮社、2017年）

2 英語について考える

◆ 覇権言語への道

　言語は個人および集団のアイデンティティにおいて中心的な重要性を持っている。「言語はただの言葉ではない。言語とは文化であり、伝統であり、共同体の統一であり、そして共同体を作り上げてきた歴史である」[1]と語ったのはノーム・チョムスキーであった。言語は、その言語を育んできた社会、文化、政治、経済などと密接に関係し、使用者（「話者」には限定性があるため、本節では「使用者」とする）の個人的および集団的アイデンティティを構築してきた。

　『世界人口白書2024』によると、現在の地球人の人口は約81億1900万人とされる。この人口は7600を超える言語を使用している。この約7600言語を使用者数の順に並べた時（ここでは便宜上、第一言語・第二言語使用者に限定する）、上位20言語の使用者数が36億人を超える。言い換えると、世界人口の半分近くが、現存する言語の0.3パーセント弱の言語を使用していることになる。他方、約7600言語の約44パーセントは、使用者が1000人に満たない「絶滅危惧言語（endangered languages）」に該当する[2]。

　すべての言語のうち、英語は使用者数世界1位を誇る言語である。2013年までは標準中国語が1位の座にあったが、2024年現在、英語使用者は約14億6000万人、標準中国語使用者は約11億6000万人となっている[3]。第一言語使用者のみを比較すると中国語使用者が英語を大きく上回ることから、英語使用者は第二（〜）言語としての使用者が非常に多いことが明らかである。この背景には、英

264　2　英語について考える

語が「リンガ・フランカ（lingua franca, 共通語・通商語）」である
という現実がある。実際、政治・経済の現場に加え、教育・研究、
メディア・IT においても英語が多用されていることから、もはや
「覇権言語（hegemonic language）」と呼ぶ方が適切かもしれない。
本節はその背景と現状を俯瞰し、将来を展望するものである。

□　世界史の中の英語

　英語はインド＝ヨーロッパ語族という分類に属する言語である。
この語族には南アジアから中央アジア、西アジア、ヨーロッパに至
る、さまざまな地域で生まれた言語が含まれている。「語族」とい
うのは 19 世紀に生み出された概念で、言語学的に共通性を持つ言
語を分類する際の名称である。インド＝ヨーロッパのほかにニジェ
ール・コンゴ語族、オーストロネシア語族、トランス・ニューギニ
ア語族、シナ・チベット語族など合計 13 の語族が存在する。イン
ド＝ヨーロッパ語族に属しているのは 444 言語で、世界中の言語の
うちの 6 パーセントにも満たないが、使用者が最も多い 10 言語の
うち 8 言語をインド＝ヨーロッパ語族が占めていることから、存在
感が大きい語族といえる。

　英語の歴史は、変化段階の特徴に基づいて、「古英語（Old
English、450 〜 1100 年頃）」、「中英語（Middle English、1100 〜
1500 年頃）」、「近代英語（Modern English、1500 〜 1900 年頃）」、
「現代英語（Present-Day English、1900 年頃〜）」という 4 つの時
代に区分できる。年代については諸説あるものの、いずれもイング
ランドが経験した歴史変動と深く関連している。

　「古英語」の時代の始まりは、もともとケルト系のブリトゥン人
が居住していた現在のイングランド周辺に、現在のドイツやデンマ
ークにあたる地域から、アングル人、サクソン人、ジュート人らが

パート3　法と社会と言語　265

移住するようになった時期にさかのぼる。彼ら（総称してアング
ロ・サクソン人）が使っていたゲルマン語の方言は、古英語の起源
となった。その時代のグレートブリテン島は、複数の民族集団が
それぞれの言語・方言を操る「るつぼ」状態であったが、10世紀に
アングロ・サクソン人によってイングランド王国が樹立されると、
標準古英語の必要性が高まる。ところが、1066年のノルマン征服
により、古英語はふたたび方言ステータスに戻ってしまった。

　「中英語」はノルマン征服以降の英語であり、イングランド人と
他民族の接触の影響が顕著になってきた時代の産物である。8世紀
頃からイングランド沿岸部に侵攻し、定住したデーン人は、古ノル
ド語使用者であった。また、ノルマン征服後に支配者としてやって
きたフランス人たちは、話し言葉としてフランス語を、書き言葉と
してフランス語とラテン語を用いた。中英語では、名詞のジェンダ
ーがなくなり、語形変化が激減するなど文法が簡略化され、他言語
の借用語彙が急増した。政治、法律、芸術、食文化などはフランス
語、宗教（カトリック教会）や学問一般においてはラテン語を多く
借用した。こうした借用関係が一方通行であったことは、英語とフ
ランス語・ラテン語、イングランド人とフランス人の間の力関係を
象徴している。英語使用者は、粗野で大雑把な英語に比べてフラン
ス語は繊細で雄弁であると感じ、英語の表現力の限界と借用語彙の
膨大さを嘆いた。こうしたフランス語に対するコンプレックスは、
この後何世紀にもわたって受け継がれることになる。

　百年戦争（1337-1453）は英語の歴史に不可逆的な変化をもたら
した。外敵を得ることにより、イングランド社会に内在する差異が
不可視化されたとともに、自分たちの言語は英語であり、フランス
語は敵国の言語であるという認識が広く共有されるところとなった
のである。ここから英語の巻き返しが始まった。英語で書かれた文

学が広く読まれるようになり、チョーサー（Geoffrey Chaucer, c.1343-1400）やガワー（John Gower, c.1330-1408）といった中英語を駆使する作家が登場した。これはウィクリフ（John Wycliffe, 1329-1384）の組織がラテン語聖書の英語訳に取り組んだ時期とも重なる。1349 年にはオックスフォード大学において英語で講義が行われ、14 世紀後半の学校教育は英語で行われていた。王侯貴族についても、ブレティニー条約締結後の 1362 年、エドワード 3 世が議会の開会を英語で宣言して以来、英語は公的な言語として用いられるようになった。英語による公文書の規範「チャンセリー・スタンダード（Chancery Standard）」が確立され、宮廷の言語は英語に切り替えられていった。

15 世紀の後半、キャクストン（William Caxton, 1415-1492）がイングランドで初めて印刷業を手がけ、書籍の小売を始めた頃には、英語書籍に対する十分な需要が存在していた。彼が最初に出版したのはチョーサーの『カンタベリー物語（*The Canterbury Tales*, 1387-1400)』で、それ以降に出版した書籍も英語で書かれたものが大半であった。キャクストンがエドワード 4 世とエリザベス王妃に自らの印刷工場を案内している絵画が示しているように、彼が手がけた作品の数々は上流階級を中心に人気を博した。

「近代英語」は、中世以降のヨーロッパが経験した歴史的展開の中から生まれた。物理的な距離によってヨーロッパ大陸から隔てられていたイングランドは、こうした出来事のインパクトを遅れて感じることもあれば、また独自の発展を遂げることもあった。大陸では芸術・学問全般で花開いたルネサンスは、だいぶ遅れて届いたイングランドにおいては、主に文学や哲学などの領域に特化していた。また、大陸の宗教改革がカトリック教会と改革派の対立だったのに対して、イングランドではカトリック教会・イギリス国教会・改

革派の三つ巴の戦いとなった。国王が君主と教皇を兼ねるという大団円もほかの国や地域では見られない。

近代英語の時代、英語の表現の幅はさらに広がっていった。ルネサンスの余波で、歴史的な内容の文献や専門的な研究の理解が求められるようになったことから、大量のギリシャ語の語彙とさらなるラテン語の語彙が英語にもたらされた。増え続ける借用語彙を理解するべく、16世紀前半には初の羅英辞典が、17世紀初頭には初の英英辞典が編まれた。英語使用者が不満に感じていた自由度が高い綴り字と流動性が高い文法についても、数多くの解説書が解決を試みた。18世紀後半に出版されたジョンソン（Samuel Johnson, 1709-1784）による『英語辞典（*A Dictionary of the English Language*, 1755)』、マリー（Lindley Murray, 1745-1826）の『英文法（*English Grammar*, 1795)』は、今日でも一般的な書店で入手することができるロングセラーである。

この時代にもうひとつ着目されたのが、英語の発音である。書き言葉の標準化とともに、話し言葉の標準化が図られるようになった。当時は、それぞれの地方で用いられる「地域方言」のほかに、社会的階層に基づく「社会方言」が存在していたため、上層発音を基準とした発音を元にした標準化が推進されるようになったのであった。数々の指南書が刊行された中で、ウォーカー（John Walker, 1732-1807）の『批判的発音辞典（*A Critical Pronouncing Dictionary*, 1791)』は大変な人気であった。

言語がコミュニケーションのツールである以上、共通の理解、認識の共有は重要である。それを追求した先人たちのおかげで、現代の英語使用者が若干の慣れと努力をもってすれば、シェイクスピア（William Shakespeare, 1564-1616）やミルトン（John Milton, 1608-1674）の作品も、モア（Thomas More, 1478–1535）やベイコン

268 2 英語について考える

(Francis Bacon, 1561-1626) の著作も、何とか理解することができる。しかし、言語における「正」と「誤」を定義し、区別する風潮は、ともすると「正」とされる話法、語法を用いる人々を特権化し、「誤」とされる語法、話法を用いる人々を排除する状況をもたらす。特に「正」が権力や財力と結びついた時、社会的および経済的な損益につながる可能性があるため、「正」「誤」の区別がもたらす影響は甚大である。これは現在でも英語使用者を取りまく問題のひとつである。

□ 英語圏の拡大：イギリスの役割

　北の島国の1言語に過ぎなかった英語は、どのように使用圏を拡大していったのか。英語圏拡大の第1幕はイングランドによる支配の拡大である。1536年にウェールズを併合したイングランドは、1707年にスコットランドを併合し、「グレートブリテン王国」となった。さらに、12世紀頃から関与を深めていたアイルランドに対して、17世紀に全島を支配下に収め、抵抗運動を弾圧して1801年に併合した。アイルランド併合をもって「グレートブリテンおよびアイルランド連合王国」（以下、イギリス）と名乗ることになったイングランドが、「植民地支配の戦略をアイルランドで構築した」[4]という指摘は示唆的である。イングランドの政治的・軍事的・経済的優位を誇示した上で、統治言語である英語の使用を徹底する。大人には英語を修得するメリットと民族の言語を使用しつづけるデメリットを認識させつつ、子どもには教育を通して英語を修得させるというアプローチは、アイルランドで確立されたことになる。もっとも、これはイングランドに限ったことでも、植民地に限ったことでもなく、パワー・ダイナミクスと言語が交わった時に生じうる悲劇である。だからこそ、民族の言語を使用する、あるいは修得する

という選択が、支配を受ける側のアイデンティティの維持と抵抗の
手段として選択されてきたこと、そしてしばしば犠牲を伴ってきた
ことを忘れてはならない。

　さて、イングランドは（短期間ではあったがスコットランドも）
ブリテン諸島の外側にも着実に駒を進めていた。彼らの植民地政策
は、国王の特許状（チャーター）を得た会社を介して海外に進出
し、国家の重商主義政策を遂行する形式で進められた。最初に入植
が行われたのは 1607 年、現在のアメリカ合衆国ヴァージニア州に
作られたジェームズタウン植民地であった。イングランドは、同じ
く北アメリカ大陸に領土を保有するフランスやオランダなどの国々
と競合する中、独立宣言が発布される 1776 年までに合計 13 の植民
地を開いた。イギリスは 18 世紀末までにカリブ海の島々と南米の
一部、ニュージーランド・オーストラリア、インド、そして地中
海・大西洋・アフリカ沿岸・中東の地政学的要所を手中に収め、19
世紀はそれらの植民地を足場に、周辺の地域に支配を広げていっ
た。

　20 世紀初頭には、イギリスは 60 近くの植民地を保有するに至っ
た。その多くは 19 世紀後半以降の「アフリカ分割」の時代に支配
下に置かれた地域であった。1913 年にはグレートブリテンおよび
アイルランド連合王国は 3550 万 km2（地球の表面積の 24％）に 4
億 1200 万人（当時の世界人口の 23％）が暮らす「日の沈まない国」
であった。植民地の形態に関係なく、この膨大な人口の支配には英
語の浸透が欠かせなかった。言語学上、言語を共有していない人々
が、コミュニケーションの道具として、それらの言語を混ぜ合わせ
た時に生まれた言語を「ピジン」と呼び、それを第一言語として使
う世代が出てきた時に「クレオール」とみなすが、カリブ海域や西
アフリカをはじめ、イギリスの支配下に「クレオール英語」を使う

地域が多数あった（植民地でなくなった現在もある）[5]。植民地における識字率には地域差があり、8割を超えるところもあれば1割を切るところもあった。これには調査の時期・方法はもちろんのこと、教育の内容・目的、主要な産業や人種構成、本国との関係性、支配者の人種観など、様々な変数が関わっていた。同じ時期であっても、異なった植民地では教育のアプローチが異なり、同一植民地内でも地域によって異なった教育が行われていた[6]。植民地における教育は、基本的に現地政府や首長、本国やヨーロッパ大陸からの宗教団体や民間団体に委ねられていたため、一貫したカリキュラムは存在せず、そもそも英語を用いるか、現地語併用とするかも定められていなかった。ただし、植民地教育には現地の住民に教育を行い、植民地の安定的な運営を担う人材を育成するという目的を共有していた。本国の言語を教えるだけでなく、本国の宗教観や価値観を植え込む「文明化」教育は、植民地化する前の社会を「野蛮」とみなし、それまでの文化や伝統を否定することが多かった。それでもこの時代、支配者と被支配者が関係性を築くうちに、アジアやアフリカの植民地で使われていた言語から英語へと借用が起きた。

　「文明化」教育もまたイギリスに限ったものではなく、世界各地で行われており、アメリカ合衆国（以下、アメリカ）も例外ではなかった。南北戦争後のアフリカ系アメリカ人の子どもたち、連邦政府の支配下に置かれたハワイやフィリピンの子どもたちも、「文明化」の対象であった。なかでも、先住民（Native Americans）の子どもたちは（多くの場合、誘拐・虚言により）寄宿制学校に連行され、「アメリカ風」の名前に改名させられた上で、英語と作法、そしてキリスト教の教義を、文字通り叩き込まれた。このような学校は連邦政府および宗教団体によって運営されていたにもかかわらず、虐待が横行し、犠牲者の全容はいまだ解明されていない[7]。し

かも、類似した「教育」は、アイルランド、カナダ、ニュージーランド、南アフリカなどでも行われていた。

さて、「日の沈まない国」に翳りが見え出すのは 19 世紀後半、工業分野でドイツに抜かれ、次いでアメリカ合衆国にも抜かれた頃からである。その後、イギリスが勢力を取り戻すことはなかった。第一次世界大戦後のパリ講和会議では英語が初めて公式の外交言語として採用され（代わりにラテン語が廃止された）、フランス語とともに正文とされたが、これにはアメリカの存在感が後押しをしたという指摘がある。さらに第二次世界大戦後には、各地の植民地はすっかり疲弊してしまったイギリスと袂を分ち、続々と独立を果たしていく。英語を学び、イギリス的価値観とキリスト教的宗教観を身につけた、つまり「文明化」された植民地の若者たちが、支配の構造に疑問を抱き、独立を求めるようになったのは、旧宗主国にとって皮肉な結末といえよう。

□　英語圏の拡大：アメリカの役割

英語圏拡大第 2 幕は、アメリカの圧倒的存在感である。20 世紀後半、民主主義陣営のリーダーとして、冷戦後の唯一のスーパーパワーとして、政治・軍事・経済・文化において世界情勢を左右してきたアメリカの軌跡は、ここで語るまでもないであろう。ジョゼフ・ナイが 1990 年に提起した「ソフトパワー」は、連邦政府により第二次大戦末期から積極的に用いられてきており、アメリカの魅力的と思われる部分を世界に向けて発信してきたことは、英語圏の拡大にも大きく寄与したといえる。その一例として、1942 年から続くアメリカの国営放送 VOA（Voice of America）が挙げられる。現在も英語に加えて 47 言語で展開されており、Web サイト、ラジオとテレビを通して多角的な情報発信を行なっている。本節との関

係性では、VOA の「英語を学ぶ（Learning English）」というプログラムが有益である。入門から初級レベルのコンテンツが多いが、ライティングのコツ、英語でのレクチャーなど、幅広い層の英語学習者が活用できる内容も充実している。

　もっとも、国営放送に頼らなくても、アメリカに関する情報は今も昔も世界中にあふれている。マニングの *As Seen on TV*（1994）やブライマンの *Disneyization of Society*（2024）が指摘するように、20 世紀後半には情報源や価値観の多様化が進んだ今日以上に、アメリカ発のコンテンツはテレビや映画、セレブリティやスター、雑誌や音楽など、日常的な媒体を介して、非アメリカ人の生活に入り込んでいった。そうした情報に関心を持った人々が、英語に関心を持つのはむしろ自然なことであろう。そこで興味深いのは、連邦政府の国務省には教育文化庁が設置されているものの、文化交流や交換留学を担当しており、英語教育には特段力を入れている風情ではない。イギリスにおけるブリティッシュ・カウンシルに相当するような組織はなく、アメリカを代表する語学学校はベルリッツであることからも明らかなように、プライベート・セクターの活躍が大きいといえる。

　ところで、アメリカで使われている英語「アメリカ英語」は、イギリスで使われている英語とは発音・綴り字・語彙など多くの面で異なる。17 世紀にイギリスから入植した人々は、本国にはなかったものに出会うと、別の英語の語彙を当て、他の人々（土地のネイティヴ・アメリカンや、先に住んでいたスペイン人、オランダ人など）の言語に該当する表現があればそれを用いた。また、入植者同士が効率よくコミュニケーションを取れるように簡略化が進んだ。18 世紀、合衆国として独立する頃には本国とはかなり異なった「アメリカ英語」へと成長を遂げていた。建国期を迎え、初めて「アメ

リカ英語」の辞典を編纂したのはウェブスター（Noah Webster, 1758-1843）であった。アメリカとしての個性を求めるアメリカ国民は、『アメリカ英語辞典（*American Dictionary of the English Language*, 1828)』を大歓迎した。アメリカで話されていた方言が「アメリカ英語」として体系化され、現在も、ウェブスターのレガシーは、メリアム・ウェブスター辞典として引き継がれている。

「アメリカ英語」の成立はアメリカ人としてのアイデンティティ形成に貢献したというのが定説であるが、地域や人種・民族に基づく方言が存在し、方言もまたアイデンティティの一部である。合衆国を7〜20地域に分けている基準が「方言」で、それぞれの地域の中に存在する差異は「訛り」とされる。人種に基づいた方言としてはアフリカ系アメリカ人とチカーノ（メキシコ系アメリカ人）の使用者が多い[8]。50州に限定した（海外領土を含めない）場合、ネイティヴ・アメリカンをはじめ、単独・併用で独自の言語を使用している集団は400を超える。2019年の国勢調査によると、英語のみ使用する者が8割強、自宅で他の言語を使う者が2割弱という割合になっている[9]。英語以外の言語の使用者が人口のうちこれだけの比率を占めているので、アメリカ英語に多様な言語からの借用語彙が多いこともうなずける。このようにさまざまな言語を吸収していくのも、アメリカ英語の特徴である。

☐ 英語の現在と未来

現在、世界には8つの英語圏が存在するとされている。イギリス諸島、北米大陸、カリブ海域、南アジア、オーストラリア・ニュージーランド、南アフリカ、西アフリカ、東南アジア・南大西洋地域という英語圏の区分は、地域と歴史に基づいている。これらの英語圏に含まれる国々では、英語は第一言語・公用語として使用されて

いるが、発音・文法・語彙・綴り字などさまざまな面において多様な独自性が存在する。

このような現状に対して、専門家たちはさまざまなアプローチを提示してきた。第一に挙げられるのは、「標準英語（Standard English）」を重視するもので、イギリス・アメリカにおいて適正とみなされる英語を推進する。おのずから、その他の英語は非標準、亜流として扱われる。このような理解をさらに拡大し、フランス語やイタリア語のようにスタンダードを規定することにより、「国際標準英語（International Standard English）」の形成を目指すべきという主張もある。

第二は、万人にわかりやすく簡略化された、リンガ・フランカとしての英語を推進するアプローチである。「世界の英語（World English）」や「グローバル英語（Global English）」と呼ばれることもあり、英語の多様性を認めつつ、互いに理解できる英語を推奨する。この枠組の中では、英語はひとつのツールにすぎず、ベーシックな情報伝達の手段以上にはなりえない。

第三は、「世界の諸英語（World Englishes）」と呼ばれるアプローチである。英語を多様なものとして捉え、ありのままに受け止めるものである。これは対処を提案するというよりも、状況分析に近い。次に詳説するように英語使用国を３つのカテゴリーに分類し、それぞれの特徴を考察するものである。

上述の第一と第二のアプローチは実現性という面で限界があるのに対して、第三のアプローチは英語の多様性が急速に進んでいる現実に即している。この「世界の諸英語」を最初にモデル化したのがカチュル（Braj Bihari Kachru, 1932-2016）であった。彼はインドで生まれ、イギリスで学び、アメリカで活躍した言語学者で、1985年に「３つの同心円モデル（Three Concentric Circles Model）」を

考案、発表した[10]。大・中・小3つの同心円を用いたモデルは、第一使用者を頂点としたピラミッド型の従来モデルとは異なり、見事な発想の転換であった。

　カチュルのモデルは、内円は「規範を提供する」役割を与えられた「伝統的に英語の社会言語学的な基盤を担ってきた」国々、つまりイギリス、アメリカ、カナダ、オーストラリア、ニュージーランドなど、英語を一言語として使用する人口が大多数を占める国が該当する。外円は「規範を発展させる」役割を与えられた「英語が第二（〜）言語であるが、英語が公用語あるいは制度上重要な言語となっており、英語史の中で重要な」国々、つまりインド、ナイジェリア、パキスタンなど、主としてアジア・アフリカの旧植民地が該当する。拡大円は「規範に依拠する」役割を与えられた「英語と歴史的・制度的な関連性がないもの、英語を共通語ないしは外国語として使用している」国々、つまり日本、中国、韓国、ヨーロッパの大半が該当する。3つの円の大きさには制限がなく、拡大・縮小の可能性がある。現に、拡大円は広がりつつある円である。

　発表から40年近く経ったこのモデルが、今なお一定の評価を得ているのは、3つのカテゴリーを決定づける基準が、時間の経過や制度の変更などによって変化しうる柔軟性にあるといえる。同心円を使用者カテゴリーに基づいて作成した場合、内円はネイティヴ・スピーカー、外円は英語を第一外国語として使用する ESL 人口、拡大円は英語を第二（〜）外国語として使用する EFL 人口と割り当てることもできるが、カチュルはあえて国別のカテゴリーにこだわった。その結果、円の間の移動が可能になり、円は固定的な枠を超え、流動性を得たのであった。

　一方、40年の間に大きく変わったといえば、グローバリゼイションの進行・拡散と、IT の普及・浸透である。40年前と比較する

と、人間ははるかに容易に、迅速に、自由に境界を超えられるように
なった。人種と国籍、出身国と言語が合致するのは、もはや当然
ではない。そう考えると、英語の多様性は個人レベルに及んでい
て、ひとりひとりが英語をどう学び、どう使いたいかを決める段階
にきているのかもしれない。

■ 読書案内

　英語に関する文献は枚挙にいとまがないが、英語の多様性に興味
がある方には、大石晴美著『World Englishes 入門』（昭和堂、
2023 年）を、英語の歴史に興味がある方には、唐澤一友著『世界
の英語ができるまで』（亜紀書房、2016 年）を、英語学習の方向性
に興味がある方には、斎藤兆史著『日本人と英語　もうひとつの英
語百年史　第 5 版』（研究社、2022 年）を勧めたい。

【前田　眞理子】

注

1　Anne Makepeace, "We Still Live Here | Native American Language |
Independent Lens | PBS," n.d. https://www.pbs.org/independentlens/
documentaries/we-still-live-here/.

2　Ethnologue, "How Many Languages Are There in the World?"
2024. https://www.ethnologue.com/insights/how-many-languages/;
"How Many Languages Are Endangered?" n.d. https://www.
ethnologue.com/insights/how-many-languages-endangered/.

3　Worlddata.info, "Worldwide Distribution of Languages," n.d.
https://www.worlddata.info/languages/; Einar Dyvik, "Most Spoken
Languages in the World," Statista, 4 July 2024. https://www.statista.
com/statistics/266808/the-most-spoken-languages-worldwide/.

4　Aziz Rahman, Mary Anne Clarke, and Sean Byrne, "The Art of Breaking People Down: The British Colonial Model in Ireland and Canada," *Peace Research* 49, no. 2 (2017): 15-38. https://www.jstor.org/stable/44779905.

5　Daniel Schreier, Peter Trudgill, Edgar W Schneider, and Jeffrey P Williams, *The Lesser-Known Varieties of English* (London and New York: Cambridge University Press, 2010).

6　鹿嶋友紀「サブサハラ・アフリカの言語政策の取り組みと今後の課題―教授言語を中心とする政策課題―」『国際教育協力論集』第 8 巻第 2 号 (2005)：97-109.

7　Ashlee Sierra, "The History and Impact of Residential Schools," PBS, 19 December 2023. https://www.pbs.org/articles/the-history-and-impact-of-residential-schools.

8　Walt Wolfram and Natalie Schilling, "American English: Dialects and Variation," 1 January 2016. https://www.researchgate.net/publication/305221005_American_English_Dialects_and_Variation.

9　Sandy Dietrich and Erik Hernandez, "Language Use in the United States: 2019," U.S. Census Bureau., 01 September 2022. https://www.census.gov/library/publications/2022/acs/acs-50.html.

10　Braj B. Kachru "World Englishes and Applied Linguistics,"*World Englishes* 9, no. 1 (1990): 3-20. https://doi.org/10.1111/j.1467-971X.1990.tb00683.x.

3 中国語を学ぶ、中国語について考える
◆ 日本（語）を見つめ直す方法として

外国語の人気は水物だとよく言われる。日本においては、近代以来西洋の思想や（医学・法学を筆頭とする）学問を吸収する手段として英語、ドイツ語、フランス語が伝統的に重要視されており、戦後は英語が「第一外国語」としての地位を確固とする中で、後二者も引き続き「第二外国語」として多く学ばれてきた。それらと比べると、中国語の学習人口は低調な時代が長く続いていたが、日中国交正常化や改革開放政策を経て、高度成長を開始した中国との経済的結び付きが強まると潮目が変わり、中国語学習熱は急激に高まった。

筆者が中国語を学び始めた 2000 年代初頭はちょうどそうした時期に当たり、中国語は日本において英語に次ぐ外国語として人気を集めていたが、自身が大学で中国語を教える立場になった今、既に当時とは大分状況が変わっているのを感じている。中国の経済成長に翳りが見え始め、国際関係や政治状況もかなり変化したことが背景にあるのだろう。現在は韓流ブームに後押しされて、朝鮮・韓国語に旬が到来しているようである。

こうした歴史を見ていると、外国語学習は時代に応じて、専らコミュニケーション（読み書きを含む）の道具としての実用性という観点から選択されていることが分かる。それ自体はある意味で当たり前ではあるし、個人の動機として否定されるべきものでもないけれども、そんな訳でそういった価値には賞味期限が付き物である。また、英語学習のみを尊び第二外国語の授業を縮小する昨今の風潮

も、そんな「実用」を唯一の判断基準に据えた結果であるとするならば、本節は必然的にそれとは異なる「学び方」、即ち「教養」としての外国語の意義や魅力について論じていくことになるだろう。

□ 「中国語」とは何か

まず初めに、ここで論じる「中国語」の定義を明確にしておく必要がある。文字通りには「中国のことば」のことだが、現在の中華人民共和国は 56 の公認民族から成る多民族国家であり、「中国語」がそれら全ての言語を指して用いられることはまずない。一般的にはその中で圧倒的多数派である漢民族の言語を意味するが、それでもまだ意味はかなり広い。言語学的に言うと、そこには通時的変化（＝歴史的な変遷）と共時的変異（≒地域による方言差）が包含されているからである。前者に関して言えば、ここで対象とするのは「現代中国語」であり、それと対置されるのは「古典中国語」、つまり日本で言う所の漢文である。漢文は即ち中国語の古文であり、日本の中等教育で漢文の学習経験があることは、後で述べるように中国語学習にとっては大変有益となる。

しかし、所謂漢文が日常的に読み書きされていた時代には、そのことばを「中国語」と呼ぶことも意識することも一般的ではなかったことを考えると、「古典中国語」というのはある意味で倒錯的な言い方である。「中華」や「中国」という語自体は古代から文献に用例があるものの、それは華夷秩序における世界の中心という観念的な空間を指す用語であり、現在のように具体的な国名として使われていたわけではなかった。国名の代わりとして専ら用いられたのは「唐」や「清」といった王朝の名前であり、近代中国を代表する知識人である梁啓超は、「吾人がもっとも慚愧にたえないのは、わが国には国名がないということである」と嘆いている。これは彼が

自国の歴史書を書こうとした際の言葉であり、最終的に彼はそれを「中国史」と称することを提唱したのだった。

　梁啓超は西洋近代の様々な思想を中国にもたらした人物として知られ、このように国名を冠した「〇〇史」を著すこと自体が、近代国民国家形成の一環であったことはつとに指摘される所だが、実は「〇〇語」という概念についても同じ事が言える。「古典中国語」と「現代中国語」の間に歴史的な繋がりがあることは間違いないとしても、その繋がりを示すものとして近代以降に誕生した国民国家の名前が逆照射的に用いられているという事実には、注意しておく必要があるだろう。それは次に述べる共時的変異の話とも関わることだからである。

　中国語が方言差の大きい言語であるという事実は比較的よく知られており、北京語、上海語、広東語等の間には互いに意思疎通が不可能なほどの隔たりがある。これらのことばには地域名を冠した「〇〇語」という呼称が用いられる一方で、一般的には全て中国語の「方言」と考えられており、ここでも「中国語」が指し示す内容には幅があるのである。この点について、日本で中国語と言った場合には事実上「標準中国語」を指していることが多く、本節でもその意味で用いることになるのだが、この「標準中国語」とは一体何なのかについても、少し考えてみたい。

　言語同士の系統関係を調べ、それらの祖語（親に当たる過去の形）を再構して分類する比較言語学という分野があるが、それによると上で述べた広い意味での（北京語、上海語、広東語等を含む）中国語は、シナ・チベット語族のシナ語派という「グループ」に当たる。語族は系統関係が証明された最も大きなグループであり、語派はその下位分類であるが、例えばヨーロッパの言語は大部分がインド・ヨーロッパ語族に分類され、その下に英語、オランダ語、ド

イツ語等から成るゲルマン語派や、スペイン語、フランス語、イタリア語等のイタリック語派、その他諸々の語派が存在するという構図になっている。つまり、ヨーロッパのいくつかの言語と中国語の諸方言は少なくとも比較言語学の上では同じレベルの存在であるにも関わらず、一般的に前者はそれぞれ別々の「言語」と見做され、後者は同じ言語の「方言」とされているのである。

　この矛盾は、純粋に言語学的な見地からでは説明がつかない。独立した「言語」であるか否かという問いは、それを話す集団が独立した「nation」（民族＝国民＝国家）であるか否かということとほぼ同義だからである。「言語とは、陸海軍を備えた方言のことである」という格言はその事実を絶妙に諷刺しているが、ここでの「陸海軍」を「標準語」と言い換えることもできるだろう。つまり、一つの標準語を制定することで「言語」の範囲が確定し、そう名乗る資格が生まれると同時に、それを普及することは（軍隊を保持することと同様に）国民国家にとっての不可欠な条件でもあり、また政治的な営みだということである。

　中国にとっても例外ではなく、標準中国語を定めること自体が「中国語」を創り出すことであり、それは取りも直さず「中国」を創り出すために必要なことでもあった。中国における標準語は、近代以前から全国の官僚達の共通言語となりつつあった官話、中でも首都である北京を中心に形成された北方官話を基礎として造られている。「官話」という字面からも分かる通りそもそも庶民のことばとは距離があるものであったのに加え、この「基礎として造られ」というのがミソであって、ちょうど日本の標準語が所謂江戸っ子言葉の特徴をその範疇から排除して成立しているのと同様に、中国の標準語も北京に代々住む一般市民のことばと同じものではない。

　例えば、後で述べるように中国語学習で鬼門となるのが発音であ

り、その中でも躓き易いものの一つとして、語末で舌を反るアル化音と呼ばれる音がある。これは北方方言に広く見られる特徴の一つとして標準語にも取り入れられているのだが、北京っ子の話し言葉では辞書よりも遥かに頻繁にこのアル化音が出現するのである。一例を挙げると、「どこ」という語はアル化音のない「哪里（nǎli ／ナーリ）」とある「哪儿（nǎr ／ナール）」の両方が辞書に採録されているが、「明日」という語についてはアル化音のない「明天（míngtiān ／ミンティエン）」しか載っておらず、北京でしばしば聞かれる「明儿（míngr ／ミール）」は標準語とは認められていない。

　このように、中国の標準語も実際には様々な地方の発音や語彙を参照しながら人為的な選択を経て組み立てられたものであり、それが中華人民共和国の建国後に「普通話」として制定され、現在に至るまで普及が推し進められている。そしてこれこそが、日本で「中国語」として学ばれている言語なのである。

□　中国語と日本語の距離

　さて、ここまでやや抽象的な話が多かったので、その（現代標準）中国語がどんな言語であるかについて、もう少し具体的に見ていくことにしたい。日本で育った人間にとって親近感が湧くのは、何と言っても漢字が使われている点であろう。筆者自身が中国語に興味を持ったきっかけも実はそこにあり、自分達も普段から使っている漢字を使用していながら、ことばそのものは全く違う言語とはどのようなものだろう、という所に関心を抱いたのであった（なので冒頭で述べたような、中国の経済的発展を見込んだ先見の明があったわけでは全くない）。

　漢字そのものはしかし全く同じではなく、よく知られているよう

に簡体字という日本とは異なる字体が正式なものとなっている。戦前までは現在の日本で言う所の旧字体が漢字文化圏全体で概ね共通して用いられていたが、戦後日本と中国では別々に字体の簡略化が行われたために異なる字体が成立した（なお後で述べるように、台湾や香港では簡略化を経ていない繁体字が現在も使用されている）。中には日本と中国で同じ形が採用された字（例えば「國」→日：「国」／中：「国」）も存在するが、全体としては中国の方がより急進的であり、中国だけが簡略化した字（例えば「東」→日：「東」／中：「东」）や、日本よりも思い切った簡略化が行われた字（例えば「豐」→日：「豊」／中：「丰」）も多い。

　とは言えこうした字体の違いは、漢字の基本的な筆画や字の構成原理（象形、指事、会意、形声等の所謂六書）をなんとなく理解していれば、学習においてそこまで大きな障碍ではなく、それが証拠に日本の中国語教育で文字の練習に時間が割かれることはあまりない。これは世界の中国語学習者の中でも漢字文化圏で育った人間が極めて有利な点であり、ベトナム語や朝鮮・韓国語が漢字を使わなくなってきた現在では、事実上中国語圏と日本語圏の間にのみ存在している親近性と言えるだろう。

　そして漢字を共有していることの意味は、単に文字の学習を省力化できるということに止まらない。日本が漢字を受容したのは単に文字のみを借用したわけではなく、当時の東アジアにおける書面共通語として漢文を使用するようになった結果であり、しかも日本では漢文を日本語として読む訓読という技法が根付いた。言うなれば、日本における漢文は中国語であると同時に日本語でもあったのであり、またそもそも前述した通り、当時は今のように国家／民族と強固に結び付いた「中国語」や「日本語」という観念自体がまだ成立していない。現在の日本で漢文が外国語ではなく国語科の一部

として教えられているのはそのためである。そのような関係の中で、日本語には音読みされる漢語語彙が大量に流入しただけでなく、元々あった和語も訓読みとして漢字と結び付いた。だからそれらの内で現代中国語にまで残っている語彙や字については、日本語の知識でそのまま理解可能なのである。

　また現代の話し言葉では使われなくなっても、書き言葉には依然として残っている語彙も多い。例えば「与（yǔ）」、「以（yǐ）」、「如何（rúhé）」といった文語語彙は、漢字圏以外の中国語学習者は上級になってから習得するのが一般的だが、漢文で「与」（接続詞）、「以テ」、「如何」等を読み慣れていれば、すぐに理解できるだろう。漢文教育は役に立たないから廃止せよという議論がしばしばなされるが、少なくとも中国語学習においては間違いなく役に立つ（本当は役に立つか否かという基準自体を問い直す必要があると思うのだが…）。

　こうした古くからある繋がりに加えて、中国語と日本語の間では近代にも再び大規模な接触・混淆が起きた。西洋から流入した近代的な観念や事物が日本で漢字を使って翻訳され、それが中国語圏へと逆輸入されたのである。「自由（zìyóu）」、「経済（jīngjì）」、「社会（shèhuì）」といった、現代を語る上で不可欠なこれらの語彙は今ではすっかり中国語に定着しており、日本語由来であるという事が意識されることは少ない。上述した文語語彙もこうした近代語彙も、新聞記事等の比較的硬い文章で使用頻度が高いため、日本の中国語学習者にとっては日常的な内容よりもそうした文章の方が逆に読み易いといったことが起きたりもする。

　しかし中国語と日本語のこうした語彙的な近縁性は、今現在は縮小する傾向にある。近年新しく生まれた語彙を中国語は相変わらず漢字で造語しているのに対して、日本語は英語からカタカナで借用

するようになってきているからである。「电脑（diànnǎo）」（コンピューター、「电」＝「電」）や「单轨列车（dānguǐ lièchē）」（モノレール、「车」＝「車」）はほんの一例だが、こうした変化はグローバル化の流れの中で両言語が異なる道を歩み始めたことを示しているようにも思える。ちなみにこの「グローバル化」は中国語では「全球化（quánqiúhuà）」と言い、また最近は日常的にも耳にするようになったカタカナ語の「アイデンティティ」は「认同（rèntóng）」（「认」＝「認」）と言う。日本では意味が分かったような分からないような感覚のまま、雰囲気先行で使われている嫌いもあるこうしたトレンディーな概念に、漢字はくっきりとした輪郭を与えてくれる。中国語を知ると、日本語の今とは別様な可能性への気づきも得られるかもしれない。

　このように文字や語彙に関しては歴史的な経緯から近しい関係にある中国語と日本語だが、先に述べた比較言語学の観点から見ると全く別系統の言語であり、文法や発音の面では違いが大きい。文法については、中国語は主にSVO（主語－動詞－目的語）の語順を取ること、「が」や「を」のような助詞がないことから、英語に似ているとしばしば言われる。これは確かにその通りなのだが、文法にも色々な側面があるので、例えば修飾語と被修飾語の語順、特に副詞を置く位置に関してはむしろ日本語に近い。「私は毎日学校に行く」は中国語では「我每天去学校（wǒ měitiān qù xuéxiào）」となるが、作文の授業をすると「我去学校每天」のような答えがよく見られ、これは明らかに英語の「everyday」に引っ張られた間違いである。けれども逆に言えば、日本語と英語という馴染みの深い2言語のどちらかを参照することで理解できる事柄が多く、それでいて日本語や英語（更に言うとヨーロッパ諸語や朝鮮・韓国語等その他多くの「第二外国語」も）にある動詞の語形変化（活用）は中

国語には全くないので、文法はさほど難しくはない。

　問題は発音である。そもそも日本語は世界の言語の中でも音韻構造がかなり単純な言語で、使われる子音・母音の種類やその組み合わせのパターンが少ないため、それに慣れていると発音の習得はどの言語でも大抵は苦労する。中国語でも個々の子音・母音を発音し分け、聴き分ける練習には時間を要するのだが、それに拍車を掛けるのが声調の存在である。声調とは音の上がり下がりのパターンのことで、（現代標準）中国語では４種類が区別される。有名な例をここでも挙げておくと、「ma」という音を高く平らに「mā」と発音すると「妈」（お母さん）、下から上へ上がり調子に「má」だと「麻」（麻）、低く抑えめに「mǎ」だと「马」（馬）、上から下へ下がり調子に「mà」だと「骂」（罵る）というように、声調によって意味が変わるのである。

　日本語でもアクセントという形で音の高低が意味の弁別に関与することはあるが、中国語の声調が担っている役割はそれよりも遥かに大きい。また、アクセントが単語の中のどこで音（日本語の場合は高さ）が変化するかを問題にするのに対して、声調は一つの音節がどのパターンの音形を取るかによって区別される範疇であり、中国語ではこの「音節」が非常に重要な概念となる。言語学では意味を表す最小単位（単語またはその一部）のことを形態素と呼ぶが、中国語では原則として一音節が一形態素を成し、これに漢字一字が割り振られている。つまり、声調－音節－形態素－漢字が合わさって一つの単位を成している点が、中国語の特色であると言ってよい。

　このような言語構造は、同じ漢字を使っていても日本語とは相当に異なるものであり、発音も含めてそこに慣れることが中国語学習最大の関門であろう。とかく日本で育った人間は、どうしても漢字

の共通性に頼って中国語を視覚的にばかり捉えてしまい、聴く・話すの方が疎かになり易い。しかし、中国語と日本語の間にはこのように近さと遠さが同居しているからこそ、中国語を学ぶとは、日本語がどのような言語かを見つめ直す契機に満ちた経験でもあるのである。

□　中国語と台湾語の間で

　ここまで中国語について偉そうに語ってきておいてなんなのだが、筆者が専門としているのは実は中国語ではなく台湾語である。この2つの「言語」の関係を説明するためには、台湾の歴史と複雑な言語事情について触れなければならない。そしてそこにも、日本と日本語が深く関わっているのである。

　現在台湾の正式な国名は「中華民国」であり、その公用語は本節でここまで語ってきた（標準）中国語である。ただ、大陸側の中華人民共和国で使われる「普通話」という呼称は用いられず、台湾ではそれを「国語」と称する。しかし中国語が台湾の国語になったのは戦後のことであり、台湾で初めて国語と呼ばれたのは日本語であった。「国語」という概念と制度は、日本による植民統治を通じて台湾にもたらされたのである。国語が第二次世界大戦の終結を機に入れ替わったという意味では、同じく日本の植民地であった朝鮮半島も同様であるが、台湾が朝鮮と異なるのは、戦後新たに国語となった言語が多くの住民の母語ではなかったという点である。

　前述の通り標準中国語は北京を中心とした北方官話を基に造られた言語であるが、大陸に渡った経験のある一握りの知識人を除き、戦前の台湾でこれを流暢に操ることができた人は殆どいなかった。台湾の住民が話していたのはオーストロネシア語族（マレー語やハワイ語等と同系統）の原住民諸語、主に広東省にルーツを持つ客家

人の客家語、そして福建省南部（閩南地方）にルーツを持ち、人口の8割強を占めていた人々の閩南語である。この内客家語と閩南語はどちらもシナ語派、つまり漢族の言語であるが、既に述べたように漢語方言間には別言語と言ってよい程の隔たりがあるため、戦後の台湾の人々は日本語に代えて自分達の言語を公に使えるようになったというわけではなく、新たに中国語を学び直す必要に迫られたのである。

　当時台湾の最多数派の人々にとって母語であった閩南語が、即ちここで言う所の台湾語である。この「台湾語」という呼称・観念が生まれたのは日本統治時代であり、その背景には、日本人という他者との関りの中で自らを「台湾人」として意識し始めたことがあった。またそれ以前には、台湾の閩南語は対岸の福建省で話されているものとそこまで大きな違いは無かったが、日本時代に主に近代的な事物・概念を表す言葉が日本語から多く借用されたため、言語そのものも大陸とは異なる台湾独自の特徴を持つようになっていった。

　そんな台湾語や客家語、原住民諸語が台湾の人々が日常的に用いる言語であったが、近代国家形成に必要な国語はそのどれでもない、外からもたらされた言語であった。近代以降台湾人の多くは長い間、家庭をはじめとした私的な場面ではそれぞれの母語を、学校等の公の場では国語（戦前は日本語、戦後は中国語）を使うバイリンガルであったのである。しかし戦後も80年近くが経過し、私的領域に押し込められてきた本来の母語は、世代間継承の危機に瀕するようになった。家庭でも徐々に中国語が話されるようになり、若年層では台湾語をはじめとする土着言語は聴き取ることはできても上手く話せない、或いは全く理解できないという人が増えてきているのである。

290 3 中国語を学ぶ、中国語について考える

　近年ではそうした土着言語の保護振興が叫ばれ、2000年代に入ってからは台湾語、客家語、原住民諸語が学校教育でも教えられるようになっている。こうした動きの根底に元々の母語が消失してしまうことへの憂慮があるのは勿論だが、理由はそれだけではない。戦後台湾の教育では長い間、自分達は「中国人」であるということが、国語である「中国語」を通して教えられてきた。それが民主化を経て、自分達は「台湾人」であるという意識が強まるに連れて、言語や文化についても台湾固有のものに対する関心が高まっているのである。

　またそうした台湾人意識は、土着言語の価値を見直すことに繋がっただけではなく、既に多くの人々にとって新たな母語になりつつある中国語の捉え方にも変化をもたらしている。これまで台湾では中国語のことを「國語（Guóyǔ）」と呼ぶことが一般的であったが、最近ではそれを「華語（Huáyǔ）」と言い換え、中国語の唯一絶対的な地位を相対化しようとする試みが現れるとともに、更に「台湾華語」という呼び方が拡がりを見せている。

　台湾と中国の標準中国語は互いに意思疎通は可能であるが、ちょうどイギリス英語とアメリカ英語のように様々な違いも存在する。台湾では漢字に繁体字が使用され、発音記号も中国の「拼音」と呼ばれるローマ字表記ではなく「注音符号」という独自の記号が用いられている。また主に台湾語からの影響を受けて発音、語彙、文法にも独自の特徴が生まれており、「台湾華語」という呼称からは、そうした台湾の独自性を重んじる意識が感じられる。

　現代台湾の人々が実際に使うことば、そしてことばに対する意識は、このように台湾語をはじめとする土着言語と中国語（台湾華語）の間で揺れ動いている。先に筆者は台湾語を専門としていると書いたが、そのような台湾社会の現実と向き合うためには、自身も

パート3 法と社会と言語 **291**

台湾語と中国語の間を絶えず往還する必要がある。更には上で述べた事からも分かる通り、台湾や台湾語を研究することは、自らの母国・母語としての日本と日本語が歴史上演じてきた役割について考えることにも通じていると言えるだろう。

□　**多様性に気づく──外国語を学ぶ意義**

　上述したような台湾の言語状況について日本で話をすると、「日本は単一言語社会だけど、台湾は多言語社会なんですね」といったような反応が返って来ることがしばしばある。しかし、そのような理解は果たして正しいのだろうか。本当の意味で言語的に均質な国など、この世界には存在しない。もし均質に感じられるとしたら、それは現にある多様性に気づいていないだけなのだが、何故気づかないかと言えば、かつてあった多様性をほぼ一掃してしまったために見えにくくなっているか、或いは明らかな多様性から故意に目を背けているかのどちらかであり、日本にはその両方が当て嵌まるように思われる。

　世界の言語、特に消滅危機言語をリスト化している「エスノローグ（Ethnologue）」というサイトによれば、日本には16の言語が存在することになっており、その内訳は日本語の他にアイヌ語と3種類の手話、そして琉球列島の言語が11挙げられている。この分類の妥当性はひとまず措くとして、これらの中で日本語と2つの手話以外の13言語は消滅の危機にあるとされている。それはつまり極めて気づかれにくい存在であるということだが、アイヌ語と琉球諸語は元々そうだったわけではなく、明治時代以来日本語への同化圧力に晒され続けた結果である。手話に関しては、そもそも音声言語と同じ意味で「言語」であるという認識が、近年ようやく広がり始めた段階にあると言えるだろう。

またここには含まれていないものの、多くの日本人にとって身近に感じ易い言語多様性として各地の方言があるが、それも明治以降強力に推し進められた標準語普及／方言撲滅の政策とイデオロギーによって大きく縮小している。現在の若い世代の多くにとって「方言」は、意思疎通には決して支障を来たすことのない、話し方の癖程度の意味合いになってきているのではないだろうか。しかし日本でも元々は、異なる地方に住む人々同士では会話が困難なことも珍しくはなかった。その意味で、上で述べた中国語方言の多様性も、決して他人事ではないのである。

そして、そうした言わば土着の多様性に対する意識が稀薄であると、自らが属する共同体を均質なものとして想像し易いために、新たに生まれる多様性に対して許容度が低くなる傾向があるように思われる。台湾では東南アジアをはじめとする地域から近年増加している移民を「新住民」と呼び、彼ら／彼女らのルーツとなる言語が学校教育に取り入れられる等、積極的に社会に包摂しようとする姿勢が見られるが、その背景には台湾の言語文化が本来多様であるという共通認識と、それらをできる限り包摂するための制度的基盤を整えてきた歴史があった。翻って昨今の日本社会の移民に対する姿勢や施策を見ていると、新たに湧き上がった多様性を受け止める準備が整っておらず、困惑・混乱しているように思えてならない。しかし多様性の問題そのものは、日本にとっても決して外から新たに襲来したわけではなく、実は自らの内にずっと昔から存在していたのではないだろうか。

話が中国語からだいぶ遠ざかってしまったような気もするが、ここまで述べてきたように外国語を学ぶとは、様々な意味での多様性に気づく契機に満ちた経験である。それは世界の多様性を知ると同時に日本の多様性を見つめ直すことでもあるし、また習得した外国

語を道具として用いてそのことばが話されている地域について知る（例えば中国語を使って中国や台湾に関する情報を吸収する）だけではなく、それを習得する過程そのものが言語文化の多様性との出会いでもある。それこそが、言語の背後にある国家の経済的な浮き沈みや流行に左右されず、機械翻訳がいかに優秀になろうとも色褪せることのない、外国語学習の意義なのではないだろうか。

■ 読書案内

　中国語そのものについて論じた書籍や語学の参考書は数多あるが、それらには学習を始めてからも出会う機会が豊富に用意されていると思うので、ここでは上で述べた内容に関連する本をいくつか紹介しておきたい。まず台湾に関心のある方への入門書としては、赤松美和子／若松大祐編著『台湾を知るための 72 章』（明石書店、2022 年）が挙げられる。台湾の各分野を専門とする 42 名の研究者によって執筆されており、日本における台湾研究の層の厚さが感じられる一冊となっている。次に日本語と中国語を繋ぐ文化としての漢字に興味を持った方には、日本漢字学会編『漢字文化事典』（丸善出版、2023 年）がある。中型の事典で購入するにはやや高価だが、図書館等でも閲覧でき、原則として 1 項目につき見開き 2 頁の文章で構成されているので、各々の関心に合わせて気軽に読める読み物として、是非手に取ってみて頂きたい。最後に言語と社会の関わりについては、田中克彦著『ことばと国家』（岩波書店、1981 年）をお薦めする。著者は一橋大学言語社会研究科の創設メンバーの一人であり、新書で読み易い内容・分量でありながら、日本の社会言語学の古典と言える一冊になりつつある。

【吉田　真悟】

4 フランス語を学ぶ、
フランス語について考える
◆　法とは正しさであると考える言語

　法学部のことをフランス語で Faculté de droit（ファキュルテ・
ド・ドロワ）という。英語の Faculty of Law に相当する。フラン
ス語と英語の表現を比べてみると、よく似ているところと異なって
いるところがある。まずはその辺りから考えてみよう。

□　英語とフランス語の近さと遠さ

　フランス語は、イタリア語やスペイン語と同じく、ラテン語を母
体とする言語（ロマン諸語）の一つである。ただし、ラテン語がそ
のまま直線的に変化して今のフランス語になったわけではなく、他
の言語も混じっている。

　現在のフランスにほぼ相当する地域を、かつてはガリアと呼んで
いた。その土地の人々は、ケルト系のガリア語を話していた。そこ
へ、ラテン語を話すローマ人が侵入して来る。有名なのは、紀元前
一世紀に遠征を行ったカエサル（英語風に言えばシーザー）であ
る。ガリア人はローマ人と同化しながらラテン語を受け入れるが、
ガリア語が完全に忘れられたわけではない。数百年後、ゲルマン人
が攻め込んで来てガリアの新しい支配者になるが、彼らは自分たち
の言語であったゲルマン語に固執せず、ラテン語を取り入れる。ラ
テン語はゲルマン語の影響を受けつつ、この地域の言語の中核とし
て残った。こうして、もともとあったガリア語と後から加わったゲ
ルマン語の影響を受けたラテン語が、時代とともに変化をこうむっ

296　4　フランス語を学ぶ、フランス語について考える

て、現在のフランス語になったのである。

　英語も途中までは似たような経過をたどった。ブリタンニア（ブリテン島）ではケルト系の言語が話されていたし、ローマ人はガリアを越えてブリタンニアにも支配を及ぼした。しかし、その後にこの地を支配したゲルマン人は、ラテン語ではなく自分たちの言語を維持した。これが英語の土台となる。そして 11 世紀に、フランス北部から海を渡った人々がイングランドを支配する。ノルマンディー公ギヨームは、イングランド王ウィリアムとなった（改名したのではなく、フランス語で Guillaume を名乗る人は英語では William と呼ばれる）。ノルマン・コンクェストである。こうして、イングランドの宮廷ではフランス語（厳密に言えば、現在のフランス語になる前の古いフランス語）が話される時代が長く続く。一般の人々の言語も影響を受けずには済まない。全体としては、ケルト語やラテン語を取り入れたゲルマン系の古い英語にフランス語の要素が混じるという結果になった。ごく大雑把に言うと、支配階級に馴染み深い語彙はフランス語（やラテン語）に由来し、生活に密着した語彙はゲルマン語由来のものをとどめている。生きている豚は pig（古英語由来）なのに豚肉を pork（古フランス語由来）と呼んで区別するのは、庶民が日常的に目にするのは生きている動物であるのに対して、上流階級の人々は処理された後の肉しか知らないからである。フランス語では、生きている豚も豚肉も porc で同じである。学部を意味するフランス語の Faculté と英語の Faculty は、ラテン語で「能力」を意味する Facultas を共通の語源として持つ。この語がなぜ「大学の学部」をも指すようになったか、それはそれで興味深い問題なのだが、そこには立ち入らないでおこう。

□ 正しさとしての法

　英語とフランス語の歴史的関係を確認したところで、法学部を意味する Faculté de droit と Faculty of Law の核心部分である droit と law の違いに注目しよう（de と of は前置詞）。これらが「法」に相当するのだが、それぞれの単語が意味する範囲は異なっている。本シリーズ第 1 に、西洋諸言語における法に関連する語句をまとめた表があるので、ぜひ参照していただきたい[1]。

　フランス語で「法律」を指す一般的な単語は、droit ではなく loi（ロワ）である。立法機関で制定される法律のことも、この単語で示す。フランス語の loi も英語の law もラテン語の lex に由来し、多くの語義が共通する（たとえば「法則」という意味もある）。にもかかわらず、法学部のことは Faculté de loi とは言わない。なぜだろうか。それは droit にも「法」という意味があるからである。そして droit は loi とは違ったとらえ方で法を位置づけている。droit はもともと形容詞であり、「正しい」を意味する。それを名詞化したものが、学部名で用いられている。つまり、「正しさとしての法」である。

　少し回り道になるが、フランス語の形容詞が名詞化される道筋をたどっておこう。

　フランス語の名詞には、男性と女性の区別がある。これは自然の性別とは必ずしも関係がなく、便宜的なものと考えてほしい。ちなみに、文法上の性のことを genre（ジャンル）といい、英語の gender / gendre（ジェンダー）と同語源である（イギリス英語の綴りのほうが分かりやすい）。そのようにとらえると、文法上の性は慣習的なものであることが理解されるだろう。

　さて、フランス語の形容詞を男性名詞単数形にすると、その形容詞の性質を抽象的に表すことになる。このとき、定冠詞を添える。

たとえば、「美しい」を意味する beau（ボー）という形容詞を le beau（ル・ボー）という男性名詞単数形にすれば、「美しいもの、美なるもの」を指す。同じように、「正しい」を意味する形容詞 droit を名詞化した le droit（ル・ドロワ）は、「正しいもの、正しさ」を表すのである。付言すれば、「正しさ」は「権利」に直結する（正当な要求としての権利）。この点も先ほどの表で確認していただきたい。

　話を戻すと、フランス語で Faculté de droit と言うときの droit は、この高度に抽象的な名詞である。法学部とは、「正しさとは何か、正しいとはどういうことか」を追究する場にほかならない。そして、法学部に在籍してフランス語を学ぶということは、「法とは正しさである」と見なす言語の価値観に触れるということである。

□　さまざまな法、さまざまな正しさ

　正しさは、ただ一通りに決まるわけではない。さまざまな正しさがありうる。法にもさまざまなものがある。

　一般に、西洋諸言語の名詞には単数形と複数形の区別がある。フランス語において、上で見たような形容詞由来の抽象名詞を複数形にすると、具体的なものを表すようになる。一例を挙げよう。形容詞 misérable（ミゼラブル）は、「みじめな、あわれな」という意味である。第一段階としてこれを男性名詞単数形 le misérable（ル・ミゼラブル）にすれば、「みじめなこと、みじめさ」という抽象名詞になる。第二段階として複数形にすると、そのような「みじめさ」を体現する事物や人々を指すようになる。ユゴーの小説『レ・ミゼラブル』（*Les Misérables*）は、悲惨な境遇に置かれた人々の群像劇にほかならない。

　正しさとしての法である le droit（ル・ドロワ）は、条文を備え

た具体的な法律というよりは抽象的な概念である。これを複数形の les droits（レ・ドロワ）に展開することで、個別的なさまざまな法を意味するようになる。

　複数形で示されたものは、一つ一つを取り出すことができる。さまざまな法の集合体である les droits は、民事に関わる法であったり、刑事に関わる法であったり、国際的な法であったりと区分される。このとき名詞は複数形から単数形に戻り、le droit civil（ル・ドロワ・シヴィル、民法）、le droit pénal（ル・ドロワ・ペナル、刑法）、le droit international（ル・ドロワ・アンテルナシオナル、国際法）と呼ばれる。形だけを見れば、後ろに形容詞を従えていない le droit が正しさとしての法で、形容詞が添えられると個別的な法を意味するという仕掛けである。

□　正当性と合法性

　正しさとしての法は、実定法の正当性を支える根拠でもある。ここでフランス語の二つの形容詞に注目しよう。légitime（レジティム、正当な）と légal（レガル、合法的な）である。この区別は重要である。制定された法にかなっていることは「合法的」であり、正しさという理念にかなっていることは「正当」である。多くの場合、両者は一致するし、そうなることが望ましい。しかし、常に一致するとは限らない。正しくあるべき法が正しくないという異常事態である。いわゆる「悪法」が幅を利かせている場合を考えてみればよい。独裁的な権力者が自分に都合のよい規則を法として制定し、一切の批判を封じ込めるようなケースが考えられるだろう。独裁に反対して行動を起こせば、その行為は合法的ではないということになる。しかし、正当であるかもしれない。このように、法の正しさを疑うことも、「正しさとしての法」という観念のなかに含ま

れている。

法の正当性について考察した書物として、ジャン＝ジャック・ルソーの『社会契約論』（1762 年）を挙げることができる。この著作の副題は「国制の法の諸原理」であり、ルソーは「国の仕組みに関する根本原理として何が正しいか」を論じた。「国制の法」の原語は droit politique（ドロワ・ポリティーク）で、「政治的権利」とも訳せるが、「ポリス（＝国家）に関する法」と解釈するほうが内容に合致している。国家の正当性を考察するというルソーの姿勢は、『社会契約論』では légal という単語が一度も登場しないのに対して、légitime やその派生語は何十回も使用されていることに現れている。つまり、ルソーは合法性ではなく正当性を問うたのである。

その法は正しいか？　フランス語とともに考えてほしい。

□　文法と法律

文法の学習はつまらない――そんな声をよく聞く。文法は無味乾燥な規則の集まりに見えるかもしれない。意味も分からないまま文法を覚えるように押しつけられて、外国語の勉強が嫌いになった人もあるだろう。それはとても残念なことだ。しかし、ちょっと待ってほしい。文法は先人の英知の結晶なのだ。フランス語の動詞の活用を例に、そのことを考えてみよう。

フランス語の動詞は、主語の人称に合わせて形が変わる。英語の動詞には「三単現の s」というものがあり、主語が三人称単数のときに現在形の語尾に s を添える。フランス語では（というより英語以外のほとんどの西洋諸言語では）、一人称単数から三人称複数までのすべての人称で動詞の形が変わる。これを動詞の活用という。面倒くさいだけのように思われるが、主語が何かを見極めるヒント

パート　3　法と社会と言語　301

があるとも言える。

　動詞の活用には規則性がある。三つほど挙げてみよう。話を簡単にするために、動詞の不定法（辞典に載っている見出し語で、英語で「原形」と呼んでいるもの）と一人称複数の活用形（私たちは～する）を掲げる。

　　　　話す　　parler（パルレ）　　　　parlons（パルロン）
　　　　歩く　　marcher（マルシェ）　　marchons（マルション）
　　　　歌う　　chanter（シャンテ）　　chantons（シャントン）

　注目してほしいのは、最後の文字列（活用語尾）である。不定法はerで終わっているのに対して、一人称複数の活用形はonsで終わっている。これは三つの動詞すべてに共通している。このことを法則化すると、

　　　　　　　　　—er　　　　　　　　　—ons

となる。つまり、「不定法の語尾が—erで終わっている動詞は、一人称複数の活用形が—onsで終わる」と一般化できる。

　このようにして得られた規則は、同種の動詞に適用することができる。たとえば、donner（ドネ）という動詞を一人称複数に活用させるとどうなるだろうか。語尾のerをonsに置き換えればよいので、donnons（ドノン）となる。この操作は、donnerの意味を知らなくてもできるはずだ（参考までに記すと、この動詞は「与える」を意味する）。

　こうした一連の操作は、知性の働きによる。複数の個別事例をもとに一般的な法則を導き出すことを帰納と言い、一般的な法則を個別事例に適用することを演繹と言う。漢字で書くと帰納と演繹はまるで縁がないように見えるが、フランス語（英語）で表すとそれぞれがinduction（induction）とdéduction（deduction）であり、接頭辞が異なるだけであることが分かる（英語とフランス語の単語が

似ているのは、いずれもラテン語由来だからである）。

　賢明で察しのよいことを「一を聞いて十を知る」（『論語』公冶長篇に基づく）と言うが、それは要するに帰納と演繹に長けているということである。一や十という数字を額面通りに受け取る必要はない。わずかな事例を聞いただけで法則性に気がつき（帰納）、後は手取り足取り教えられるまでもなく自力でその法則を他の事例に適用できる（演繹）。三つか四つの事例から法則を見出す人もあれば、たくさんの事例を前にしても法則をつかめない人もいる。この事例にはあの法則を適用できると簡単に見抜ける人もあれば、そのことに気づかないままの人もいる。帰納と演繹は、知性の基本的なあり方と言ってよいだろう。

　文法とは、言語にまつわるさまざまな個別事例を法則化した体系にほかならない。わずかな法則をもとに、未知の事例に対処することができる。これが文法の威力である。文法の助けを借りずに済まそうとすると、一つ一つの事例を根気強く身につけるか、自力で法則性を発見するかしなければならない。母語ならそれができた。日本で生まれ育った人は、ほとんどの場合、日本語を母語として習得する。それは日本語を浴び続けるからである。膨大な事例が蓄積され、教えられたとか学んだとかいう感覚を持つことなく、自在に使いこなせるようになる。しかし、外国語で同じ現象は起きにくい。法則が自然と備わるほど大量の外国語と接する環境に身を置くことが難しいからである。先人が体系的に整理してくれた文法を学ぶことは、非常に効率的な学習法なのである。

　ただし、この方法にも弱点がある。自力で導き出した法則は定着しやすいのに対して、お膳立てされて教え込まれた法則は簡単に忘れてしまう。そして文法の学習には積み重ねという側面があるので、過去に習ったことを覚えていないと新しい規則が意味不明に見

える。こうして「文法の学習はつまらない」という結論に至るのだろう。

　残念ながら、即効薬はない。しかし、学習姿勢を少し変えれば、文法の面白さに気づけるかもしれない。ある文法上の規則を教わったときに、「それはそういうものだ」で済ますことなく、「なぜそうなっているのだろう」という疑問を持つように心がけると、見える景色は変わってくる。そして、規則から外れている事例がないかどうか、探してみてほしい。そのような例外の存在は、かえって規則の成り立ちや意味を浮かび上がらせてくれるだろう。

　文法と法律には共通点がある。法律もまた、帰納によって導き出された規則の体系である。ある人が別の人に危害を加えて、傷を与えたとしよう。そして、加害者に対して何らかの罰を科すことが社会的合意になったとしよう。ある社会が成立した初期の段階では、量刑の重さにばらつきが生じたかもしれない。しかし、時とともに基準が統一され、「こういう罪を犯せばこういう罰を受ける」という規則が定まる。新しく生じた事例は、そうして定められた規則に基づいて判断される。それはつまり、具体的な事例の蓄積によって一般化（帰納）された法律が、個別の事例に適用（演繹）されるということである。

　日本語では言語の規則を文法と言い、そこには「法」という文字が含まれている。西洋諸言語で文法を意味する grammaire（仏）や grammar（英）には法（droit）や法律（loi ／ law）との接点はないのだが、日本語では期せずして両者の近さが文字レベルにも現れている。

□　訳読の効能
外国語学習において、文法と並んであまり評判がよくないのが訳

304 4 フランス語を学ぶ、フランス語について考える

読である。読めなくてもよいから話せるようになりたいという切実
な気持ちは理解できる。また、文章を読む訓練をするにしても、重
箱の隅をつつくように一字一句を追いかける（精読）より、量をこ
なす（多読）ほうが好ましいという考え方にも一理ある。ここで言
いたいのは訳読（精読）のほうが学習法としてすぐれているという
ことではなく、訳読にも効能があるということである。要はバラン
スの問題である。

　ここまで本書を読み進めてきた読者のみなさんは、理解を深める
ために国語辞典（日本語の語句や用例について日本語で説明した辞
典）を開いただろうか。日本語を母語とする人なら、おそらく国語
辞典を一度も開かなかったのではないだろうか。それが悪いと言っ
ているのではない。辞典の助けを借りなくても理解に支障が出ない
くらい、日本語に習熟しているという証であろう。

　外国語で書かれた文章を読むときは、とくにそれが高度な内容を
含んでいれば、辞典は必須である。受験勉強で英語の長文を読むに
あたり、英和辞典を一度も参照しなかった人はいないだろう。時に
は一行に四つも五つも知らない単語があって、なかなか前に進めな
いということもある。非常にストレスが溜まって、長文を読むのが
嫌になってしまうかもしれない。

　しかし、外国語で書かれた文章と格闘していると、そのおかげで
理解が深まるというのも事実である。一つ一つの単語の意味を調
べ、構文の把握に努めているうちに、ざっと流し読みをしていたの
では素通りしていた問題点に気づく可能性がある。何よりも大事な
のは、読んでいる自分が文章の書き手とともに（同意するにせよ反
対するにせよ）考えるようになることである。母語（あるいは母語
並みに習熟している外国語）で書かれた文章は全体（たとえば本一
冊）の概要をとらえるのに向いているのに対して、学習途上の外国

語で書かれた文章は細部を厳密に考えるのに好適である。

　このように、一般的には母語で書かれた文章はすんなり理解できることが多い。ところが、法学部に入った学生には例外的な事態が待ち受けていて、母語で書かれているのに一字一句を丁寧に読まなければならない文章がある。法律の条文である。

　法律の日本語は特殊である。ふだんはお目にかからない語句が使用されていたり、知っている単語でも通常の意味とは異なる意味や限られた意味で用いられていたりする。漫然と読んでいたのでは、理解はおぼつかない。外国語の文献に接するときのように、慎重に読み進めることが求められる。学習態度という点では、外国語の訳読と法律の条文解釈は同じなのである。「解釈」を意味する西洋諸言語（フランス語なら interprétation、英語なら interpretation で、やはり同根の語）が「翻訳」という語義をも有することが、両者が本質的に同一の営みであることを示している。

□　国際言語としてのフランス語

　かつてのフランス語は、ヨーロッパ世界の共通語だった。ルイ13世の宰相を務めたリシュリューがアカデミー・フランセーズを作らせ（1635年）、その任務としてフランス語辞典の編纂を命じる。政治の集権化と国語の整備は軌を一にしているのである。アカデミー創立から半世紀以上が経った1694年にようやく辞典の初版が完成し、その頃には太陽王ルイ14世のもとでフランスの文化的影響力がヨーロッパ全体に及ぶようになっていた。王侯貴族や知識人にとって、フランス語は必須の教養となる。ドイツ人のライプニッツ（1646-1716）は自らの著作をラテン語かフランス語で書いた。プロイセン王フリードリヒ2世（1712-1786）もヴォルテールとフランス語で文通し、『反マキアヴェッリ論』をフランス語で著した。デ

ィドロが深く関与した『文芸通信』という月二回刊行の雑誌は、遠くロシア宮廷でも読まれ、フランスの文壇や画壇の様子を伝えた。

　しかし、フランス語の特権的地位は次第に低下する。米国の台頭とともに英語が世界共通語の地位を占めるようになり、現在に至っている。個人的に印象に残っているのは、1990年代後半にパリのコメディー＝フランセーズで観たチェーホフの芝居である。ある登場人物（貴族）は、少し気取ってフランス語を交えて話すという設定になっている。日本語訳では、その部分を普通に日本語に訳したうえで、フランス語の音をカタカナ表記でルビとして表示するという処理を施すことが多い。上演であれば、フランス語を発音した後でその内容を日本語でも話すという演出になりやすい。しかし、この演目全体をフランス語で翻訳上演する場合、同じ手は使えない。どうするのかと思って見ていたら、原作のフランス語は英語に翻訳されていた。舞台上では原作の日常語であるロシア語がフランス語に変換され、上流階級がたしなむ言語の役割は英語に与えられていた。20世紀末のフランスでは、英語にそれだけの地位を付与することを認めていた（認めざるをえなかった）のである。

　とはいえ、フランス語が国際社会で完全に没落したわけではない。かつての栄光の名残と言うべきか、フランス語は多くの国際機関で公用語として使用されている。たとえば、フランスは国連安全保障理事会の常任理事国であり、フランス語は国連の公用語に認定されている。ユネスコのようにパリに本部を置く国際機関もある。ジュネーヴやローザンヌといったスイスのフランス語圏にも、多くの国際機関が集まっている（世界保健機関や国際オリンピック委員会など）。

　アフリカや中東を中心にフランス語が通用する国・地域も多いが、これには植民地支配の負の遺産という側面がある。1830年か

らフランスが支配していたアルジェリアをはじめとして、サハラ砂漠周辺の西アフリカには広大なフランスの植民地が形成されていた。中東では、現在のシリアやレバノンが第一次世界大戦後に国際連盟のフランス委任統治領になった。その他、東南アジア、南太平洋、カリブ海にもフランスは領土を持っていた（一部は今もフランス領である）。言語が支配の手段でもあったことには、留意しておきたい。

　歴史的経緯の評価はさておき、現在でもフランス語が国際社会で果たす役割はそれなりに大きい。フランス語のおかげでアクセスしやすくなる情報もある。フランスの放送局 Radio France International（ラジオ・フランス・アンテルナシオナル、国際フランスラジオで RFI と略す）は、フランスを含むヨーロッパ、アフリカ、中東のニュースを豊富に伝えている。これらの地域は日本のメディアによる報道が相対的に手薄なので、その不足を補うのに十分である。

　国際社会での活躍を目指すなら、英語が重要であることは言うまでもない。しかし、それに加えてフランス語も使えるようになると、選択肢が増える。初対面の相手でも、お互いにフランス語ができると分かると、ある種の親密さが生じることがある。「おや、あなたもフランス語ができるのですね」という連帯意識のようなものだ。会員制クラブに入るような感覚かもしれない。これがなかなかあなどれないのである。英国王チャールズ３世も、米国のバイデン政権下で国務長官を務めたアントニー・ブリンケンも、流暢にフランス語をあやつる。フランス語ができて損をすることはない。

□ 「おフランス」という言い方

フランスには「おしゃれ」や「高級」といったイメージがあり、

丁寧さを表す「お」を添えて「おフランス」という言い方をすることがある。本気でありがたがっているというよりは、皮肉や揶揄を込めて用いることが多い。これを口癖にしているのが赤塚不二夫の漫画『おそ松くん』の登場人物イヤミであり、そのネーミングからしてフランスかぶれの嫌みったらしさが「おフランス」という言い回しに凝縮されている。国名に「お」がつくのはフランスだけだ。「おアメリカ」も「お中国」も聞いたことがない。

　こういう類例のなさは、フランスが日本人にとって特別な国だったことの現れである。日仏両国の直接的な接触は19世紀半ば以降のことにすぎないが、芸術家や文化人を中心にフランスへの憧憬の念が育まれてきた。今ではその度合いは弱まっているだろうが、それでもフランスに強い思い入れを抱く人は後を絶たない。嫌味ではなく、フランスの文物には素晴らしいものがふんだんにある。

　もっとも、時として憧れは無理解の一形態にすぎない。何でもかんでも無批判に崇めるのは危険である。フランスにはよいところもあれば、悪いところもある。人を相手にするときと同じで、欠点も含めて受け入れられれば、それが本当にフランス好きということである。

■　読書案内

　フランス語がたどった歴史を知るには、石野好一『フランス語を知る、ことばを考える』（朝日出版社、2007年）が好適である。フランス語を学び始めてすぐに抱くであろう素朴な疑問の数々（なぜ名詞に性の区別があるのか、なぜ80のことを「20が4個」のような言い方をするのか、等々）についても、丁寧に説明されている。

　幅広くフランスの文化について知りたいなら、田村毅・塩川徹也・西本晃二・鈴木雅生編『フランス文化事典』（丸善出版、2012

年）がよい手引きとなる。「フランスの社会と文化」、「フランス文化の流れ」、「フランス文化の多様性」という三部構成になっていて、それぞれの項目は専門家によって簡潔にまとめられている（2ページまたは4ページ）。巻末の参考文献リストも役に立つ。

　パリを抜きにしてフランスを語ることはできない。パリに特化した文献は枚挙にいとまがないが、池上英洋『パリ　華の都の物語』（ちくま新書、2024年）はカラー図版をふんだんに含んでいて分かりやすい。美術史の記述が充実している。

【小関　武史】

注

1　屋敷二郎「西洋法制史：法と法律──ヨーロッパ法文化を理解するために」、一橋大学法学・国際関係学レクチャーシリーズ刊行委員会『教養としての法学・国際関係学：学問への旅のはじまり』（国際書院、2024年）所収、262頁。

5 ドイツ語を学ぶ、ドイツ語について考える
◆ 「ドイツ語は裏切らない」

この記事を作成するにあたり、「法学部に入学された学生さんに対して、我々としてドイツ語の学び方あるいは面白さについて、今何を語ることができるか」をめぐって、現在の一橋大学ドイツ語担当専任教員4名で座談会を行った。以下はその記録を編集したものである。肩の力を抜いて気楽にお楽しみいただければ幸いである。

□ ドイツ語の学びかた・教えかたをめぐって

武村 尾方さんはもともと工学部出身なんだよね。ドイツ語はいつから?

尾方 高校3年のときかな。たぶん、ドイツ音楽が好きだったから。NHKのラジオ講座を半年きいて、それから東大理科一類に入りました。当時は理系でも全員第二語学が週3回必修で、それで工学やるんならドイツ語だろうと。

武村 それはやっぱり明治以来の流れで?

尾方 理系の学問はご承知のようにドイツから多く輸入してきましたからね。医学に限らない、工学もそう。実際はたいして使わなかったですけどね。当時はまだ英語以外の文献講読が工学部にもあったので、そこでドイツ語の論文2、3本読んだくらい。けどそこの研究室の先生が、昔ドイツへ留学したことがあって、その準備期間にボッパルトっていうライン川沿いのワインの産地にあるゲーテ・インスティトゥート[1]でドイツ語を研修したのが人生で最も楽しい時期だったっていうんですね。ぼく修士2年のころ

から具合悪くなって、ずっと熱があって研究室にもなかなか行けないでいたら、おまえもそんなに疲れてるんならドイツでも行ってこいというわけのわかんない話になって。それでシュヴェービシュ・ハルというところに2か月ほど行って、ぼくも非常に楽しかったと。ぼくは実は大学受けるときから、文転しちゃおうかなってずっと思ってたんですけど、ふんぎりがつかないでいたのが、そこでようやっとドイツ文学科へ移ったわけです。

武村　尾方さんの経緯はなかなかに面白いね。八幡さんは？

八幡　神戸大学は、入学時に必修科目の第二外国語を独仏露韓中の中から選択して、週2コマ1年間で初級を終えるという、一橋と似た感じですね。当時、哲学研究室に入りたい人にはドイツ語かフランス語が勧められていたので、哲学の入門書読んだりして、ギリシャ哲学か、ドイツ哲学かなと。それでドイツ語にしたんです。

武村　王道を行ってますね（笑）。小岩さんは？

小岩　私は実はドイツ語を消極的にしか選んだことがないんです。東京藝大で、第二外国語の選択が少なかったこともありますが、音楽学っていう学問の一部がドイツ語圏で活発だったんで、ヨーロッパの芸術音楽のことをやろうと思ったらドイツ語をやらねばいかんらしいと。学部入学が87年で、そうするとすぐに89年の壁の崩壊でしょう、何だかわからないけどそういう激動のところへ行くんだろうなあ、という感じでした。学部時代のドイツ語授業はやっぱり週3回でしたけども、それはまあ身につかないというか、身につかないのはわかっているというか（笑）、いや先生たちが悪いわけじゃないですけど、英語も面白くなくて、外国語を学ぶということに全く興味がないっていうか。

武村　ぜんぜんそんなふうには見えないですけどねー。

小岩　例えばここにいる人たちは、ドイツ語のあの格変化の表[2]というものを、曲がりなりにも身につけられた人たちですよね。定冠詞 der がこう変化してそれに形容詞がついたらこうなるという、あのチャートを見ればそれなりに対応できるし、覚えることもできたでしょ。私も確かにこの4人のグループに入ってて、あれを一応パシャッと覚えられる人ではあるんです。けど面白くなくて（笑）。ところが、さっき話が出たシュヴェービシュ・ハルに、尾方さんが行ったしばらくあとの時期、DAAD[3]の、同じように2カ月のコースに私も行ったんです、行って、はじめて面白いと思ったんだ。当時は中級が3段階になってて、私は中級の2、真ん中のクラスだった。中級の終わりではない、けど中級修了の試験を受けたい、と思ってね。でも受けるとしたら、その場合DAAD は受験料を払ってくれるんだろうか？　そこでドイツ人と交渉する必要というのが生じて、そのときに初めてWenn-Satz（if 文）を——つまり「もし私が飛び級して試験を受けるとしたら DAAD はそのお金を払うのか」ということを、生きたドイツ語で言わなきゃいけなかったことが、非常に記憶に残っています。ドイツ語を、あるいは外国語をそもそも学ぶことの現実がわかったというか。それは決して活用表を覚えるということではない。いろんな実例があって、その実例が昇華していって、induktiv（帰納的）に上に上がっていったものを、集約したのがあの表なんだなと。頭のいい人たちは、あの表を見るとそこから実例に下りてくる、この例はこの表のここにあたるんだという理解をするし、私もする、でもドイツの子供がそうやってるとは思えない。実例から上がっていくんですよね。そういうことに、今思うと気づいたのがその2カ月のことで、それが自分にとって転換点だった。だから学生にはぜひ、ドイツ語で実際に生活

314　5　ドイツ語を学ぶ、ドイツ語について考える

する経験をしてほしい。それがまず一番に言いたいことかなあ。

武村　お話の腰を折るようであれですけど、あの私、実は、表、覚えられない人なんです。

小岩　え！　そんなまさか！

武村　一個一個、考えながら書けば書けるけどさ。とりあえず女性単数は eine kleine Nachtmusik（ひとつの小さな夜楽）[4] てのを知ってるからそれで、男性単数は、ein、あー、kleiner、Hund（一匹の小さな犬）、だなとかって、考えて書けば書けるけどね。表まるごと覚えてはいないですよ。

小岩　いや、まさにそれを私は申し上げたかったわけで！　表として書けなくても、アイネ・クライネ・ナハトムジークっていうコンビネーションを知っているということ、そういう個別の事例から、不定冠詞が e で終わるときに形容詞も e で終わるんだなってわかる、それが induktiv ということだと思うんです。ドイツの子供たちはそうやってイディオムを蓄積していく。Der Hund! Ja, der Hund!　Hund だったら der だろう、となるはず。あの表から deduktiv（演繹的）に来るんじゃなくて、der Hund とか der Wagen（車）とかが上に上がっていくってことなんだ。時間の限られた授業のなかで、その面白さをどうやって伝えられるんだろう。言わば「ヴァーチャルな」表を教えて、「システムを教えました」っていっても、それだけではね。

武村　イディオムの蓄積というのはその通りで、でもだからこそ、ハタチになってから蓄積をはじめたって絶対ネイティヴにはかないませんよね。むしろ大人だから、文法を文法として理解できる力があるなら、その部分はそれを活用しない手はないんじゃないだろうか。文法、つまり体系やルール、システムのほうからも同時に攻めることで逆に効率化できたりするんじゃないのかなあ。

パート3　法と社会と言語　315

下からと上からと両方いくことでね。八幡さんはどう思います？
一橋でドイツ語の授業やってみて、どうですか？

八幡　そうですね、ドイツ語を使う機会自体、普段はあんまりない
ので、旅行に行って単語ひとつでもふたつでも使う体験があるだ
けでもぜんぜん違うとは思います。日本にいても、ドイツ人との
交流みたいなのが少しでもあるといいのかなと。私は２年生のと
きにハンブルクにサマースクールに参加したんですが、辞書を使
わないとろくに読んだり話したりできないと痛感しましたね。向
こうでは最初から４技能ともにできるように外国語教育が進めら
れていて、短期間で言語力を一気に発達させられます。日本でも
そういうドイツ語の授業をやってるところもありますが、ドイツ
国内の「外国人のためのドイツ語」（DaF）のクラスよりは少な
いと思う。例えば、はじめは絵を見せてとか、ある意味、大人の
小学校みたいな感じで始まるので、間違えてもストレスにならな
いようにしているのが結構面白いですね。

武村　短期間で言語力が発達するというのは、実際どのくらいの時
間と手間をかければ、どのくらいのことができるようになるの？

尾方　ぼくもそんなにイメージできるわけじゃないけど、さっき小
岩さんがいってた、中級が３段階あったころというのは、
Grundstufe（初級）と Mittelstufe（中級）がそれぞれ３段階あ
って、中級３が終わるとだいたい大学に行って授業についていけ
るくらいだったと思うんですね。順調にいく人は Stufe ひとつを
２か月でいく。半日の授業を週５回で２か月、１日４時間を40
日、４時間といっても４コマだから３時間なんですけど、だから
120時間受けると Stufe ひとつという感じだったんですね。日本
の大学だと結構多くやっても、２年間で Stufe ふたつか３つくら
いにしか相当しない。初級を終えるとそこそこ生活はできるとい

うのが当時の考え方だったんですが、そこまで行くのにだいたい360時間かかるんで、そんなにさっとできる量ではないですよね。そのくらいやれば一応、その国に行ってなんとか生活できたりというところで意味が出てくるんだけども、普通に大学教育だけでそこまで行くのはちょっと難しいという人がほとんどだと思うんです。だとすると、その手前で、法学部なら法学部でドイツ語をやるのにどういう意義があるかというと、やっぱ経験的には、文献を読んで面白いことがある、っていうほうへ寄せて考えるのかなあという気がするんですけどね。

小岩　法学部の人はただでさえすごく忙しいのに、「ドイツ語の会話ができる」ために360時間を投入するかって言われれば、躊躇しますよね。他方で、「ドイツ語の原文のニュアンスがわかります」ということは法学の世界でどういう役に立つんだろうか。私の場合は、例えばシューマンがこういうドイツ語を書いてるのが、英語訳されるとここでこれが落ちてしまってる、こういうことをアングロサクソンの人はやっちゃうんだよねしょうがねえなァって笑う、みたいなニッチな喜びがあるわけですけれど（笑）、今日、法学でも何でも、ドイツ人の学者も最初から英語で書いてしまうようなフェイズに入ってるときに、ドイツ語を知ってるなんてことが一体どのくらい役に立つんだろう？　ドイツ人の研究者とドイツ語で話をすれば、パーソナルなところでは威力を発揮するのは間違いない。でもそのドイツ人研究者も英語でしっかりしゃべるけど（笑）、ああ、あなたはドイツ語をちゃんと理解した上でこの議論やってんのねっていう、そういうことは局地的にはすごく大事なことですよね。それをもう少し一般的にいえば、グローバリゼーションのただ中にあって英語一辺倒に染まらないのがいかに大切か、ということです。たかだか言語の世界かもし

れないけど、複数の言語を理解することで、わずかながらマルチカルチュラルな世界を開く扉になる。法学も一方でドイツに起源のある世界で、ドイツ語の法体系の歴史が日本に受容されてきた経緯からすると、自分の拠って立つ知の体系に関係する第二外国語としてドイツ語はありかもしれませんね。

□　**外国語学習は翻訳コンニャクにとってかわられるのか？**

武村　第二外国語を学ぶ意義としてはそういうことだと思いますけど、でも現在はもう機械翻訳の時代に突入したので、われわれのドイツ語教師としての悩みは一段と深くなったといえますね。実際どんなテクストだろうが DeepL とか生成 AI とかに放りこめば一定訳してくれるわけで。

尾方　だからもう、文の意味がわかるとか翻訳ができるっていうレベルの話だと、純然と語学として学ぶということには、そもそも積極的な意義はなくて、あるとすれば、例えば八幡さんがシェリング[5]を読んでますというときに、シェリングってドイツ語が読めるからって読めるわけじゃないんですよ（笑）。我々みたいに「読む」ということを重要視する人になるケースは比較的レアかもしれないけど、「読む」ことに意義があると思って、じゃあ読もうというときに、そこでドイツ語を読む技能があることが少しは役に立つかな、っていうのが後から来る。シェリングにしてもシュレーゲル[6]にしても、あのへんの人たちは、ドイツ語がある程度読めたとしても、何言ってるのかは全然わからないんで（笑）、そのへんの文脈や背景に詳しい人に手引きをしてもらいながら学ぶ必要はありますけどね。

武村　そうなればたいがいのネイティヴにも読めないようなものも読めたりするんだけどね。会話、コミュニケーションできるとい

うことが絶大な力を発揮するということに関しては、もうそう言ってる間に、翻訳コンニャクできちゃうからねたぶん。

尾方 まあねー。つまり、外国人が日本に来たときに日本語を喋ってくれる、ということに、その人が翻訳機を使って喋ってくれるということ以上のどのくらいの意義を我々が見出すことができるか、という話ですね。

武村 言語を知るということは、その言語を使う人の思考と文化的背景を知るということでもあるから、その限りにおいては本当に絶大な意義があるとは思うんですけどね。何の議論をするにせよ、目の前の相手がどういう背景を背負って何を考えてまさにその言葉をその順番で今繰り出しているのかっていう、そこがわかるかわからないかで、コミュニケーションの深さはぜんぜん違ってしまうものね。そこに至るためにはとりあえず最低限の4技能ができなきゃ話にならないというのも確かなんだけれども。けど、こういう時代に入ってきたときに、逆にね、ドイツ語という言語の構造自体が面白い、みたいなことが浮上してくるんじゃないかとも思うんです。実際に使う使えないとか、役に立つ立たないとか、それ以上に、こういう仕組みの言語がある、それを使っている人がいるということを知っているということ自体が、有益なことのように思える。ドイツ語的世界観というか、ドイツ語という言語自体が持ってる世界観というかね。それこそマルチな世界ということを言うためにはさ。

小岩 同じインドヨーロッパ言語の中で、英語と似てるけどもこんなに違うという、その違いを、例えば会話レベルの、ちょっと挨拶するときにモノを言う順序とか、複文つくるときの特性とか、そういうところからでも知る体験ってすごく大事だと思うんですよね。こういうふうに言うんだな、と。英語じゃない世界でそう

いう運用体験を持つことには、やっぱり大きな意味がある。それをやらないですませようと思えばすんじゃう世界だから、自分ができる日常の会話の世界だけでも、それをやってみるっていう機会になればいいんじゃないかなと思う。同じヨーロッパなのに違う、どの程度違うのかという感覚を知るポータルとして、言語ってとっても面白いですよね。

□　ドイツ語のおもしろさ──「ドイツ語は裏切らない」

小岩　私は結果的にドイツ語が第一外国語になったんですが、このあいだイギリスに行ったら、英語もっとわからん！ ていう感じがして面白かったです。ドイツ語に少しは慣れてる身からすると、英語に対峙したとき何が弱点になるかというと、時制と発音がまずめんどくさいのは置いとくとして、たいがいの文では、主語・動詞・否定っていう最重要なものが最初に言われちゃうってことなんですよね。ささっ、て最初に全部出てきちゃうんで、そこを逃しちゃうと、もう No chance ！　ドイツ語はその点、Ich
spiele nachmittags …Tennis.（私は午後にテニスをします）とか
なんとか、大事な目的語が、はたまた否定の nicht が、最後に出てきたりして、実は「ゆっくり」に感じます。英語は最初にささっと言ってしまう、時制も完結してしまう、おそろしいほど文の最初に集中しないとまずい（笑）。

武村　ドイツ語は否定が最後にくる、かもしれない、とか、主語と動詞がひっくり返ってるかもしれない、みたいなことにちゃんと耳を澄まさないといけないわけで、そういう言語の構造が、そういう言語を母語とする人間が考えることに影響しないわけはないですよね。法学の理論がどういうものかわからないけれども、アングロサクソンの法体系とゲルマンの法体系とで、そのあたりの

思考の歩みの速度とかに差があったりするかもしれない。——そういえば今回この法学部の叢書には独仏中と英語が載るわけだけど、この中で格変化があるのはドイツ語だけなんだよね。格変化があると、動詞の変化や枠構造とあいまって、例えば関係代名詞が何を受けてるかというのが非常に明確になる。それが明確になることで何が可能になるかというと、これも枠構造との組み合わせで、文がいくらでも長くできる。カントとか文が長いので有名だけど、ほら1ページ半くらい1文だったりするじゃないですか。それって今のパラグラフライティングとは完全に対立しますよね。パラグラフライティングはやっぱり英語を基準にしてて、だけど英語って、関係代名詞が何受けてんだかさっぱりわかんない言語で、しかも最近は全部 that でいくみたいな。そんなんで文1ページ半も繋げたら完全にわけわかんなくなりますよね、だから1文は3行程度みたいなルールができたりする、でもそんなルール、ドイツ語には全然当てはまらない。

尾方　少なくとも英語の関係代名詞が何を受けてるかは、中身を読んで内容から判断するしかないですからね。たいてい、文法からはわからない。

武村　そうそう、ドイツ語は文法から、文の形からそれがわかるんだよね、意味わかんなくってもさ（笑）。

八幡　カントはさすがに、よくないドイツ語の例かもしれませんが（笑）。でも、ドイツ語は裏切らない言語だというのはずっと思っていて、例えば、枠構造や格変化、文の中の動詞や助動詞の位置、基本的に主語は消えないとか、すごくわかりやすい文法事項が、ギリシャ語とかラテン語以来いろんな形で残されている。それが消えずに残ってるということが重要で、「2番目に動詞」とか、考えながら話し、書くときも考えながら書く。そこに思考法

の違いが出ていて、英語脳からも切り替えないといけないし、日本語とも違うっていうのが実感できる。古典ギリシャ語に比べると格変化や態はドイツ語ではすごく少なくなっています。古典ギリシャ語はそのあたりは厳格だけど、逆に文の構造として、文の成分の何がどこへどうかかるのか判断が難しい。ドイツ語はそこはわかりやすく整理されていて、ある意味でプラグマティックな言語だと言えますね。赤点をとった学生でも自分で勉強しだすとすごく点が上がる場合があったりして、やるとできるようになるっていうのも、考え方とか規則がわかるってことにつながりますし、何かこう、信頼するに足る言語だなと感じます。

尾方　文章をこう、非常にカクカクと書いていけるというね、ある種の、くどいような論理性、みたいなものが自然に文に出る。そういうところがドイツ語の——それを面白いと思う人にとっては——たぶん面白いところではないかと。

武村　嫌いな人は嫌いでしょうけどね。

尾方　法学と照らし合わせると、英米は慣習法なんでもともと法律の数が少ない。例えばアメリカで中絶を認めるというときには、何とか判決っていう、人の名前のつく判決が判例になるのであって、それに関する法があるわけではない。日本では大陸系の成文法が使われているから、まず法律があってそれを解釈するとこうなる、っていうね。法体系自体がそうやって進んでいくので、ある意味、先に文法があって、それで実際の言語運用があるというのも、あながち不自然でもないというかね。実際問題として、英語に関してはどこも言語の標準を定める機関がないんですけど、ドイツ語に関しては一応、正しい綴りを決める機関やDUDENの辞書という権威があるし、フランス語に関してはアカデミー・フランセーズが定めるという、規則を先に決めて言語をそれに合

わせるという考え方は、あるわけです。そうやって、言語ってい
うものを全く自然なものとして、あるがままの慣習を認めてそれ
を洗練させていくというだけではなくて、外から規則みたいなも
のを決めて、それを行き渡らせる。あたかも我々が道路交通法に
合わせて車を運転してるようにですね。だってねえ、ドイツって
そもそもついこないだまで統一されてなかったんだから、明治維
新より後なんだからさ、統一したのがね。ですから、誰かが人工
的に何か決めないといけなかったというのはあるんでしょう。そ
の人工的に決めたのに従って喋ろうっていう考え方自体、面白い
人には面白い、かもしれない。

武村　法学の言葉って、素人目にはすごく不自然というか、どう考
えても自然発生的ではない、一種の人工言語のように見えますよ
ね。そういうものに親和性を持って学ぶ人なら、ドイツ語とも親
和的かもしれないですね。

□　法学とドイツ語

尾方　英語だと比較的造語がつくりにくいでしょ。形容詞からどん
どん名詞が生まれるみたいなのは、なかなかね、ドイツ語はそこ
の造語能力はすごいと思うんです。大学1年で法学概論の授業を
とって、法律がある行為を罰するに値するかどうかを示す3つの
基準があるというのを習ったんですけど、ひとつは構成用件該当
性という、つまり法律に書いてある要件がその行為に当たってる
かという。ふたつめは違法性というので、行為はやってんだけど
それ違法なのかという、つまり医者が他人の腹切ってるのは、行
為は傷害行為なんだけど違法ではない。あと有責性というのと、
3つあるんですけど、その3つを習ったということを言ったらで
すね、青木人志さん[7]が、3つともドイツ語から来てるというの

で元のドイツ語を教えてくれて、構成要件該当性は Tatbestandsmäßigkeit（タートベシュタンツメースィヒカイト） っていうんだそうですよ。Tatbestand（構成要件）は普通の辞書にも出てるんですけど、tatbestandsmäßig（構成要件に相応する）という形容詞をつくり、それをもういっぺん名詞化して Tatbestandsmäßigkeit。

武村 ほー。

尾方 Tatbestandsmäßigkeit なんて普通の辞書に出てない、使われないんだけど、明治の人は輸入して、日本の法学の業界で引き継がれ、ぼくが昭和50年代に受けた授業でもそういう術語が使われてたわけです。構成要件というのがあってそれに該当していることが必要なんだということでも、それをひっくるめて名詞にすることが無理なくできちゃうのがドイツ語なんですね。あ、もうひとつ、これも駒場の同じ先生が教えてくれたんだけど、憲法で、健康で文化的な最低限の生活、っていうのがある、そういう生活のことをドイツ語では menschenwürdiges Dasein（メンシェンヴュルディゲス ダーザイン） ていうんですって。

武村 （笑）「人間 – と呼ばれるに値する –（そこにある）ありかた？」

尾方 わかるでしょ、言わんとすることが。

武村 いつも言うことだけど、menschenwürdiges Dasein にせよ、一見長たらしくてめんどくさく見えるけど、ほんとに子供でもわかるような言葉でできてる。そもそも Dasein が、「現存在」って訳すと小難しく見えるけど、da-sein、単に「現にそこに – ある – こと」ですよね。カントの interesseloses Wohlgefallen（インテレッセローゼス ヴォールゲファレン）（特に関心があるわけじゃないけど、なんかイイ感じだと思う – こと）だってさ。でもこれを「関心なき適意」って訳すと、たちまち意味不明な学術用語になっちゃう。

324　　5　ドイツ語を学ぶ、ドイツ語について考える

八幡　ドイツ語を学ぶ意味は、ひとつには、わかってると思ってる日本語の、元の語を問い直すときにすごく重要な言葉だというところかもしれませんね。法律用語もそうですし学問用語の多くがそうです。哲学も「哲学」と訳してしまったために何を指してるのか全くわからないものになってしまってる、元々は知を愛するという活動であって「学」ではなかったのに。「概念」も、もとは「つかみ取る」という意味の begreifen なのに、「概念」と訳したことによって、わかるようなわからないようなね。あと哲学の基本概念の Anschauung（直観）という難しい語も、もとは単に「見る」ってことだ、ていうのを最初に学んだりすると、それでぜんぜん「見る」世界が変っちゃう。そういうことがいろんなレイヤーで起こっているんですね。外国語を学ぶのは、自分の世界というか、使ってる言葉に対して反省的になるきっかけになるかもしれません。

小岩　法学部の人ってそういうことを、ドイツ語を入口にして捉えるチャンスにけっこう満ちてる気がしますよね。

尾方　Tatbestandsmäßigkeit なんて昼めし食ってるときに青木さんがすらっと出してきたんですからね。

小岩　思考がなんかもう自然化されてるようなところにドイツ語がひそんでいるという。

尾方　そういう、ああ、なんか世界ってドイツ人の頭ではこういうふうに見えてるのを、我々は翻訳学問で受け入れて、区切りかたはおんなじようだけど全然違う字面で、わかったようなわかんないような受けとり方をしてんだなというのが、わかるとそれは面白いことは面白いとこはありますけどね。うん。

武村　あのさ。尾方さんさっきから、なんでそんな遠慮がちなもの言いをなさるんですか？　「面白いと思う人は、面白いと思うか

もしれない」みたいな言い方。今日それで3度目だよ？

尾方 あそう（笑）？　あー……いやー、もう、それは——みんなが面白いと思うとは到底思えないっていうだけですよね。それはドイツ語の話だからというわけではたぶんなく、英語でも何でも、例えば語源の話にしても、そんなのどうでもいいと思う人はかなりいるだろうと。ぼくは文学の研究みたいなものをかなりやってきた結果、やっぱ普遍的に価値があるとか普遍的に面白い文学があるわけじゃなくて、ある人はあるものを面白いと思い、また別の人はまた別の種類のものを面白いと思うとしか言えないという、そういう感じにどうしてもなっちゃったんですよね。なので、ある学科の普遍的な価値とかいうようなもの、説明しようという気にはなれない、文学でも音楽でもそうなんですけど。そうすると、「面白いと思う人は思うだろう」としか言えない。とはいっても、そうね、menschenwürdiges Dasein だって、授業で雑談として話すとそれなりに面白そうに聞いてる学生が一定数はいますけどね。

武村 ひとつの語がこんなに長いっていうだけでも面白いと私なんかは思うけどね（笑）。

尾方 「人間に値する存在」、その考え方がすごいですよね。日本の憲法だと健康で文化的な生活っていう、外から来るものになるんけど、ドイツ語のほうの考え方では、自分が人間にふさわしい存在として生きられないといけないんだっていう。ぜんぜん発想が違うともいえて、まあ、面白いと思う人には面白いだろうと。

武村 4度目だ（笑）。あれですかね、年をとったがゆえの達観というものなんでしょうか。

尾方 ある時期までの大学の文学系の先生たちが持ってたすごい自信というのがあって、それが、ぼくらの少し上の世代までは残っ

てたでしょう、フランス文学なんか、読めないやつが野蛮人なんだみたいな。そこまでの自信なんて、とても抱けない世代にぼくなんか突入しちゃってる。

武村　それにフランスと違ってドイツはね、というかドイツ語関係者はやっぱりどこそこ20世紀半ば以降の後ろめたさを共有してるところがあるでしょ。全体主義的にひとつの価値を指さすみたいなこと、しにくいですよねとても。領邦国家的になりますよね考え方がね。

小岩　こういう雑談みたいなこと、それぞれみなさん授業の中に散りばめていらっしゃると思うんですけど、定期的にガッツリやってもいいかもしれないですね、初級総合の中で。小ネタとしてはBaum-kuchen とか Arbeit とかいろいろやるけど、そういうのが局所的な入口にとどまらなくて、我々の思考にこう入ってきて、いろいろ変容して違うものになっちゃってたりするという、文化の受容のダイナミックなありようが、ドイツ語を考えるだけでいろいろ見えてくるんだよって。

尾方　だから青木さんとお昼食べてるときにそれこそね——彼は今動物法がご専門ですけど、初期は刑法で、そのあといわゆる法の継受っていう、ドイツ法が入ってきて日本でそれを消化していったプロセスがご専門だった時期があるんで、そういうことにはやたらお詳しくてですね、そうでなくてもいろんなことにお詳しいんですけど、ドイツからこう入ってきてこうなったみたいな話をまとめて、本一冊書いてくださいよって言ったこともあるんですけどね。青木さんをたきつけてそういうのを書いてもらうっていうのは、長い目で見ると、ドイツ語をやる人の意欲を掻き立てるにはいいかもしれない。

小岩　この座談会の結末としては、青木さんの話を法学部の学生に

聞かせろと。

尾方 ほんとにね、生半可じゃない意義があると思うんですよ。

■ **読書案内**

　ドイツ語の面白さを教えてくれる軽めの本は数々あるが、今回の座談会の文脈に比較的合うものを、手近なところから選んでみた。目に触れることがあれば、関心に応じて手に取ってみてくだされば幸甚である。石川光庸『匙はウサギの耳なりき──ドイツ語源学への招待』（白水社、1993）はドイツ語をまだ知らなくとも楽しめる、読みごたえのある語源エッセイ。高田博行・新田春夫編『講座ドイツ言語学 第2巻　ドイツ語の歴史論』（ひつじ書房、2013）は、少し専門的で長い例文なども載っているが、邦訳もついており、ドイツ語の歴史とドイツ語文化圏の歴史を併せて学べる好書である。

【尾方　一郎・小岩　信治・八幡　さくら・武村　知子】

注

1　Goethe Institut、ドイツ連邦共和国の文化機関。世界中に展開し、ドイツ語教育と文化交流に大きな役目を果たしている。フランスの「アテネ・フランセ」に相当する。

2　多くの教科書では、まず覚えるべきものとして最初のほうに「格変化表」が載っている。4 × 4 = 16 通りの「定冠詞」「不定冠詞」「指示冠詞」「所有冠詞」「形容詞語尾」などがそれぞれあるので、覚えるのに苦労する。

3　Deutscher Akademischer Austauschdienst ドイツ学術交流会。堅実な国際交流助成機関。。

4　おそらく日本で最も有名なモーツァルトの小曲。

5　F・W・J・シェリング（1775 − 1854）ドイツ観念論の哲学者のひ

328   5　ドイツ語を学ぶ、ドイツ語について考える

とり。

6　F・シュレーゲル（1772 – 1829）ドイツ初期ロマン主義の思想家・
作家のひとり。

7　元一橋大学法学部長、前教育担当副学長。

エピローグ

◆　基礎法学への旅の扉

　ここに「一橋大学法学・国際関係学レクチャーシリーズ」の第2巻『法と社会——基礎法学の歩き方』をお届けすることができ、うっかり2巻目以降の企画を出版社に漏らして後に引けなくなってしまった編者としては、ひとまず肩の荷を下ろせたという思いである。刊行にあたり、国際書院の石井彰社長をはじめご理解とご協力を賜った関係各位には厚く御礼を申し上げたい。ありがたいことに第1巻『教養としての法学・国際関係学——学問への旅のはじまり』は各方面より好評を賜り、一橋大学の学内でも同書が刺激となって「本家」の経済学研究科がお株を奪い返さんと『教養としての経済学——生き抜く力を培うために』（有斐閣、2013年）のアップデート版を準備中と耳にした。嬉しい限りである。

　本書は、比較法学を扱うパート1、学際的法学を扱うパート2、いわゆる語学を扱うパート3からなる。パート1・2の執筆者は一橋大学大学院法学研究科において基礎法分野の研究をしている教員であるが、パート3については、法学研究科および言語社会研究科に所属して英語ないし第二外国語の教育に携わっている教員に執筆をお願いした。（少なくとも編者の前では）快く引き受けてくれた諸氏に、この場を借りて感謝したい。

　さて、基礎法学についてはプロローグで余計なことまで十分に語ったので、エピローグでは語学について語ることにしよう。

　本書は「基礎法学の歩き方」なのだから、基礎法分野の教員だけで書けばよい、という考え方ももちろんあるとは思う。実際、世に

ある基礎法学の入門書は、むしろそちらが主流であろう（基礎法学の入門書自体がレアである、ということはさておき）。しかし、基礎法学の学修や研究には英語や第二外国語の理解が欠かせない。例えば、比較研究の対象として中国法を選ぶ場合、中国語をスキルとして使えることはマストだが、個々の規定のよって立つ基盤を正しく把握するためには、中国の法制度全体や社会についてだけでなく、その記述言語である中国語そのものの深い理解が必要となるからだ。極端な例だが、これがビザンツ法史ともなると、史料の言語であるラテン語と古代ギリシア語に加えて、先行研究を調べ近年の研究動向をフォローするために最低でも英語とフランス語とドイツ語は使いこなせないと、研究のスタート地点に立つことすらできなかったりもする。

　もちろん、学生として比較法学や法史学の（日本語で行われる）講義を受講するだけであれば、外国語の理解がなくともどうにでもなる。とはいえ、主要な学問言語について、その文化的・社会的背景も含めたイメージを持っておくことは、基礎法学の講義を受講するうえでも大きな助けとなるだろう。かつて一橋大学で西洋法制史の担当教員だった勝田有恒のように、板書はラテン語のみ、英語はおろかフランス語やドイツ語のテクニカルタームすら板書しない、という教員はさすがに絶滅したと思われる（たぶん）が、講義からそうしたテクニカルタームが消滅したわけではないからである。

　加えて、大学での必修ないし選択必修の語学の「悪影響」についても、本書がそれを緩和する役に立てたら、という思いもあった。すなわち、（選択）必修であるがゆえに受講者の全てが受講にあたって必ずしも十分なモチベーションを有しておらず、その結果、嫌々出席を続けさせられた学生が他の科目を学修する意欲までも失ってしまう、という問題である。実のところ、これは語学に限らず

全ての必修科目に言えることなのだが、多くの大学で英語や第二外国語が初年次必修とされることが多いため、必修語学は「受験までは毎日何時間も勉強していたはず」の学生たちが学修意欲を失うことの「戦犯」とされがちなのである。本当のところは、専門科目であれ語学であれ、学生の学修意欲を引き出せない担当教員こそが「主犯」なのだが。

　ともあれ、なぜその言語を学ぼうと思ったのか、どのような考えに基づいてテクストを選んでいるのか、そこから何を学んで欲しいと考えているのか、といったバックステージ・エピソードを知ることは、受験でさんざん英語の勉強をして一定水準に達したから合格通知をもらえたはずなのに、なぜ大学でさらに英語や第二外国語を学ばねばならないのか、と疑問を感じている学生にとって、英語や第二外国語を学ぶ意義を再確認するきっかけになるのではないか。パート3には、そのような願いも込められている・・・決して「本家」の企画にも英語の項があったからといった安易な発想や、語学の教員にも書いてもらったら基礎法の教員が書く分が減って楽かもといった怠惰な発想によるものではない（ほんとだよ）。

　基礎法学はいらない。でも面白い。
　語学はいる。でも面白さがわかりにくい。

　本書が多くの読者にとって、語学という愉快な旅の仲間とともに基礎法学へといざなう旅の扉となることを願いつつ

　2024年12月3日

【屋敷　二郎】

［執筆者紹介（五十音順）］

・安藤　馨（あんどう・かおる）　法学研究科教授
専門分野：法哲学。主要業績：『教養としての法学・国際関係学
──学問への旅のはじまり』（国際書院、2024 年、共著）、『法哲学
と法哲学の対話』（有斐閣、2017 年、共著）ほか

・尾方　一郎（おがた・いちろう）　言語社会研究科教授
専門分野：電子文献学、ドイツ文学。公益財団法人ドイツ語学文学
振興会理事。主要業績：『文庫で読む 100 年の文学』（中央公論新
社、2023 年、共著）、『〈言語社会〉を想像する』（小鳥遊書房、
2022 年、共著）ほか

・勝又　崇（かつまた・たかし）　一橋大学社会科学高等研究院
（HIAS）特任講師
専門分野：西洋法制史。主要業績：Eine soziologische Wende und
die Entstehung der Lehre vom guten alten Recht bei Fritz Kern,
in: Zeitschrift für Neuere Rechtsgeschichte 46(3/4), 2025,「『ザク
セン訴訟手続』の形成と差異文献──命令不服従を一例に」『法と
文化の制度史』第 1 号（2022 年）、177-216 頁ほか

・小岩　信治（こいわ・しんじ）　言語社会研究科教授
専門分野：音楽史。主要業績：『〈言語社会〉を想像する』（小鳥遊
書房、2022 年、共著）、『ピアノ協奏曲の誕生── 19 世紀ヴィルト
ゥオーソ音楽史』（春秋社、2012 年）ほか

・小関　武史（こせき・たけし）　言語社会研究科教授

専門分野：18世紀フランス文学・思想史。主要業績：『啓蒙思想の百科事典』（丸善出版、2023年、共著）、『百科全書の時空——典拠・生成・転位』（法政大学出版局、2018年、共編著）ほか

・武村　知子（たけむら・ともこ）　言語社会研究科長・教授
専門分野：ドイツ文学。主要業績：『日蝕狩り——ブリクサ・バーゲルト飛廻双六』（青土社、2004年）、『文化アイデンティティの行方』（彩流社、2004年、共著）ほか

・但見　亮（たじみ・まこと）　法学研究科教授
専門分野：中国法。主要業績：『教養としての法学・国際関係学——学問への旅のはじまり』（国際書院、2024年、共著）、『中国夢の放置——その来し方行く末』（成文堂、2019年）ほか。

・早坂　静（はやさか・しずか）　法学研究科准教授
専門分野：アメリカ文学。主要業績：『ジェンダーと身体——解放への道のり』（小鳥遊書房、2020年、共著）、『個人的なことと政治的なこと——ジェンダーとアイデンティティの力学』（彩流社、2017年、共著）ほか

・前田　眞理子（まえだ・まりこ）　法学研究科准教授
専門分野：ジェンダー論。主要業績：『エリノア・ランシング・ダレス——アメリカの世紀を生きた女性外交官』（有斐閣、2004年）、アンソニー・エリオット『ジョン・レノン——魂の軌跡』（青土社、2000年、翻訳）ほか

・松園　潤一朗（まつぞの・じゅんいちろう）　法学研究科教授

専門分野：日本法制史。法文化学会理事、法制史学会理事。主要業績：『法の手引書／マニュアルの法文化』（国際書院、2022 年、編著）ほか

・ミドルトン、ジョン（John Middleton）　法学研究科教授
専門分野：英米法、比較メディア法。オーストラリア弁護士、ニューヨーク州弁護士。比較法学会理事。主要業績：『報道被害者の法的・倫理的救済論──誤報・虚報へのイギリス・オーストラリアの対応を中心として』（有斐閣、2010 年）ほか

・屋敷　二郎（やしき・じろう）　一橋大学副学長、法学研究科教授
専門分野：西洋法制史。法文化学会理事、法制史学会理事。主要業績：ポール・ミッチェル著／湊麻里訳『法の歴史大図鑑』（河出書房新社、2024 年、日本語版監修）、『教養としての法学・国際関係学──学問への旅のはじまり』（国際書院、2024 年、編著）ほか

・八幡　さくら（やはた・さくら）　言語社会研究科講師
専門分野：哲学。日本シェリング協会理事。主要業績：『マンガ／漫画／MANGA ──人文学の視点から』（神戸大学出版会、2020 年、共著）、『シェリング芸術哲学における構想力』（晃洋書房、2017 年）ほか

・吉田　聡宗（よしだ・あきむね）　一橋大学社会科学高等研究院（HIAS）特任講師
専門分野：比較法。公益社団法人日本愛玩動物協会愛玩動物飼養管理士認定委員。主要業績：「実験動物学と法学の対話──人間と動

物は『なにもの』か」『Labio21』92 号（2024 年）、13-19 頁、Anti-Animal Cruelty Laws in the New York of the 1860s, Hitotsubashi Journal of Law and Politics, 51（2023）, 45-62 ほか

・吉田　真悟（よしだ・しんご）　言語社会研究科講師
専門分野：社会言語学、台湾語。主要業績：『漢字文化事典』（丸善出版、2023 年、共著）、『台湾語と文字の社会言語学——記述的ダイグラフィア研究の試み』（三元社、2023 年）ほか

・渡辺　理仁（わたなべ・りひと）　法学研究科特任講師
専門分野：西洋法制史。主要業績：『法の手引書／マニュアルの法文化』（国際書院、2022 年、共著）ほか

索　引

あ行

アイケ・フォン・レプゴウ（Eike von Repgow）　213

愛国主義　119-120

愛護動物　57-58, 60-61

アイヒホルン（Karl Friedrich Eichhorn）　218

青木人志　41, 52, 322

アカデミー・フランセーズ　305, 321

秋吉健次　69, 82

アルブレヒト（Wilhelm Eduard Albrecht）　218, 220

石川武　220

意思の弱さ（akrasia）　233

一般教養教育　251

イニューエンド　73-75

引用法　174

ヴェーバー（Max Weber）　42

AI　24, 317

江木翼　159

演繹　19, 176, 301-303, 314

オーストリア民事訴訟法　151, 159

荻生徂徠　141-143

御仕置例類集　136, 139

オフコム（通信放送庁）　92, 101-102, 104

音節　287

か行

外国語　37, 275, 279-280, 284, 286, 292-293, 300, 302-305, 312-313, 315, 317, 319, 324, 331-333

外国法　16, 25-26, 33-37, 40-41, 131, 207

解答権　173, 177

海保青陵　142

カエサル　173, 210, 295

学際的法学　25-27, 122, 331

学識法　214-217, 221-222

学説彙纂　18, 175-176, 186, 214

格変化　313, 320-321

カチュル（Braj Bihari Kachru）　274-275

カノン法　150, 183, 207, 212, 214

「紙の上の法」　39

ガリア　210, 212, 295-296

勧解　152-154, 159

漢字文化圏　284

慣習法　132-133, 137, 140-141, 144-

145, 169, 174, 215, 321

簡体字　284

漢文　280, 284-285

官話　282, 288

ギールケ（Otto Gierke）　219

帰納　301-303, 313

規範性　241, 243-245

救済方法　67, 70, 82-84, 89-90, 98-99, 103

『教会法集成』　188

ギリシア語　18, 186-187, 189, 193, 197-198, 200, 267, 320-321, 332

キング牧師（Martin Luther King Jr.）　253-257, 259

吟味筋　137

公事方御定書　136, 138

クレッシェル（Karl Kroeschell）　220

継受　17, 34, 131, 144-145, 150-154, 161-162, 199, 205-206, 214-216, 326

ゲヴェーレ　219-220

ゲーテ・インスティテュート　311

ケープラー（Gerhard Köbler）　220

ケルト　210, 264, 295-296

ゲルマニア　210, 215-216

ゲルマン　150, 203-212, 216, 219-222, 265, 282, 295-296, 319

「健康で文化的な最低限の生活」

323, 325

憲政　121

憲法　37, 51-52, 55-56, 59-60, 75-76, 79, 81, 102, 117-121, 139, 149, 154, 161, 204-207, 259, 323, 325

「合意は守られるべし」　181

公職者　169, 171, 196, 236-239

構成要件該当性　323

合同（契約）　116

口頭主義　150-151, 154-157, 161

公表責任　77

公平原則　114

公民　110, 118-119, 121

公民権運動　253, 257

公民道徳　119-120

国語　284, 288-290, 305

告示　172-173

国民国家　281-282

語源　296-297, 325

御成敗式目　133

古典期　174-175

誤報・虚報　71, 88-89

コミュニケーション　267, 269, 272, 279, 317-318

コモンロー　67-69, 71-75, 77-79, 82-84, 102

コンスタンティノープル　186, 191, 193

コンスタンティノープル総主教
　188, 192, 196, 199
コンリング（Hermann Conring）　28,
　216

さ行

再公表　75-77, 102
裁定（adjudication）　92, 94, 97-99,
　101-102
裁判外紛争解決（ADR）　89, 152
裁判管轄権　78
裁判事務心得　145
サヴィニー（Friedrich Karl von
　Savigny）　17-19, 218-219
ザクセンシュピーゲル　213-214,
　216, 218, 220, 222
差止命令　82-84, 87, 99
ジェンダー　27, 124, 265, 297
自然法　19, 27, 245
自然法則　34, 142
ジッペ　205, 220
司法解釈　110, 114, 116
「市民法大全」（ユスティニアヌス法
　典）　18, 175, 186-187, 189-191,
　193-198, 200, 214
「社会あるところ法あり」　21
『社会契約論』　300

社会主義核心価値観　113-114, 117-
　118, 120
社会信用　119
社会的事実　27, 238-241, 245
社会法　149, 158
釈明権　159-161
習近平　119-120
十二表法　170, 182
『14章ノモカノン』　188, 192, 195,
　199
証拠　59, 89, 97, 135, 138-139, 151-
　152, 156-157, 162
植民地　268-271, 275, 288, 306-307
書式文例集　138, 152
職権主義　150, 156, 159, 161
職権証拠調　159-161
職権審理手続　174
書面　96-98, 150-152, 154-157, 159-
　161, 174, 183, 284
所有権　114-115, 181-183, 206, 208,
　219-220
人格権　109-113, 117, 120-122
人権　34-35, 70, 76, 85, 121
人工言語　322
人民　118-119, 143, 145
スコラスティコイ　187
スコリア（注釈）　191, 193, 198
スランダー　72

声調　287

成文法　133, 170, 321

世界観　53, 318

世間　137, 144

ゼミナール　24, 33, 35, 122

善意　76-78, 209

1990年裁判所及びリーガル・サービス法　86

1996年名誉毀損法　77

相対化　23, 133, 135, 158, 290

『総督の書』　191

訴権(アクチオ)　69, 150-151, 173, 176, 179, 182-184

　所有物返還──　181-182

祖先の慣習　172, 177-178

訴答文例　152

ソフトパワー　271

損害賠償　42, 69-70, 79, 82-86, 88, 99, 102, 111, 181

た行

大正民事訴訟法(旧民事訴訟法)　159

第二外国語　279, 286, 312, 317, 331-333

台湾華語　290

台湾語　288-291

ダウ・ジョーンズ社対グットニック事件　79-80

正しさ　232, 297-299

多文化性(マルチカルチュラル)　257, 317-318

多様性　185, 257, 274, 276, 291-293

注音符号　290

ツァジウス(Ulrich Zasius)　215

ツァハリエ(Karl Eduard Zachariae von Lingenthal)　200

訂正・取消放送制度　88-89, 102

ディドロ(Denis Diderot)　305-306

『ティプケイトス』　194, 198

出入筋　135-137, 153

ディルヒャー(Gerhard Dilcher)　221

DAAD　313

テヒョー(Hermann Techow)　154-155

ドイツ私法　217-218

ドイツ帝国民事訴訟法　150, 154-155

ドイツ法　51-55, 56, 58-61, 154-155, 161, 217-219, 326

ドゥウォーキン(Ronald Dworkin)　227, 239-241

動機付けの判断内在主義　230, 233-238

343

──ヒューム主義 230, 234-235, 244-245

当事者主義 150-151, 157, 159, 183

動物 25, 49-61, 241-242, 296, 326

党領導 118-120

特示命令 171

特別損害 72-73, 84

独立プレス基準機構（IPSO） 91-101, 103

土地使用権 115

トマジウス（Christian Thomasius） 217

な行

内済 153, 161

長尾龍一 16

泣き寝入り 71

2013年名誉毀損法 81

2010年SPEECH法 81

認知主義 230-232, 235-237

認定のルール 238

ヌスバウム（Martha Nussbaum） 251, 259

ネーション（nation） 282

「ノモカノン」 188, 192, 195, 199

ノルマン・コンクェスト 265, 296

は行

ハート（H.L.A. Hart） 227, 238-240

「バシリカ」 189-194, 196-198

『抜粋集』 187, 190, 196, 198-199

バルサモン（Theodoros Balsamon） 195

繁体字 284, 290

パンデクテン法学 18-20

「パンのための学問」 35

万民法 172-173, 176, 181

判例法 73, 136-137

比較可能性 38

比較言語学 281-282, 286

比較法学 16, 19-20, 25-26, 33, 41, 331-332

比較法文化論 25, 35, 41, 49

ヒューム（David Hume） 234, 244

標準語 282-283, 292

「開かれた問い」論証 229, 240-241, 246

非理法権天 134, 144

拼音（ピンイン） 290

ブーフ（Johann von Buch） 214-215

武家諸法度 134

普通話 283, 288

不法行為 67, 111, 181

プライバシー　69-71, 82, 94, 98, 101-102, 110-112

ブラウン（Wendy Brown）　251

フランス法　51, 55-56, 60-61, 152-155, 158, 161

フリードリヒ2世（Friedrich II）　305

文化大革命　110-111, 120, 122

文法　265, 267, 274, 286-287, 290, 297, 300, 302-303, 314, 320-321

『ペイラ』　193, 197

『ヘクサビブロス』　200

ベリュトス　186

ベルトラン（Claude-Jean Bertrand）　89-91

「編集者のための倫理綱領」　93, 100

弁論主義　150-151, 153, 157, 159-161

法概念論　227-228, 238, 241, 245-246

『法学入門』　190, 196, 198

法観念　133, 145, 178

方言　265, 267, 273, 280-283, 289, 292

法源　136, 138, 145, 177, 185, 188-189, 192, 194-195, 199-200, 212, 215-217

法史学　16, 20, 26-27, 220, 332

法実証主義　238, 240-241, 245-246

法社会学　16, 19-20, 26-27

法廷地漁り　78, 81

法的判断　235-238, 241

法哲学　16, 20, 22, 26-27, 227

法典調査会　158

報道被害　67, 75, 89, 102-104

法と経済学　27

「法の叡智」　17, 20

「法の改竄」　175

『法の概念』　238

「法の科学」　17-19

「法の現実の作動」　39

法務官　169, 171-172, 176-177, 182

法律訴訟　168, 170, 182-183

法理論　239-240, 245

母語　37, 197, 288-291, 302, 304-305, 319

本人訴訟　69-72, 102, 154

翻訳　37, 76, 144, 186, 189-190, 198, 213, 285, 293, 305-306, 317-318, 324

ま行

マケドニア朝　187, 189, 191

マルクス主義　17-18

「3つの同心円モデル」　275

三浦和義　69-71, 82, 102

民法典　52, 55-56, 59-60, 109-111,
　　113-117, 119-120, 122, 149, 157,
　　200, 206, 209, 219
ムーア（G.E. Moore）　228-230, 232,
　　240-241
明治民事訴訟法（旧々民事訴訟法）
　　155-156
名誉毀損的表現の意義　73
メタ規範理論　228, 238
メタ倫理学　227-228, 235, 241, 246
メディア・アカウンタビリティ制度
　　（MAS）　89-91
目安糺　151-152

や行

ユスティニアヌス（Iustinianus I.）
　　28, 175, 185-188

ら行

ライプニッツ（Gottfried Wilhelm
　　Leibniz）　305
ライベル　72-73
ラテン語　18, 183, 186, 193, 197-
　　198, 212-213, 265-267, 271, 295-
　　297, 302, 305, 320, 332
理（道理）　133-136, 138, 142, 144

リシュリュー（Richelieu）　305
理性的行為者　242-243, 245
理論的不同意　240-241
リンガ・フランカ　264, 274
リンゴとオレンジ　38
『倫理学原理』　228
ルソー（Jean-Jacques Rousseau）　300
レヴェソン調査委員会　92
レオン6世（Leon VI ho Sophos）
　　189, 191
ローマ市民権　170-172, 176, 179-
　　180
「ロス疑惑」事件　69, 71

わ行

枠構造　320

一橋法学・国際関係学レクチャーシリーズ	2

法と社会──基礎法学の歩き方

編者　一橋法学・国際関係学レクチャーシリーズ刊行委員会

2025 年 3 月 20 日初版第 1 刷発行

・発行者──石井　彰

印刷・製本／モリモト印刷株式会社

© 2025 Hitotsubashi Lecture
Series on Law and
International Relations
Editorial Comittee

（定価＝本体価格 2,800 円＋税）

ISBN978-4-87791-333-5 C3032 Printed in Japan

・発行所

KOKUSAI SHOIN Co., Ltd.
3-32-6, HONGO, BUNKYO-KU, TOKYO, JAPAN.

株式会社 **国際書院**
〒113-0033 東京都文京区本郷 3-32-6-1001

TEL 03-5684-5803　　FAX 03-5684-2610
Ｅメール：kokusai@aa.bcom.ne.jp
http://www.kokusai-shoin.co.jp

本書の内容の一部あるいは全部を無断で複写複製（コピー）することは法律でみとめられた場合を除き、著作者および出版社の権利の侵害となりますので、その場合にはあらかじめ小社あて許諾を求めてください。

国際政治

磯貝真澄・帯谷知可 編

中央ユーラシアの女性・結婚・家庭
―歴史から現在をみる

87791-321-2 C3031 ¥3500E A5判 289頁 3,500円

［アジア環太平洋研究叢書⑥］女性・結婚・家庭をキーワードに「中央ユーラシア」における人々がどのような社会生活を送り、人々が現在どのように暮らし何を課題としているのかを明らかにする作業である。

村上勇介 編

現代ペルーの政治危機：
揺れる民主主義と構造問題

87791-236-7 C3031 ¥3500E A5判 229頁 3,500円

［アジア環太平洋研究叢書⑦］90年代のフジモリ政権期を経た21世紀のペルー政治をその根幹である国家－社会関係、地方分権化という二つに焦点をあて分析し、今後のゆくへを展望する。

(2024. 2)

佐藤幸男 編

世界史のなかの太平洋

906319-84-× C1031 A5判 290頁 2,800円

［太平洋世界叢書①］本叢書は、太平洋島嶼民の知的想像力に依拠しながら、太平洋世界における「知のあり方」を描く。第一巻の本書では、16世紀からの400年に亘る西欧列強による植民地支配の歴史を明らかにし、現代的課題を提示する。

(1998.7)

佐藤元彦 編

太平洋島嶼のエコノミー

近刊

［太平洋世界叢書②］(目次) ①太平洋島嶼経済論の展開② MIRAB モデルの持続可能性③植民地経済の構造と自立化④ソロモン諸島における近代化⑤フィジーにおける輸出加工区依存戦略の問題性、その他

春日直樹 編

オセアニア・ポストコロニアル

87791-111-1 C1031 A5判 235頁 2,800円

［太平洋世界叢書③］本書はオセアニア島嶼地域の「植民地後」の状況をいくつかの視点から浮かび上がらせ、「ポストコロニアル研究」に生産的な議論を喚起する。人類学者、社会学者、文学者、作家が執筆メンバーである。 (2002.5)

小柏葉子 編

太平洋島嶼と環境・資源

906319-87-4 C1031 A5判 233頁 2,800円

［太平洋世界叢書④］気候変動、資源の乱獲などにより、環境や資源は限りあるものであることが明らかになり、こうした状況に立ち向かう太平洋島嶼の姿を様々な角度から生き生きと描いている。 (1999.11)

佐藤幸男 編

太平洋アイデンティティ

87791-127-8 C1031 A5判 271頁 3,200円

［太平洋世界叢書⑤］フィジーのパシフィクウエイという生き方、ソロモン諸島における近代化のディスコース、現代キリバスでの物質文明の再考そして太平洋と結ぶ沖縄などの考察を通し、南太平洋から未来の海を展望する。 (2003.9)

南山 淳

国際安全保障の系譜学
―現代国際関係理論と権力／知

87791-131-6 C3031 A5判 299頁 5,800円

［21世紀国際政治学術叢書①］権力／知概念を導入し、国際関係論という知の体系の内部に構造化されている「見えない権力」を理論的に解明するという方向性を探り、日米同盟の中の沖縄に一章を当て現代国際安全保障の意味を問う。 (2004.5)

国際政治

岩田拓夫

アフリカの民主化移行と市民社会論
―国民会議研究を通して

87791-137-5　C3031　　　　　A5 判　327 頁　5,600 円

[21 世紀国際政治学術叢書②] アフリカ政治における「市民社会」運動を基礎とした「国民会議」の活動を「グローバル市民社会論」などの角度からも検討し、民主化プロセスを問い直し、21 世紀アフリカの曙光の兆しを探る。　　　　　(2004.9)

池田慎太郎

日米同盟の政治史
―アリソン駐日大使と「1955 年体制」

87791-138-3　C3031　　　　　A5 判　287 頁　5,600 円

[21 世紀国際政治学術叢書③] アメリカにとっては、55 年体制の左右社会党の再統一は保守勢力を結集させる「最大の希望」であった。日米の資料を駆使し、対米依存から抜けきれない日本外交の起源を明らかにする。　　　　　(2004.10)

堀 芳枝

内発的民主主義への一考察
―フィリピンの農地改革における政府、NGO、住民組織

87791-141-3　C3031　　　　　A5 判　227 頁　5,400 円

[21 世紀国際政治学術叢書④] ラグナ州マバト村の住民組織・NGO が連携を取り、地主の圧力に抗し政府に農地改革の実現を迫る過程を通し伝統の再創造・住民の意識変革など「内発的民主主義」の現実的発展の可能性を探る。　　　　　(2005.4)

阪口 功

地球環境ガバナンスとレジーム発展のプロセス
―ワシントン条約と NGO・国家

87791-152-9　C3031　　　　　A5 判　331 頁　5,800 円

[21 世紀国際政治学術叢書⑤] ワシントン条約のアフリカ象の取引規制問題に分析の焦点を当て、レジーム発展における具体的な国際交渉プロセスの過程に「討議アプローチ」を適用した最初の試みの書。　　　　　(2006.2)

野崎孝弘

越境する近代
―覇権、ヘゲモニー、国際関係論

87791-155-3　C3031　　　　　A5 判　257 頁　5,000 円

[21 世紀国際政治学術叢書⑥] 覇権、ヘゲモニー概念の背後にある近代文化の政治現象に及ぼす効果を追跡し、「越境する近代」という視点から、国際関係におけるヘゲモニー概念への批判的検討をおこなう。　　　　　(2006.4)

玉井雅隆

CSCE 少数民族高等弁務官と平和創造

87791-258-1　C3031　　　　　A5 判　327 頁　5,600 円

[21 世紀国際政治学術叢書⑦] 国際社会の平和をめざす欧州安全保障協力機構・少数民族高等弁務官（HCNM）の成立に至る議論の変化、すなわちナショナル・マイノリティに関する規範意識自体の変容をさまざまな論争を通して追究する。　　　　　(2014.7)

武者小路公秀監修

ディアスポラを越えて
―アジア太平洋の平和と人権

87791-144-8　C1031　　　　　A5 判　237 頁　2,800 円

[アジア太平洋研究センター叢書①] アジア太平洋地域の地域民族交流システムを歴史の流れの中で捉える「ディアスポラ」を中心テーマにし、単一民族という神話から開放された明日の日本の姿をも追究する。　　　　　(2005.3)

武者小路公秀監修

アジア太平洋の和解と共存
―21 世紀の世界秩序へ向けて

87791-178-2　C1031　　　　　A5 判　265 頁　3,200 円

[アジア太平洋研究センター叢書②] 第二次世界大戦の再評価をめぐって、60 年前の失敗と教訓を探りだし、戦後の欧州の経験、アジアでの軌跡をたどりつつ 21 世紀の新世界秩序へ向けて白熱した議論が展開する。　　　　　(2007.3)

武者小路公秀監修

ディアスポラと社会変容
―アジア系・アフリカ系移住者と多文化共生の課題

87791-168-3　C1031　　　　　A5 判　295 頁　3,200 円

[アジア太平洋研究センター叢書③] 人種主義の被害を受けながら、移住先の国々でさまざまな貢献をしている何世代にわたるアジア系、アフリカ系移住者たちの不安、願望といった人間としての諸相を明らかにしようとする暗中模索の書である。　　　　　(2008.3)

| 国際経済 | 国際社会 |

山城秀市

アメリカの政策金融システム

87791-173-7　C3033　　　　　A5判　291頁　5,400円

アメリカの連邦信用計画・政策金融を政府機関および政府系金融機関の活動に焦点を当て、産業政策・経済動向といった歴史的推移の中で分析し、あらためてわが国における政策金融のありかたに示唆を与える。　　　　　　　　　　　　　　（2007.9）

坂田幹男

開発経済論の検証

87791-216-1　C1033　　　　　A5判　217頁　2,800円

東アジアのリージョナリズムの展望は、市民社会および民主主義の成熟こそが保障する。戦前この地域に対して「権力的地域統合」を押しつけた経験のある日本はそのモデルを提供する義務がある。　　　　　　　　　　　　　　　　　（2011.4.）

大和田滝惠・岡村　堯編

地球温暖化ビジネスのフロンティア

87791-218-5　C1034　　　　　A5判　313頁　2,800円

企業の意欲が自らの成長と地球の維持を両立させられるような国際環境の醸成ビジョンを提示する作業を通して、地球温暖化科学、政策化プロセス、国際交渉の視点などの「企業戦略のためのフロンティア」を追究する。　　　　　　　　　　（2011.3.）

高橋智彦

経済主体の日本金融論
教育の「革命史観」から「文明史観」への転換

87791-322-9　C2033　¥3200E　　A5判　213頁　3,200円

「なるほど」。バブル崩壊からコロナ禍の金融への影響など抱負なデータで解説。経済主体と絡めて金融全般のことがわかり、リテラシー向上、資格取得にも役立つ書。様々な立場で金融に携わってきた著者の渾身の一冊。　　　　　　（2023.6）

立石博高／中塚次郎共編

スペインにおける国家と地域(絶版)
―ナショナリズムの相克

87791-114-6　C3031　　　　　A5判　295頁　3,200円

本書は、地域・民族、地域主義・ナショナリズム、言語の歴史的形成過程を明らかにしながら、カタルーニャ、バスク、ガリシア、アンダルシアを取り上げ、歴史的現在のスペイン研究に一石を投じる。　　　　　　　　　　　　　　（2002.6）

ジョン・C・マーハ／本名信行編著

新しい日本観・世界観に向かって

906319-41-6　C1036　　　　　A5判　275頁　3,107円

アイヌの言語とその人々、大阪の文化の復活、日本における朝鮮語、ニューカマーが直面する問題、日本とオーストラリアの民族の多様性などの検討を通して、国内での多様性の理解が世界レベルの多様性の理解に繋がることを主張する。　（1994.2）

林　武／古屋野正伍編

都市と技術

906319-62-9　C1036　　　　　A5判　241頁　2,718円

「日本の経験」を「都市と技術」との関わりで検討する。技術の基本的な視点を自然や社会との関わり、技術の担い手としての人間の問題として捉え、明治の国民形成期の都市づくり、職人層の活動に注目し、技術移転の課題を考える。　（1995.1）

国際社会

奥村みさ

文化資本としてのエスニシティ
—シンガポールにおける文化的アイデンティティの模索

87791-198-0　C3036　　　　　A5判　347頁　5,400円

英語圏文化および民族の主体性としての文化資本を駆使し経済成長を遂げた多民族都市国家シンガポールは、世界史・アジア史の激変のなかで持続可能な成長を目指して文化的アイデンティティを模索し、苦闘している。　　　　　　　（2009.7）

渋谷　努編

民際力の可能性

87791-243-7　C1036　　　　　A5判　261頁　3,200円

国家とは異なるアクターとしての民際活動が持つ力、地域社会におけるNPO・NGO、自治体、大学、ソーシャルベンチャー、家族といったアクター間の協力関係を作り出すための問題点と可能性を追求する。　　　　　　　　　　　　（2013.2）

駒井　洋

移民社会日本の構想

906319-45-9　C1036　　　　　A5判　217頁　3,107円

[国際社会学叢書・アジア編①] 多エスニック社会化を日本より早期に経験した欧米諸社会における多文化主義が今日、批判にさらされ、国家の統合も動揺を始めた。本書は国民国家の妥当性を問い、新たな多文化主義の構築を考察する。（1994.3）

マリア・ロザリオ・ピケロ・バレスカス　角谷多佳子訳

真の農地改革をめざして—フィリピン

906319-58-0　C1036　　　　　A5判　197頁　3,107円

[国際社会学叢書・アジア編②] 世界資本主義の構造の下でのフィリピン社会の歴史的従属性と決別することを主張し、社会的正義を追求した計画を実践する政府の強い意志力と受益農民の再分配計画への積極的関与を提唱する。　　　（1995.5）

中村則弘

中国社会主義解体の人間的基礎
—人民公社の崩壊と営利階級の形成

906319-47-5　C1036　　　　　A5判　265頁　3,107円

[国際社会学叢書・アジア編③] 他の国や地域への植民地支配や市場進出、略奪を行わない形で進められてきた自立共生社会中国の社会主義解体過程の歴史的背景を探る。人民公社の崩壊、基層幹部の変質などを調査に基づいて考察する。（1994.6）

陳　立行

中国の都市空間と社会的ネットワーク

906319-50-5　C1036　　　　　A5判　197頁　3,107円

[国際社会学叢書・アジア編④] 社会主義理念によって都市を再構築することが中国の基本方針であった。支配の手段としての都市空間と社会的ネットワークが、人々の社会関係を如何に変容させていったかを考察する。　　　　　（1994.8）

プラサート・ヤムクリンフング　松薗裕子／鈴木規之訳

発展の岐路に立つタイ

906319-54-8　C1036　　　　　A5判　231頁　3,107円

[国際社会学叢書・アジア編⑤] タイ社会学のパイオニアが、「開発と発展」の視点で変動するタイの方向性を理論分析する。工業化の効果、仏教の復活、政治の民主化などを論じ、価値意識や社会構造の変容を明らかにする。　　　（1995.4）

鈴木規之

第三世界におけるもうひとつの発展理論
—タイ農村の危機と再生の可能性

906319-40-8　C1036　　　　　A5判　223頁　3,107円

[国際社会学叢書・アジア編⑥] 世界システムへの包摂による商品化が社会変動を生じさせ、消費主義の広がり、環境破壊などの中で、「参加と自助」による新しい途を歩み始めた人々の活動を分析し、新たな可能性を探る。　　　　（1993.10）

田巻松雄

フィリピンの権威主義体制と民主化

906319-39-4　C1036　　　　　A5判　303頁　3,689円

[国際社会学叢書・アジア編⑦] 第三世界における、80年代の民主化を促進した条件と意味を解明することは第三世界の政治・社会変動論にとって大きな課題である。本書ではフィリピンを事例として考察する。　　　　　　　　（1993.10）

国際社会 / 国際史

中野裕二

フランス国家とマイノリティ
―共生の「共和制モデル」

906319-72-6　C1036　　　　　A5判　223頁　2,718円

[国際社会学叢書・ヨーロッパ編①] コルシカを
はじめとした地域問題、ユダヤ共同体、移民問題
など、「国家」に基づく既存の衝突を描く。共和制
国家フランスが、冷戦崩壊後の今日、その理念型
が問われている。　　　　　　　　　　（1996.12）

畑山敏夫

フランス極右の新展開
―ナショナル・ポピュリズムと新右翼

906319-74-2　C1036　　　　　A5判　251頁　3,200円

[国際社会学叢書・ヨーロッパ編②] 1980年代の
フランスでの極右台頭の原因と意味を検証。フラ
ンス極右の思想的・運動的な全体像を明らかにし
て、その現象がフランスの政治的思想的価値原理
への挑戦であることを明らかにする。　　（1997.6）

高橋秀寿

再帰化する近代―ドイツ現代史試論
―市民社会・家族・階級・ネイション

906319-70-X　C1036　　　　　A5判　289頁　3,200円

[国際社会学叢書・ヨーロッパ編③] ドイツ現代
社会の歴史的な位置づけを追究する。「緑の現
象」、「極右現象」を市民社会、家族、階級、ネイ
ションの四つの領域から分析し、新種の政党・運
動を生じさせた社会変動の特性を明らかにする。
（1997.7）

石井由香

エスニック関係と人の国際移動
―現代マレーシアの華人の選択

906319-79-3　C1036　　　　　A5判　251頁　2,800円

[国際社会学叢書・ヨーロッパ編・別巻①] 一定の
成果を上げているマレーシアの新経済政策（ブミ
プトラ政策）の実践過程を、エスニック集団間関
係・「人の移動」・国際環境の視点から考察する。
（1999.2）

太田晴雄

ニューカマーの子どもと日本の学校(絶版)

87791-099-9　C3036　　　　　A5判　275頁　3,200円

[国際社会学叢書・ヨーロッパ編・別巻②] 外国生
まれ、外国育ちの「ニューカマー」の子供たちの
自治体における対応策、小・中学校における事例
研究を通して教育実態を明らかにしつつ、国際理
解教育における諸課題を検討し、多文化教育の可
能性を探る。　　　　　　　　　　　　　（2000.4）

藤本幸二

ドイツ刑事法の啓蒙主義的改革と Poena Extraordinaria

87791-154-5　C3032　　　　　A5判　197頁　4,200円

[21世紀国際史学術叢書①] Poena Extraordi-
naria と呼ばれる刑事法上の概念が刑事法の啓蒙主
義的改革において果たした役割と意義について、カ
ルプツォフの刑事法理論を取り上げつつ、仮説を提
示し刑事法近代化前夜に光りを当てる。　（2006.3）

遠藤泰弘

オットー・フォン・ギールケの政治思想
―第二帝政期ドイツ政治思想史研究序説

87791-172-0　C3031　　　　　A5判　267頁　5,400円

[21世紀国際史学術叢書②] 19ないし20世紀初
頭の多元的国家論の源流となったギールケの団体
思想、政治思想の解明をとおして、現代国際政治・
国内政治において動揺する政治システムに一石を
投ずる。　　　　　　　　　　　　　　（2007.12）

権　容奭

岸政権期の「アジア外交」
―「対米自主」と「アジア主義」の逆説

87791-186-7　C3031　　　　　A5判　305頁　5,400円

[21世紀国際史学術叢書③] 東南アジア歴訪、日
印提携、日中関係、レバノン危機とアラブ・アフ
リカ外交そして訪欧、在日朝鮮人の「北送」など
岸政権の軌跡の政治的深奥を見極めつつ日本の
「アジアとの真の和解」を模索する。　　（2008.11）